Bruno Paulot

Albert Mangelsdorff

Gespräche

Collection Jazz

OREOS

COLLECTION JAZZ
Herausgegeben von Peter Niklas Wilson
und Walter Lachenmann
BAND 22

Buchgestaltung: Niklaus Troxler, Willisau/Schweiz
Layout: Caroline Bichler
Satz: OREOS GmbH, Waakirchen
Reproduktionen: Repro-Center Färber, München
Reproduktionen der Platten-Cover: Penta-Repro, München
Druck: Druckerei Wagner GmbH, Nördlingen
Bindung: Ludwig Auer GmbH, Donauwörth
Printed in Germany
ISBN 3-923657-42-0

Inhalt

Anmerkung: Die Kapitel sind nach Kompositionen Albert Mangelsdorffs benannt.

Vorwort

Seit ich Albert Mangelsdorff Mitte der 50er Jahre im Radio gehört hatte, hat mich, neben Coltrane und Miles Davis, kein Musiker mehr interessiert und beschäftigt als er. Ich erlebte ihn viele Male mit seinem Quintett bzw. Quartett und in den unterschiedlichsten Formationen und musikalischen Kontexten. Sehr genau erinnere ich mich noch, wie ich ihn Anfang der 70er Jahre im Frankfurter »Jazzkeller« das erste Mal mehrstimmig hörte und mich vergeblich nach elektronischen Hilfsmitteln umsah. Da ich Posaune gelernt hatte, war es ein fast selbstverständliches Interesse, zu erfahren, wie er das macht. Noch am gleichen Abend fragte ich ihn. Auch an seine Antwort erinnere ich mich noch sehr genau: »Das ist nur ein technisches Problem. Um was es geht, ist die Musik.«
Viele Jahre später, 1985, ergab sich die Gelegenheit, ein langes Interview mit ihm zu führen. Beim anschließenden Bearbeiten des Textes tauchten viele Fragen auf, die die Idee zu diesem Buch auslösten. Ein knappes Jahr danach sprach ich ihn nach einem Solokonzert an, um ihm meinen Vorschlag zu unterbreiten. Er zeigte sich nicht abgeneigt, wies aber auf verschiedene Umstände hin, die dem noch im Wege standen. So verzögerte sich der Beginn bis April 1991. Von da an traf ich ihn zu vielen, meist zwei- bis dreistündigen Gesprächen, die auf Kassette aufgezeichnet wurden.
Albert Mangelsdorff ist ein konzentrierter Gesprächspartner. Seine Antworten kommen abwägend, von Pausen des Nachdenkens unterbrochen, jedem Superlativ abhold, in einer sehr persönlichen Ausdrucksweise. Fertige Antworten hat er nicht parat, was bei einem Musiker, der nie »amtlich« spielte, sondern seine Musik immer als *art in progress* verstanden hat, nicht verwundert. »Ich hatte immer gewisse Schwierigkeiten, mich erklären zu können. Ich weiß auch gar nicht, inwieweit es überhaupt möglich ist, dieses komplexe Phänomen Jazz in Sprache zu übersetzen. Ich denke, man kommt da sehr schnell an eine Grenze, besonders als Musiker, der aus der Intuition heraus die Dinge entwickelt.«
Ich habe mich bemüht, die gesprochene Sprache so weit wie möglich zu belassen und nur da stilistisch einzugreifen, wo es semantisch geboten

erschien. Manches wird deshalb spröde klingen. Möglichst authentisch zu sein, erschien mir vorrangig. Das gleiche gilt für die Ausführungen der übrigen Gesprächspartner, denen ich hiermit herzlich danke, daß sie sich die Zeit genommen haben, mit mir zu sprechen. Nur so konnte ein facettenreiches Bild der Musikerpersönlichkeit Albert Mangelsdorff entstehen, eines der Großen des Jazz, »des wichtigsten Erneuerers des Posaunenspiels« (John Lewis, 1964).

Selbstverständlich hätte ich noch weitere Musiker und Jazzleute einbeziehen können. Meine Überlegung aber war, nicht kurze Statements von vielen zu erhalten, sondern intensive Gespräche mit Personen zu führen, die ihm lange und in besonderer Weise verbunden sind.

Daß in diesem Buch Posaune und Musik zur Sprache kommen, Außermusikalisches nur marginal Erwähnung findet, ist selbstverständlich, und doch nicht. Es mag sogar manchen Leser, der Erfahrung mit Biographien über Jazzmusiker hat, überraschen, sind es doch nicht selten die Begleitumstände, die die künstlerische *vita activa* in den Hintergrund drängen. Mich hat es jedenfalls immer etwas befremdet, wenn ich, bei aller Anteilnahme an den oft schwierigen Lebensumständen eines Jazzmusikers, zu wenig über seine Musik erfahren habe. Schließlich sind unwürdige Produktionsbedingungen nicht Jazz-spezifisch, wenn auch gang und gäbe wie in vielleicht keinem anderen künstlerischen Beruf. Nun wäre es auch ein ziemlich aussichtsloses Unternehmen gewesen, mit Albert Mangelsdorff über Randerscheinungen der Musik sprechen zu wollen.

Zu herzlichem Dank bin ich auch Heinz Werner Wunderlich verpflichtet, für seine großzügige Unterstützung bei der Erstellung der Diskographie. Manfred Scheffner danke ich, daß er uns die frühen, längst vergriffenen Platten zur fotographischen Abbildung beschaffen konnte, und Bernhard Hefele, ohne den uns das Verzeichnis wichtiger Veröffentlichungen über Albert Mangelsdorff nicht möglich gewesen wäre. Ganz besonders danke ich Walter Lachenmann für die reibungslose Zusammenarbeit und seine Leidenschaft für die Sache. Nicht zuletzt sei Peter Niklas Wilson gedankt, der mit der Behutsamkeit des erfahrenen Autors lektorierte.

Bruno Paulot

»Get Your Ticket To The Blues Express«

Die frühen Jahre

Vielleicht wäre alles ganz anders geworden, wenn nicht eines Tages Joki Freund mit dem Angebot auf mich zugekommen wäre, als Posaunist in die Joe-Klimm-Combo einzusteigen. Die wußten nur, daß ich Emils Bruder bin und Posaune lerne, aber gehört hatten sie mich nie. Ich habe diese Chance selbstverständlich wahrgenommen, zudem die Joe-Klimm-Combo genau wie ich auf der Tristano-Linie lag.

Nun war ich natürlich kein Anfänger im üblichen Sinn. Ich war schon einige Jahre als Gitarrist in Bands tätig und dadurch mit dem gängigen Repertoire vertraut. Aber nach nur zwei Jahren Posaunespielen war der Einstieg halt doch ein Wagnis, obwohl ich im Nachhinein sagen muß, daß ich mich ziemlich schnell zurechtgefunden habe und auch solistisch schon bald mithalten konnte.

Eigentlich hatte alles mit der Geige angefangen. Die Geige war wohl keine Wunschvorstellung von mir, aber Musiker, und zwar Jazzmusiker, zu werden, war die Wunschvorstellung, und das ließ sich den Umständen nach nur über die Geige verwirklichen.

Ich kann mich noch gut erinnern, wie mein Bruder Emil die ersten Jazzplatten nach Hause brachte. Ich hatte Musik immer gerne gehört, und bei uns lief auch viel Musik. Mein Vater hörte, wann immer es nur ging, klassische Musik, mit Vorliebe für Mozart und Beethoven. Wagner mochte er nicht. Das war für ihn Nazimusik. Was ich aber hier an Musik hörte, diese Rhythmik und diese Ausdruckskraft, hat mich dermaßen beeindruckt wie nie eine Musik zuvor.

Mein Bruder erklärte mir, daß man sich die Melodie merken und über das harmonische Gerüst eine neue Melodie erfinden muß. Ich fing also an, zuerst einmal im Kopf zu improvisieren, später dann mit der Stimme, was mir immer flüssiger gelang, je vertrauter mir ein Thema wurde. Ich merkte, daß ich wohl ein Talent dafür habe, denn ich hatte eine Melodie sehr schnell im Kopf und konnte, ohne die Schallplatte zu hören, über die Harmonik mit der Stimme improvisieren.

Bald waren die Platten wieder weg und Emil brachte die nächsten. Die treibende Kraft war wohl Horst Lippmann, der in den »besetzten Gebieten«, wie das damals hieß, irgendwelche Verbindungen hatte, von wo er die Jazzplatten bekam. Ich habe das alles nur so am Rande mitgekriegt, ich war ja noch ein Bub in kurzen Hosen, zwölf, dreizehn Jahre alt.

Manchmal hat mich mein Bruder ins Schumann-Café mitgenommen. Einmal hörte ich dort Ernst van t'Hoff, eine holländische Bigband, die durchweg amerikanische Swingstücke spielte. Auch an Jon Christies Band, eine belgische Band, erinnere ich mich noch gut. Da waren Musiker dabei, die Chorusse spielten, was natürlich ein beeindruckendes Erlebnis für mich war. Ich war auch öfter in der Rokoko-Diele, wenn Emil selber spielte, mit Carlo Bohländer, Hans-Otto Jung, dem Schlagzeuger Karl Podehl und anderen Musikern. Die Rokoko-Diele war ein Lokal im Hinterhof des Kyffhäuser-Hotels in der Kaiserstraße, vom Charakter her eher eine Bar, aber ziemlich groß. Wenn die dort spielten, war es jedes Mal gerammelt voll. Ihr Repertoire bestand fast nur aus amerikanischen Stücken, die aber mit deutschen Titeln angesagt wurden. Das machte jede Band damals, also auch die ausländischen Bands, die ich gehört hatte, denn alles Amerikanische war ja offiziell verboten. Auf die Art versuchte man, anwesende Schnüffler hinters Licht zu führen.

Emil Mangelsdorff Als Albert sich ernsthaft mit Musik zu beschäftigen begann, habe ich das gar nicht mehr so richtig mitbekommen. Ich mußte damals ins Landjahr und ähnlich widerliche Dinge hinter mich bringen, Arbeitsdienst, Wehrertüchtigungslager, Wehrmacht und schließlich Gefangenschaft, wovon Albert ja glücklicherweise verschont geblieben ist. Insofern ist unser Leben doch sehr verschieden gelaufen.
Ich habe immer ein bißchen darunter gelitten, daß mir die Zeit zwischen dem 18. und 25. Lebensjahr fehlt. In diesem Alter, in dem man am aufnahmefähigsten ist, gab es ja nicht mal die Gelegenheit, Musik zu hören, geschweige denn zu spielen. Besonders schmerzlich und kräftezehrend wirkte sich natürlich die Gefangenschaft aus, zudem man

Beginn der Musikerlaufbahn als Rhythmusgitarrist

nicht wußte, wann man entlassen wird und ob man es überhaupt überleben würde. Diese Ängste, immerhin waren das ja viereinhalb Jahre in russischer Gefangenschaft, steckt man natürlich nicht einfach so weg. Schlechtere Nerven und eine erhöhte Sensibilisierung sind fast eine natürliche Folge. Gewiß, ich habe die Polls angeführt, manchmal auf drei Instrumenten gleichzeitig, aber das, was ich in diesen sieben Jahren erleben mußte, hinterließ notwendigerweise Spuren, die einen das Leben anders sehen ließen. Ich begann, Interesse für Politik zu entwickeln, was Zeit in Anspruch nimmt, las sehr viel und kümmerte mich auch um andere Musikbereiche, schon dadurch bedingt, daß ich mit einer Opernsängerin verheiratet war, die verstorben ist. Meine Lebensumstände sind also andere gewesen als die von Albert. Ich will damit nichts gegeneinanderstellen, denn meine Art, zu leben hat mir auch viel gebracht. ■

Als das Ende der Schulzeit so langsam näherkam und ich mir überlegte, was ich danach machen sollte, äußerte ich den Wunsch, Musiker zu werden, was meine Eltern zuerst einmal überraschte, war doch von uns beiden Emil derjenige, der immer durch Musikalität aufgefallen war und nicht ich. Emil spielte schon als etwa Zehnjähriger in einem Handharmonikaorchester, später Akkordeon, war auch immer am Singen und Trommeln, während sich bei mir das alles mehr innerlich abspielte. Auch das Mitsingen von Platten oder andere musikalische Äußerungen ließ ich nur ab, wenn ich alleine zuhause war. Wahrscheinlich habe ich mich vor Emil geniert. In der Schule habe ich schon öfter mal meinen Mitschülern vorgeführt, was ich so kennengelernt hatte. Merkwürdigerweise waren auch meine Schulkameraden, wenn ich davon sprach, Musiker werden zu wollen, immer überrascht. Jedenfalls stieß mein Wunsch auf ziemlichen Widerstand. Meine Eltern waren der Meinung, daß ein Musiker in der Familie ausreicht, denn Emil hatte schon bald nach seiner Begegnung mit dem Jazz eine Kaufmannslehre abgebrochen und ist aufs Konservatorium gegangen. Nun war es damals auch üblich, daß man mit vierzehn Jahren eine Lehre antritt und ein bißchen Geld nach Hause bringt, wenn man nicht gerade wohlhabende Eltern hatte. Es schien also ziemlich hoffnungslos, daß ich ein Musikstudium machen könnte. Vielmehr war seitens meiner Eltern beschlossen, daß ich eine Kaufmannslehre antreten sollte, bei der gleichen Speditionsfirma, bei der mein Bruder angefangen hatte.

Kurze Zeit danach kam Onkel August, der Bruder meines Vaters, wie jedes Jahr am 8.März, zu Großmutters Geburtstag auf Besuch nach Frankfurt. Von den vier Brüdern meines Vaters waren drei Musiker, alle Geiger. Der eine war schon im ersten Weltkrieg gefallen, der zweite, Onkel Willi, leitete ein großes Caféhausorchester, mit dem er durch die Welt gereist war, bevor er 1936 verstarb. Über ihn sagte Onkel August, der am Theater in Pforzheim Konzertmeister war, daß er der bessere Geiger war und es deshalb eine Schande sei, daß ein so begabter Musiker sich nicht für für ein »Kulturorchester« entschieden hätte. Auch mein Großvater väterlicherseits war Musiker und lange als Tubist in der Militärmusik tätig, genau wie sein Bruder, der nach England ausgewandert war und sich dort wohl um die Militärmusik verdient gemacht hatte. Es gab, wie ich mich erinnere, einen Artikel über ihn, in dem er als Reformator der englischen Militärmusik bezeichnet wurde.

Als wir so am Kaffeetisch saßen, sprachen meine Eltern davon, daß ich gerne Musiker werden wollte. Mein Onkel August erbot sich sofort, mir Violinunterricht zu geben. Allerdings müßte ich dann nach Pforzheim übersiedeln. Ich habe natürlich keinen Augenblick gezögert und mit Freuden ja gesagt. Es war ja nicht so, daß meine Eltern prinzipiell etwas dagegen gehabt hätten, daß ich Musiker werden wollte, zudem sie gemerkt hatten, daß mein Wunsch ernsthaft war. Es waren einfach materielle Gründe, die dem entgegenstanden. Ein gutes Instrument und ein jahrelanger Unterricht wären eine nicht tragbare finanzielle Belastung für sie gewesen. Mein Onkel besorgte auch gleich eine Geige und einen Frankfurter Kollegen, bei dem ich schon mal mit dem Unterricht beginnen sollte. Auch bekam ich Klavierunterricht bei einer Klavierlehrerin, die in der Nachbarschaft wohnte, einer Schwester des späteren Dirigenten des Dresdner Gewandhausorchesters Konwitchni. Allerdings nur ein halbes Jahr, denn als ihr Mann im Krieg gefallen war, gab sie das Unterrichten auf.

Emil Mangelsdorff Albert war damals, als er nach Pforzheim ging, musikalisch gesehen sozusagen noch jungfräulich. Er hatte ja bis dahin noch kein Instrument gespielt, und vom Jazz war er auch noch nicht »verdorben«. Mich hatten mein Onkel und meine Tante nicht akzeptiert, ich machte ja »Negermusik«, was ihnen gar nicht paßte. Ich erin-

Als Mitglied des Heinz-Demmer-Septetts, 1949

nere mich auch an einen Streit mit meinem Onkel über die politische Lage, den er damit abschloß, daß er sagte: Wenn alle so denken würden wie du, hätten wir schon längst den Krieg verloren. Das blieb natürlich zwischen uns stehen. ■

Nach Abschluß der Schule bin ich wie besprochen nach Pforzheim zu meinem Onkel und meiner Tante Rosl gezogen, die als Harfenistin am Theater tätig war. Ich bekam täglich zwei, drei Stunden Unterricht. Den Rest des Tages, wenn mein Onkel im Theater war, hatte ich zu üben. Zusätzlich bekam ich von einem Kollegen meines Onkels einmal pro Woche Unterricht in Harmonielehre. Ich mußte schon hart arbeiten.

Neben seiner Funktion als erster Konzertmeister das Städtischen Orchesters Pforzheim war mein Onkel auch Dirigent eines Jugend-Streichorchesters, in welchem ich, als ich auf der Geige so weit war, Stimmführer der zweiten Geigen wurde. Gespielt wurde ausschließlich klassische Musik – Mozart, Telemann, Händel, Haydn, Vivaldi. Das war sehr lehrreich für mich und hat mir Auftrieb gegeben. Auch nahm mich mein Onkel öfter zu Orchester- und Opernproben mit, oder wenn er mit einem Streichquartett probte.

Eines durfte ich meinem Onkel nicht sagen, und das hatten Gottseidank auch meine Eltern nicht geäußert, nämlich was meinen Wunsch, Musiker zu werden, anbelangt. Denn es wäre ihm bestimmt nicht recht gewesen, wenn ich ihm gesagt hätte: Ich lerne bei dir Geige, um Jazzmusiker zu werden. Wahrscheinlich wäre er dann gar nicht bereit gewesen, mich zu unterrichten. Ich habe das also ganz schön für mich behalten.

Abends, wenn mein Onkel und meine Tante im Theater waren, hörte ich die sogenannten »Feindsender«, was ja offiziell verboten war. Dort gab es viel Jazz zu hören, sehr viel Glenn Miller natürlich, aber auch Count Basie, Duke Ellington und solche Leute, die mich viel mehr interessiert haben. Ich war damals schon von meinem Bruder und seinem Kreis geprägt, die dem puristischen Jazz näherstanden.

Natürlich habe ich auch die Nachrichten gehört und auch öfter mit meiner Tante darüber gesprochen. Mein Onkel durfte davon allerdings nichts wissen, im Gegenteil, er bearbeitete mich ziemlich massiv, in der Hoffnung, mich überzeugen zu können, daß Deutschland den Krieg gewinnen müsse, was ihm fast auch gelungen wäre. Ich erinnere mich, wie ich nach vier Wochen zum ersten Mal auf einem Wochenendbesuch bei meinen Eltern war und im Gespräch irgendwelche Gründe vorbrachte, warum Deutschland den Krieg gewinnen müsse. Meine Mutter fing sofort zu weinen an. Mein Vater nahm mich zur Seite und erklärte mir in aller Ruhe aber klipp und klar seinen Standpunkt. Ich kann sagen, daß ich von da an gegen alle Versuche meines Onkels, mich in die Nazirichtung zu indoktrinieren, immun gewesen bin. Ich habe nie mehr an diese Dinge geglaubt.

Horst Lippmann Wir hatten 1941 einen Jazzkreis, dem unter anderen Carlo Bohländer, Emil Mangelsdorff, Hans Otto Jung, Louis Freischel angehörten. Ich war mit 14 Jahren der jüngste. Die, die sich intensiv mit Jazz befaßten, fingen bald an, ein Instrument zu lernen, so daß wir also nicht mehr nur Jazz-Anhänger waren, sondern auch Amateurmusiker. Nun hatten wir in unserer Band das Problem, keinen Bassisten zu haben. Unser Pianist, Hans Otto Jung, konnte zwar gut Baß spielen, aber wenn er Baß spielte, hatten wir natürlich keinen Pianisten. Irgendwann sagte Emil: Mein Bruder lernt doch Geige. Wenn er nach Frankfurt kommt, kann er doch den Baß übernehmen. Kein Problem, sagten wir uns, Baß ist ja fast dasselbe wie Geige, nur halt ein bißchen größer. Eines Tages kam der Albert und wir drückten ihm mal gleich den Baß in die Hand. Natürlich hat er sich unglaublich schwer getan und wir waren richtiggehend enttäuscht, daß sich die große Hoffnung zerschlagen hatte. Abgesehen davon hätte uns der Albert auch nicht helfen können, denn er mußte ja wieder nach Pforzheim. Das war meine erste Begegnung mit Albert Mangelsdorff. ■

Emil Mangelsdorff Roy Eldridge, Benny Carter, Coleman Hawkins, Lester Young, die Bigbands von Basie, Ellington, das waren Musiker, die wir mit Vorliebe in unserem damaligen Frankfurter Kreis hörten, allesamt Musiker, die besonders interessant spielen konnten, eigene Phrasen erfanden, ohne daraus eine Masche zu machen. Im Grunde sind sie bis zum heutigen Tag meine Vorbilder geblieben. Auf mein Bestreben gefragt, würde ich sagen, daß es mir nicht darum geht, das Außergewöhnliche zu machen, sondern halt 32 oder 64 Takte zu hinterlassen, die mit einer gewissen musikalischen Substanz angefüllt sind. Daß mir das nicht immer gelingt, ist ganz klar, aber es ist mein Bestreben. ■

Im Sommer '44, als der Krieg immer schlimmer wurde, erschien es mir besser, wieder nach Frankfurt zurückzukehren. Dazu kam, daß mein Onkel die Befürchtung hatte, bald eingezogen zu werden, was auch tatsächlich eintrat. Noch von Pforzheim aus meldete er mich am Konservatorium in Frankfurt an. Bevor ich jedoch die erste Stunde haben konnte, war das Konservatorium geschlossen. Die haben damals alle Institute zugemacht, weil sie jeden in der Rüstungsindustrie brauchten.

Anfangs habe ich ein bißchen rumgegammelt, was insofern kein Problem war, als ich mich offiziell noch in Pforzheim aufhielt. Ich mußte aber zusehen, daß ich früher oder später irgendwo unterkam und fand in Praunheim, wo wir wohnten, einen Job in einer Werkzeugfabrik. Irgendwann haben sie mich dann auch mal für vier Wochen an den Westwall zum Ausheben von Panzergräben verpflichtet.

Zu jener Zeit war ich oft mit Freunden zusammen, die sonntags mit dem Zug in den Taunus fuhren, um dem HJ-Dienst zu entgehen. Schon morgens konnte man dort tausende junge Leute sehen, die durch die Gegend wanderten oder in Kneipen saßen. Ich hatte es da ein bißchen leichter als die anderen, weil ich sagen konnte, daß ich der HJ in Pforzheim angehöre. Denen in Pforzheim hatte ich erzählt, ich gehöre der HJ in Frankfurt an. Trotzdem hat man mich natürlich bedrängt. Es ist mir aber ganz gut gelungen, mich diesem Kram zu entziehen.

In der Gruppe, mit der ich mich immer im Zug traf und zum »Fuchstanz«, einem Ausflugslokal, wanderte, waren zwei, drei dabei, die Gitarre spielten und vom Jazz infiziert waren, nicht so pure Jazzer wie mein Bruder oder Horst Lippmann, jedenfalls ging es bei uns jazzmäßiger zu als in den anderen Grüppchen. Die meisten sangen halt Wanderlieder. Einer hat mir mal seine Gitarre ausgeliehen, und da ich Violine gelernt hatte, ging es eigentlich ganz schnell, daß ich Lieder begleiten konnte. Wir machten sogar eigene Stücke. Während ich Melodien erfand, schrieb Hans Steinbrenner, der sich später als Bildhauer einen Namen machte, die Texte.

Gleich nach dem Krieg – mein Bruder, den sie 1943 eingezogen hatten, war noch in Kriegsgefangenschaft – haben die anderen aus seinem Kreis, Horst Lippmann, Carlo Bohländer, der Klarinettist Karl Petri, der Pianist Louis Freischel und wen es sonst noch gab, wieder angefangen, Jazz zu spielen. Ich, der ich auf der Gitarre noch nicht so weit war, um bei ihnen mitspielen zu können, spielte mit ein paar anderen jeden Mittwoch in einem Lokal in Eckenheim zum Tanz auf.

Sehr oft hielt ich mich in einer Kneipe in Praunheim auf, wo viele Amerikaner hinkamen. Die waren sehr froh, daß da einer war, der ihre Lieder auf der Gitarre begleiten konnte. Ich kannte ja durch die vielen Platten, die mein Bruder nach Hause gebracht hatte, und durch die »Feindsender« eine Menge amerikanischer Musik. In der Zeit hätte ich sogar schon professioneller Musiker werden können. Ein Bandleader, der in amerikanischen Clubs spielte, fragte mich, ob ich nicht Lust hätte, nach Bremerhaven mitzugehen, in ein richtiges professionelles Engagement. Meine Eltern erlaubten mir das aber nicht. Ich war ja erst siebzehn Jahre alt, und das erschien meinen Eltern doch ein bißchen jung.

Tagsüber arbeitete ich bei einer amerikanischen Einheit, die in Praunheim stationiert war. Ich habe da alles mögliche gemacht. Eine zeitlang arbeitete ich in der Küche, dann als Gärtner, schließlich landete ich als Putzer im Hauptquartier. Da ich inzwischen durch meinen häufigen Umgang mit Amerikanern Englisch gelernt hatte, stieg ich sogar zum Aufseher der Putzerkolonne auf. Zuletzt war ich Lagerverwalter für Bürobedarf.

Es dauerte noch bis Juli '47, bis ich endlich als Berufsmusiker reinkam. Carlo Bohländer war es, der mir meinen ersten professionellen Job als Rhythmusgitarrist in der Otto-Laufner-Bigband besorgte, die hauptsächlich im Kurhaus in Bad Soden spielte, wo die Army einen Club für Offiziere und höhergestellte Zivilbedienstete unterhielt. Die Arrangements, die wir spielten, waren Druckarrangements, die vom Special Service an die Clubs geliefert wurden, um sie an die dort tätigen Bands weiterzugeben. Das Spektrum der Stücke war ziemlich breit, von den gängigen Schnulzen bis hin zu Count Basie, Duke Ellington und Stan Kenton. Dadurch, daß ich nach Akkordsymbolen zu spielen hatte, lernte ich mit der Zeit, die harmonischen Zusammenhänge zu erkennen, was natürlich eine gute Schulung war, die mir später beim Improvisieren auf der Posaune sehr zustatten kam.

In der Zeit habe ich wohl auch das meiste an Repertoire gelernt, abgesehen natürlich vom Plattenhören und den Jam Sessions, die regelmäßig in einer Kneipe stattfanden, die Horst Lippmann gehörte. Man konnte bei diesen Sessions, neben unseren Frankfurter Musikern, sehr viele Amerikaner hören, die in Deutschland ihren Militärdienst ableisteten, zum Teil ganz tolle Leute. Selber als Musiker bei Jam Sessions aufzutreten, wagte ich damals noch nicht. Meine Teilnahme beschränkte sich darauf, durch Rhythmusklatschen mitzuhelfen, daß eine Jamatmo-

Helmut-Weglinsky-Gruppe, 1949

sphäre entstand. Erst viel später, nachdem ich bei Joe Klimm eingestiegen war, begann ich, bei Jam Sessions mitzuspielen.

Die Otto-Laufner-Bigband bestand zum größten Teil aus Berufsmusikern, fast alles ältere Leute, mit Ausnahme des Pianisten, der Mitte zwanzig war. Mit meinen neunzehn Jahren war ich der jüngste und das gehätschelte Nesthäkchen. Es war also nicht so, wie man denken könnte, daß ich als der Kleine das Bier für die anderen holen mußte, im Gegenteil, die Kollegen haben mich gefördert und mir mit ihren Erfahrungen geholfen.

Gegen Ende meiner Zeit in der Otto-Laufner-Bigband gab es sogar ab und zu mal die Gelegenheit, wir waren mit einer Posaune besetzt, im Satz die 2. Posaune zu spielen. Das war allerdings nur bei drei oder vier Arrangements der Fall, die speziell für die Band geschrieben waren.

Danach stieg ich in das Heinz-Demmer-Septett ein, das vorwiegend in amerikanischen Clubs spielte. Bei einem längeren Engagement im Tabaris, einem Café in Frankfurt, spielte ich recht häufig Geige und gelegentlich auch mal Posaune. Übrigens brachte ich in diesem Heinz-Demmer-Septett meine allererste Jazzkomposition unter, die der *theme song,* also die Erkennnungsmelodie der Band wurde. In diesem Zusammenhang ist mir vor einiger Zeit eine ganz lustige Geschichte passiert, als ich mit einem Taxi fuhr und der Fahrer plötzlich diesen *theme song* vor sich hin pfiff. Ich habe ihn natürlich sofort darauf angesprochen. Er lachte und meinte, er habe nur mal hören wollen, ob ich mich an das Stück noch erinnere. Er war ein guter Freund von Kurt Langenfeld, des Saxophonisten jener Band, wie er mir sagte.

Nach etwa eineinhalb Jahren verließ ich die Band und stieg in die Gruppe des Geigers Helmut Weglinsky ein. Auch hier habe ich hin und wieder auf die Geige zurückgegriffen. Ich hatte übrigens kurz nach dem Krieg noch einmal versucht, den Geigenunterricht wieder aufzunehmen. In Bad Homburg war eine Musikschule eröffnet worden, und da ich das Musikmachen auf keinen Fall abbrechen wollte, meldete ich mich dort an. Zu dem Zeitpunkt arbeitete ich nachts als Büroputzer bei den Amerikanern, konnte also tagsüber den Unterricht besuchen und üben. Aber schon nach ein paar Monaten wurde die Schule geschlossen, als man dahinterkam, daß der Direktor, der der Gründer der Musikschule war, falsche Angaben bezüglich seiner Zugehörigkeit zur Nazipartei gemacht hatte. Vielleicht wäre ich auf der Geige ein bißchen weitergekommen, denn der Lehrer, den ich hatte, war recht gut. Es war also nicht so, daß ich nach meiner Zeit in Pforzheim die Geige ganz weggelegt hätte. Sogar in der Joe-Klimm-Band, ganz zu Anfang, habe ich sie noch einmal ausgepackt, anläßlich einer Modenschau im Palmengarten, die vom Service Club in Bonames initiiert worden war, wo wir im Engagement standen. Bei der Vorführung der Brautkleider sollte einer »Ave Maria« spielen. Ich habe das bei der Probe auf der Posaune gespielt, was dem Veranstalter aber gar nicht zusagte. Das müßte irgendwie anders klingen. So habe ich es halt auf der Geige gespielt, was wahrscheinlich ziemlich kläglich klang. Von da an war die Geige vergessen.

Mit der Weglinsky-Gruppe spielten wir vorwiegend in Cafés oder Bars. Das Repertoire reichte vom leicht swingenden Jazz bis zur konzertanten Caféhausmusik. Schlagzeug war nicht besetzt, das heißt, der Bassist und ich waren die einzigen Rhythmiker, also man mußte schon gut beieinander sein, was das rhythmische Stehvermögen anbelangt. Auch in einem anderen Sinne mußte man Stehvermögen haben, denn es kam nicht allzu selten vor, daß wir nach der normalen Spielzeit, die bis zwei Uhr ging, bis morgens um acht weiterspielten, wenn Gäste noch Musik haben wollten. Vom Repertoire her war das für Weglinsky eine leichte Übung. Der konnte alles, was es so gab, auswendig spielen. Natürlich waren da viele Stücke dabei, die ich vielleicht mal gehört, aber nie gespielt hatte, aber auch Stücke, die ich überhaupt nicht kannte, zu denen ich also ad hoc die richtigen *changes* finden mußte. Ich glaube, daß auch das mein Ohr für harmonische Strukturen sehr geschult hat.

Man kann sagen, daß ich ein ganz versierter Rhythmusgitarrist war. Auch normale Linien in der Improvisation, was man *single line style* nannte, konnte ich ganz gut spielen. Trotzdem war die Gitarre nicht das, was ich eigentlich wollte. Klarinette allerdings auch nicht. Manchmal, wenn Emil nicht da war, hatte ich auf seiner Klarinette rumprobiert. Ich konnte zwar Töne erzeugen, aber das System der Klappen war mir zu kompliziert und schreckte mich ab. Posaune ist in dieser Hinsicht ja viel einfacher, da die Töne mit Hilfe des Zuges direkt von den Lippen erzeugt werden, ohne ein kompliziertes System von Finger- und Klappenkoordination.

Schon ziemlich früh hat mich die Posaune gereizt. Ich weiß nicht mehr, auf welches Jahr das zurückgeht, ich weiß nur, daß ich schon lange den Wunsch hatte, Posaunist zu werden. Einmal, ich erinnere mich noch gut daran, es lief gerade ein Stück von Tommy Dorsey im Radio, habe ich zu unserem amerikanischen Chef gesagt: Posaunist wäre ich auch gerne. Da hat der mich derart ausgelacht. Der konnte sich gar nicht vorstellen, daß dieser Kraut da, dieser Putzer Musiker sein wollte und dann auch noch Posaunist. Das hat mich so beschämt. Warum soll denn ein junger Mensch nicht den Wunsch haben, Posaunist zu werden? Auch bei anderen Gelegenheiten habe ich öfters gesagt: Ich spiele zwar Gitarre, aber ich wäre viel lieber Posaunist. Das war noch lange, bevor ich Berufsmusiker war.

Jetzt genau einen Grund zu benennen, wieso es gerade die Posaune war – ich weiß es nicht. Ich habe in einem Interview mal geäußert, daß es vielleicht daran lag, daß die Posaune der menschlichen Stimme sehr nahe ist. Aber ob das wirklich der Beweggrund war, bezweifle ich doch, obschon es ein seltsamer Zufall ist, daß der Umfang der Tenorposaune ziemlich genau dem Umfang meiner Stimme entspricht.

Was Vorbilder angeht, so gab es nicht allzu viele wie etwa auf dem Saxophon oder der Trompete. Allerdings kann ich mich erinnern, daß es einen Posaunisten gab, der einen Eindruck auf mich gemacht hatte, nämlich Bill Harris, der damals in der Woody Herman Bigband spielte. Harris hatte so eine ganz eigene Art des Vibratos, die mir sehr gefiel. Es könnte schon sein, daß mich das inspiriert hat. Später, ich habe ihn noch oft gehört, zum Beispiel bei »Jazz at the Philharmonic«, spielte er längst nicht mehr so urwüchsig und auch viel gerader, also ohne dieses heiße Vibrato, obwohl er zu der Zeit wahrscheinlich flüssiger spielte als in der Herman-Band. Er war schon ein toller Posaunist.

Sicher hätte ich schon früher angefangen Posaune zu lernen, wenn ich ein Instrument gehabt hätte. Es muß Ende 47 gewesen sein, daß mir ein Kollege, der Bassist Kurt Dori, der später mit mir in der Heinz-Demmer-Band war, günstig eine Posaune besorgte. Nach ein paar Wochen des Rumprobierens habe ich mir gleich einen Lehrer gesucht, denn es hat einem jeder den Rat gegeben: Wenn du Posaune anfängst, nimm sofort Unterricht. Das ist bei diesem Instrument in der Tat sehr wichtig, denn man kann am Anfang sehr viel verkehrt machen, was später nur mit großer Mühe zu korrigieren ist. In Fritz Stähr, dem Soloposaunisten der Frankfurter Oper, fand ich einen Lehrer, der sich sehr um mich kümmerte. Er gab mir einmal die Woche Unterricht, machte aber aus der einen Stunde meistens zwei, drei, weil er merkte, daß ich fleißig war und meine Sachen stets gut geübt hatte. Es war nur so, daß ich zwischendurch immer mal wieder den Mut verlor. Die Posaune ist halt doch ein sehr schweres Instrument, auf dem man nur ganz langsam vorwärts kommt.

Nach einem Jahr brach ich den Unterricht ganz ab und spielte eine zeitlang überhaupt nicht mehr, weil ich dachte, daß ich das doch nicht so richtig hinkriegen würde. Vielleicht hätte ich mich sogar ganz auf die Gitarre konzentriert, wenn nicht eines Tages das Angebot der Joe-Klimm-Band auf mich zugekommen wäre. Ich bin den Kollegen noch heute dankbar.

Joki Freund In der Joe-Klimm-Combo war die Posaune besetzt, nur war das Problem, daß unser Posaunist, der wohl ein guter Notist war, nicht improvisieren konnte. Wenn man wie wir Jazz spielen will, ist das natürlich ein Hemmschuh. Der Trompeter Werner Fink, der wußte, daß der Albert Posaune lernte, machte den Vorschlag, ihn doch mal zu fragen, ob er Interesse daran hätte, bei uns einzusteigen. Bis dahin kannte ich ihn nur als Gitarrist und Geiger aus der Gruppe von Helmut Weglinsky. Da wir zudem den Eindruck hatten, daß er sich mit der Musik, die bei Weglinsky gespielt wurde, nicht allzu wohl fühlte, fragte ich ihn, und er war auch gleich damit einverstanden. Ich hatte ihn bis dahin noch nie auf der Posaune gehört, insofern hätte das natürlich schiefgehen können. Da wir aber alle noch in den Anfängen steckten, kann man nur bedingt von einem Risiko sprechen, das wir da eingegangen sind. Und es ist ja auch gutgegangen. Albert hat sich sehr schnell reingefunden, und was noch wichtiger war, seine stilistischen Vorstellungen gingen in Richtung Lennie Tristano, der neben Lee Konitz und Warne Marsh auch für uns vorbildhaft war. Er versuchte, diese Spielweise auf die Posaune zu übertragen, was damals kein anderer Posaunist machte. Insofern schlug er schon ganz am Anfang eine eigene Richtung ein.

»Three Years Gone«
In den Bands von Joe Klimm und Hans Koller

Sofort nach meinem Einstieg in die Joe-Klimm-Combo spielten wir bei einer schwarzen Einheit in Frankfurt-Bonames. Ich hatte schon eine recht gute Technik und konnte ziemlich schnell spielen. Schnelles Spielen ist zwar kein Kriterium für musikalische Qualität, ist aber nicht gerade ein Nachteil, wenn man mit einem Trompeter und einem Saxophonisten mithalten muß.

Carlo Bohländer Als der Albert bei Joe Klimm eingestiegen war – die Klimm-Band war damals die beste moderne Gruppe, zumindest in Deutschland – hat er sich ziemlich schnell entwickelt. Er war sehr fleißig, aber damit allein läßt sich das natürlich nicht erklären. Es kommt halt darauf an, auf welchen Grund das Üben fällt, und bei ihm ist es auf einen guten Grund gefallen. Bei ihm hat sich das Üben mit seiner technischen Veranlagung verbunden. Er ist immer höher, immer weiter gegangen, man konnte den Fortschritt richtig mitverfolgen. 1954 war er ja schon top. ■

Wenn ich mir das zu erklären versuche, möglicherweise hat es daran gelegen, daß ich durch die Geige ganz bestimmte Dinge gelernt hatte, die ich unbewußt auf die Posaune übertragen habe. Vielleicht entspricht die Bogentechnik, auf die Posaune übertragen, der Zungentechnik. Ich kann es mir jedenfalls nicht anders vorstellen, als daß es bestimmte Erfahrungen mit der Geige waren, die sich für die Posaune als nützlich erwiesen haben. Ich habe zum Beispiel Zungenübungen gemacht, bei denen ich merkte, daß es mich flink macht, die ich aber im Posaunenunterricht nie kennengelernt hatte. Auch die gerade Anspielweise, nicht den Ton anzuziehen, wie es viele tun und wie man es gerade früher gerne getan hat, kommt sicherlich aus meiner Studienzeit mit der Geige, wo man auf sauberes Anspielen der Töne, das Vermeiden unnötigen Vibratos und derartige Dinge zu achten hatte. Zumindest wußte ich dadurch schon ganz am Anfang, wie ich es nicht haben wollte.

Joe-Klimm-Combo: Joe Klimm (p), Hans Kresse (b), Rudi Sehring (dr), Albert Mangelsdorff, Werner Fink (tp), Joki Freund (ts), 1951

Vielleicht war es auch nützlich, daß ich in der Zeit, als ich schon keinen Unterricht mehr hatte, Geigenübungen, Kreisler-Etüden zum Beispiel, auf der Posaune zu spielen versuchte. Viele davon konnte ich gut oder sogar auswendig spielen, andere, die mir weniger vertraut waren, habe ich in den Baßschlüssel umgeschrieben. Auch habe ich mir selber Übungen ausgedacht, basierend auf den verschiedenen Intervallen, die ich miteinander kombinierte. Dabei erkannte ich, daß das ein nahezu unerschöpfliches Feld ist. Man kann, wenn man sich mit Intervallen intensiv befaßt und sie zu immer neuen Kombinationen verbindet, seine gesamte Lebensarbeit damit ausfüllen.

Wenn ich ein paar Monate lang bestimmte Kombinationen geübt hatte, habe ich mir wieder neue ausgedacht, die ich im Tempo gesteigert habe, bis es halt nicht mehr ging. Das mache ich auch heute noch, nicht nur auf dem Horn, sondern auch im Kopf, einfach nur, um einen geistigen Überblick über das Horn zu haben. Diese Dinge kommen zwar beim Improvisieren auf der Bühne nicht vor, bringen aber die Kreativität weiter. Patterns, von denen man sagen würde: auf die greife ich zurück, wenn mir mal nichts einfällt, habe ich schon mal gar nicht geübt.

Vor einiger Zeit ist mir der Gedanke gekommen, daß es vielleicht auch ein Vorteil ist, wenn man schon improvisieren kann, bevor man ein Instrument lernt. Ich hatte ja jahrelang im Kopf und mit der Stimme improvisiert, bevor ich die Posaune in die Hand nahm. Dadurch könnte sich eine andere Spielweise ergeben, als wenn man das Instrument erlernt und dann erst zu improvisieren beginnt. Vielleicht ist man auf die Art weniger im Instrument und seinen Möglichkeiten verfangen.

Es könnte, das will ich nicht ausschließen, sogar ein Vorteil gewesen sein, keine jahrelange schulische Ausbildung auf der Posaune gehabt zu haben. Ich sage: es könnte, weil ich es nicht anders erfahren habe. Andererseits hätte vielleicht noch viel mehr sein können, wenn ich im Alter von 20, als ich anfing, schon drei oder vier Jahre Unterricht gehabt hätte. Also, ich will Ausbildung keineswegs negieren, nur, mir ging es halt darum, eben weil ich schon 20 war, so schnell wie möglich Jazz zu spielen und nicht noch die ganze Klassik durchzustudieren, was normalerweise mit einer solchen Ausbildung verbunden ist.

Unlängst hörte ich mir ein paar Aufnahmen aus den frühen Jahren an. Eigentlich hatte ich mich nie mehr damit beschäftigt, weil für mich erst die 60er Jahre die Zeit sind, über die ich sagen kann: Das ist mein Stil, das bin ich. Ich war doch erstaunt, wieviel von dem, was meinen eigentlichen Stil ausmacht, damals schon vorhanden war. Gewiß, da ist manches, von dem man sagen könnte: Da spielst du zuviel, weniger Töne wären mehr. Aber das mußte halt noch heranreifen.

Heute denke ich, daß es gut war, daß ich mich nicht an Posaunisten orientiert habe. Natürlich gab es J. J. Johnson, aber der war damals auch noch nicht so gut wie später. Abgesehen davon lag ich zu der Zeit schon längst auf der Tristano-Linie, und da gab es keinen Posaunisten. Lennie Tristano, Warne Marsh und Lee Konitz, wie die phrasierten, das hat mich viel mehr inspiriert als irgendein Posaunist.

Einen starken Eindruck hat auch die »Capitol Band« von Miles Davis auf uns gemacht. Joki Freund, hauptsächlich aber Joe Klimm haben in dieser Art Jazz-Standards bearbeitet. Wenn auch von Miles Davis inspiriert, waren sie doch so arrangiert, daß sie mit dem Original nicht mehr viel gemein hatten. Es hätten fast Eigenkompositionen sein können. Dazu kam, ganz wichtig für den Sound der Band, daß nicht die Trompete die Führung hatte, sondern das Tenor. Trompete und Posaune lagen darunter. Das ergab einen ganz eigenen Sound, der sich wieder zu einem neuen eigenen Klang veränderte, als Werner Fink die Band verlassen hatte und mein Bruder mit dem Alto die Führung übernahm. Werner Fink nahm sein klassisches Studium wieder auf. Er war später 1. Trompeter der Nürnberger Philharmonie.

Emil Mangelsdorff Als ich Ende '49 aus der Kriegsgefangenschaft nach Hause kam, hat mir Carlo Bohländer sehr geholfen, da und dort in Bands mitzuspielen, um überhaupt mal ein paar Mark zu verdienen. Natürlich ging es mir auch darum, etwas dazuzulernen, denn ich konnte mich ja seit 1943, nachdem ich zum Arbeitsdienst und dann zur Wehrmacht eingezogen war, musikalisch nicht betätigen, hatte also von daher einiges nachzuholen. Bei der Gelegenheit erinnere ich mich an ein Erlebnis in der Kriegsgefangenschaft: Ich arbeitete in Lettland auf einer Werft. Eines Tages hörte ich plötzlich dieses berühmte Stück »Twelfth Street Rag« von Lionel Hampton, bei dem er mit zwei Fingern auf dem Klavier spielt, in der Art, wie man Vibraphon spielt. Ich kannte das Stück schon von unseren Plattensitzungen mit Horst Lippmann. Durch die Erinnerung und diese wahnsinnig gute Musik war ich aufs Äußerste erregt und bin zu dem Schiff gerannt, um es besser zu hören, aber der Matrose, der den Sender zufällig empfangen hatte, hatte wohl einen anderen Geschmack und inzwischen weitergedreht. Das war das einzige Erlebnis in der ganzen Zeit meiner Kriegsgefangenschaft, das mit Jazz zu tun hatte. Zwar hatten wir ein Radio im Lager, aber was da gespielt wurde, waren deutsche Orchester aus dem DDR-Rundfunk, die natürlich nicht unseren von Amerikanern gebildeten Geschmack befriedigen konnten.
Anfangs spielte ich Klarinette, basierend auf dem, was ich halt vor der Militärzeit auf dem Konservatorium gelernt hatte. Später, als der Trompeter die Klimm-Combo verlassen hatte, nahm ich mit dem Altsaxo-

Hans Kollers New Jazz Stars und die Fatty George Combo bei einer Jam Session in Köln, 1954: Günter Hermkes (ts), Albert Mangelsdorff, Hans Koller (ts), Willy Meerwald (tb), Fatty George (as)

phon seine Stelle ein. Das Gefühl, daß wir uns an amerikanischen Bands orientierten, hatte ich eigentlich nie. Gewiß, wir hatten die Tristano-Schule zum Vorbild, deshalb war natürlich manches schon dem ähnlich, was Lee Konitz und Warne Marsh machten; die Arrangements waren ähnlich angelegt und wurden aufs äußerste akkurat und sehr cool gespielt, also ganz ohne Hot-Elemente. Ich denke aber, daß die Art, wie Joe Klimm schrieb, im Wesentlichen verantwortlich war für das eigene Klangbild der Band, nicht zu vergessen Joki Freund, der gelegentlich Stücke schrieb. Jedenfalls sahen uns die Jazz Polls immer an erster Stelle, als die modernste Band in Deutschland. ■

Horst Lippmann Meinen Einstieg in die Jazzszene, 1941, habe ich 1951 zum Anlaß genommen, als 10jähriges Jubiläum des Hot Club Frankfurt im Althoff-Bau zu feiern. Das wurde mein erstes allein organisiertes Konzert, das man als Vorläufer des »Frankfurter Jazzfestivals« bezeichnen kann. Es spielten die Two Beat Stompers, das Paul-Kuhn-Quintett und zum ersten Mal – »der neue Klang im Jazz«, so habe ich die

Joe-Klimm-Combo angesagt, mit Albert, Werner Fink, Trompete, Joki Freund, Tenor, Joe Klimm, Piano, Rudi Sehring, Schlagzeug, und Hans Kresse am Baß. Die Klimm-Combo, die ich in der Vorbereitung des Jubiläumskonzerts zum ersten Mal hörte – auch Albert hatte ich nie zuvor auf der Posaune gehört – hat mich sofort begeistert. Ihre Klangvorstellung ging in Richtung Tadd Dameron, würde ich sagen, ein bißchen verhalten, ähnlich der Miles Davis Capitol Band, wohl nicht ganz so cool, aber auch nicht so wild wie Dizzy und Parker. Der Klang wurde mit der Zeit weiterentwickelt zu einem ganz eigenen Frankfurter Stil, der übrigens in der ersten Jazzphase in Polen sehr angenommen wurde, ausgelöst durch die von Werner Wunderlich 1957 initiierte Tournee der »Frankfurt All Stars«. In den späten 50er und frühen 60er Jahren dominierte neben dem Westcoast-Jazz und dem Bebop der Frankfurter Stil sowohl in Polen als auch in anderen osteuropäischen Ländern. ■

Wir klangen nicht so ganz wie die Capitol Band, aber dafür kam etwas Eigenes dabei heraus, was schließlich das wichtigste ist im Jazz, auch wenn damals viele Jazzkritiker und auch Musiker nicht so gedacht haben. Man hatte zu klingen wie irgendein amerikanisches Vorbild, sonst war man nur die Hälfte wert. Es war insofern ein großer Vorteil unserer Frankfurter Szene, als wir die Möglichkeit hatten, schon sehr früh in Jam Sessions mit amerikanischen Musikern zusammenzukommen, die in der Beziehung ganz anders dachten als unsere Kritiker. Ich will mich jetzt nicht loben, aber ich hatte mit meiner Spielweise schon sehr früh Anerkennung bei den amerikanischen Kollegen gefunden. Schon ganz am Anfang, in dem Club in Bonames, da haben die sich gefreut, wie ich Posaune spiele. So etwas gibt Auftrieb, und das ist wichtig für einen jungen Musiker. Trotzdem war ich zwischendurch immer mal wieder mutlos. Das liegt an diesem Instrument, und auch daran, daß man Dinge im Kopf hat, die man halt nicht so realisieren kann, wie man es möchte.

Ende '52 tauchte Hans Koller in Frankfurt auf. Er kam mit seiner Band aus München. Fast jeden Abend haben wir uns zum Jammen im Jazzkeller getroffen. Mit der Zeit hat sich auch eine Freundschaft zwischen uns entwickelt. Irgendwann hat mich Hans Koller auch mal zu einem Auftritt beim Norddeutschen Rundfunk in Hamburg mitgenommen. Es lag sozusagen auf der Hand, mich kurz oder lang zu Koller hin zu orientieren. Es war in der Klimm-Band auch leider so, daß es mit den Engagements bei den Amerikanern immer schwieriger wurde, und Klimm deshalb versuchte, mehr kommerziell zu spielen. Das war nicht mehr meine Sache.

Im Frühjahr '53 bin ich schließlich offiziell in die Hans-Koller-Band gewechselt, die bis dahin ein Quartett war, mit Shorty Roeder, Baß, Jutta Hipp, Piano, Karl Sanner, Schlagzeug und Hans Koller am Tenor. Vom Repertoire her waren wir uns sehr ähnlich, und stilistisch lagen auch die auf der Tristano-Linie.

Ganz kurz nach meinem Eintritt wurde uns das Angebot gemacht, mit dem Dizzy-Gillespie-Quintett auf Tournee zu gehen. Horst Lippmann war einer der treibenden Leute der Gillespie-Tour. Bei der Gelegenheit hat er einen zugkräftigeren Namen für die Band erfunden: »Hans Koller's New Jazz Stars«. Wir spielten immer den ersten und die Gillespie-Band den zweiten Teil. Heute würde man sagen, wir waren die Vorgruppe. Bei einer Session im Norddeutschen Rundfunk haben wir auch ein paar Titel zusammen aufgenommen.

Stilistisch waren wir total verschieden. Dizzy spielte damals, ich würde sagen: einen eher populären Bebop, während wir sehr cool und zurückhaltend gespielt haben. Tatsächlich kamen wir bei vielen Leuten besser an als die Gillespie-Band, aber Dizzy hat schon toll gespielt.

Horst Lippmann Charles Delaunay rief mich an und sagte mir, daß er das Dizzy-Gillespie-Quintett für Europa verpflichtet habe. Charles, der Präsident des Hot Club de France war, Mitherausgeber der Zeitschrift »Le Jazz Hot« und der Vogue-Schallplatten, war während des Krieges eine meiner wichtigsten Kontaktpersonen, mit denen ich Informationen über Jazz und Schallplatten austauschte. Nun hatte er zur Durchführung der Tournee einen Mann verpflichtet, über dessen Kompetenz ihm inzwischen Zweifel gekommen waren. Er bat mich: Guck' dir den doch mal an. Also habe ich mir den angeguckt. Der hatte von Jazz keine Ahnung, von Konzerttourneen leider auch nicht. Da ich Char-

Hans Kollers New Stars in Bremerhaven, 1954: Shorty Röder (b), Denise Langelier (voc), Roland Kovac (p), Albert Mangelsdorff; knieend: Rudi Sehring (dr), Hans Koller

les Delaunay freundschaftlich eng verbunden war, erklärte ich mich bereit, die Tournee zu überwachen. Nun war das Quintett, das Dizzy damals hatte, nicht eines der stärksten. Ich war deshalb der Meinung, daß wir eine Vorgruppe brauchten und empfahl »Hans Koller's New Jazz Stars«, die damals eine der wichtigsten Bands in Europa waren. Und siehe da, nicht nur, daß die »New Jazz Stars« einen größeren Erfolg hatten als das Dizzy-Gillespie-Quintett, sie waren auch effektiv besser. Auf dieser Tournee war Albert das erste Mal international unterwegs und es kam seine erste Schallplatte »A Cool Breeze From Germany« mit »Hans Koller's New Jazz Stars« zustande. ■

H. Werner Wunderlich Ich kenne Albert, seit er auf der Jazzbühne aufgetaucht ist, vielleicht nicht vom ersten Tag an, aber ganz deutlich ist mir ein Konzert im Althoff-Bau mit der Hans-Koller-Gruppe und der Gruppe von Dizzy Gillespie in Erinnerung. Ich habe damals in Darmstadt studiert und dort einen Jazzclub geleitet. Ich kam natürlich zu jeder Jazzgelegenheit nach Frankfurt und habe bei diesem Konzert Alberts überragendes Talent zum ersten Mal bewußt wahrgenommen. Dann war ich sehr oft im »Jazzkeller«, der im gleichen Jahr eröffnet wurde. Ich habe dann auch in Darmstadt, in unserem Club an der Technischen Hochschule, Konzerte gemacht und habe auch Albert und die ganze moderne Szene dort gehabt. ■

Es war nun nicht so, auch wenn Dizzy Gillespie damals auf dem wirklichen Höhepunkt seiner Karriere war, daß wir zuvor nie mit großen amerikanischen Musikern gespielt hätten. Wenn amerikanische Bands im Frankfurter Raum Konzerte hatten, die Ellington-Band und wer sonst noch, dann kamen die anschließend in den »Jazzkeller« zum Jammen. Auch kamen ständig Musiker, die ihren Dienst bei der Army ableisten mußten und später namhafte Leute wurden, wie Don Ellis, Lex Humphries, Cedar Walton, Gary Peacock, Leo Wright, Carlos Ward, Don Menza oder Keith Copeland, der heute die Schlagzeugklasse an der Kölner Musikhochschule leitet. Das waren sehr versierte Leute, mit denen man sich auf irgendeine Weise auch gemessen hat. Wohl lehne ich dieses Konkurrenzdenken ab, aber andererseits war es gut für das Ego, wenn man merkte, daß man sich nicht verstecken mußte. Es war ein Ansporn, die eigene Originalität zu entwickeln. Man sagte sich: Du spielst nicht das, was der spielt, aber was du spielst, hat auch einen Sinn. Auch tauchten viele europäische Musiker nachts im »Jazzkeller« auf, Schweden, Belgier, Holländer, unter anderen auch Ack und Jerry van Rooyen, die alle so wie wir in amerikanischen Clubs spielten, wo man in der Regel um 23 Uhr fertig war. Da blieb noch viel Zeit zum Jammen. Die meisten von ihnen wohnten in einem sogenannten Special Service Hotel, einem umfunktionierten Wohnhaus am Südbahnhof, das um 1 Uhr abgeschlossen wurde. Die Kollegen und Kolleginnen, die ja immer erst gegen Morgen aus dem Jazzkeller kamen, sind dann durch einen Nachbarhof über die Feuerleiter durch ein Fenster im ersten oder auch zweiten Stock eingestiegen. Ein Wunder, daß nie einer abgestürzt ist, denn die meisten waren doch ziemlich bezecht, wenn sie aus dem »Jazzkeller« kamen. Ich erinnere mich noch gut, daß mich Karl Sanner, unser Schlagzeuger in der Koller-Band, mal hochschleppte, weil ich es, volltrunken wie ich war, nicht mehr aus eigener Kraft schaffte.

Wenn wir bis dahin hauptsächlich in amerikanischen Clubs gespielt hatten, so lief das allmählich aus. Das hatte mit der beginnenden Rassenintegration zu tun, was ja an sich eine sehr positive Sache war. Was aber den Jazz anbelangt, hat uns das viele Möglichkeiten genommen.

Schon mit der Klimm-Band hatten wir immer versucht, möglichst bei schwarzen Einheiten zu spielen. Wohl spielten wir zwischendurch in weißen Clubs, aber wo es halt möglich war, sind wir zu den Schwarzen gegangen. Durch die Rassenintegration wurden die Clubs jetzt alle von den Weißen dominiert, und die Chefs wollten nun mal keinen Jazz. Meistens gab es Protest, wenn wir Jazz spielten oder wir wurden schon gar nicht mehr engagiert. Mit Koller fanden wir eine ganz gute Lösung. Wir hatten eine attraktive Sängerin dabei, die den kommerziellen Part übernahm, während wir zwischendurch Jazzstücke spielten. Aber es war halt doch eine ungute Situation, die keinem von uns so recht paßte. Nicht zuletzt wurde es auch finanziell immer schlechter. Mit der Klimm-Band waren wir anfangs mal bei einer Einheit ein ganzes Jahr lang an einem Stück engagiert, das heißt, wir machten die Runde durch alle Clubs der Einheit, vom alkoholfreien Service Club des Special Service zum EM Club für die unteren Chargen, dann zum NCO Club für die Unteroffiziersgrade, zum Offiziersclub, und wieder von vorne. Da hatte man ein Auskommen, von dem man einigermaßen leben konnte, auch wenn man anschließend ein oder zwei Monate nichts zu tun hatte.

Ende '53 stieg Jutta Hipp aus und gründete mit Emil, Joki Freund und Hans Kresse, die von Joe Klimm kamen, ihr eigenes Quintett. Für Karl Sanner, den sie mitnahm, ist Rudi Sehring aus der Klimm-Band zu uns gekommen. Damit hatte die Joe-Klimm-Combo aufgehört zu existieren. Klimm selber ging als Pianist und Arrangeur in die Band des Trompeters Fred Bunge. Bunge kam später durch einen tragischen Autounfall ums Leben. Klimm, der das Auto gesteuert hatte, war schwer verletzt und mußte lange Zeit aussetzen. Ich bin ihm kürzlich in Schweden begegnet. Er lebt als Musiklehrer in Malmö.

Für Jutta, die jetzt ihre eigene Band hatte, kam Roland Kovacs, ein sehr guter, studierter Musiker, der theoretisch viel drauf hatte. Ich habe in der Zeit einiges von ihm gelernt, andererseits habe ich mich nicht sonderlich gut mit ihm verstanden, was nicht zuletzt auch der Grund war, die Band 1954 zu verlassen. Trotzdem blieb ich mit der Hans-Koller-Band weiter in Verbindung. Noch bis 58 habe ich zu den verschiedensten Gelegenheiten, auch bei Plattenaufnahmen, immer wieder mit Koller gespielt, sogar kurz nach meinem Ausstieg auf dem Frankfurter Jazzfestival.

Horst Lippmann Hans Koller ist von seiner ganzen Art her ein typischer Frankfurter, auch wenn er ein Wiener ist. Die Wiener haben ja oft etwas Lebenszerstörerisches, oder wie es ein Wiener Popmusiker mal ausgedrückt hat: Das Leben findet bei uns auf dem Friedhof statt. Roland Kovacs hatte diese Art, die auch im restlichen Österreich sehr unbeliebt ist. Gewiß, er war ein guter Arrangeur und ein sehr gut ausgebildeter Pianist, aber, das ist meine Meinung, ein Jazzer war er eigentlich nicht. Es kam schließlich soweit, daß der Hans in seiner eigenen Band kaum mehr was zu sagen hatte, Kovacs führte das Kommando. Ich könnte mir vorstellen, daß Albert das auf die Dauer nicht mitmachen wollte. ■

Fritz Rau Wir haben 1954 in Heidelberg das »Cave« gegründet. Es war kein purer Jazzkeller wie das »Domicile« in Frankfurt, das der bedeutendste Jazzclub in Deutschland war, wenn nicht sogar in ganz Europa. Das »Cave« war eher ein Existentialistentreff, nach dem Vorbild von St. Germain, eine Alternative zu den aufkommenden traditionellen Corps und Burschenschaften, die im Sinne der Adenauerschen Restauration wieder ihr Haupt erhoben. Wir, die wir mit 15 Jahren als Hitlerjungen das Ende des Nazireichs erlebt hatten, und danach erfahren mußten, was da eigentlich passiert war und wozu wir bereits gedrillt waren, konnten uns mit dem Zeitgeist, so zu tun, als hätte es 1933 bis 1945 nicht gegeben, nicht einverstanden erklären. Wir waren sehr beeinflußt von der französischen Szene, als einer kulturellen Resistance gegen eine Haltung, die sich in dem CDU-Slogan »keine Experimente« ausdrückte. Natürlich spielte neben dem Existenzialismus à la Sartre und Camus auch der Jazz, genau wie in St. Germain, eine wichtige Rolle. Irgendwann haben wir denn auch den Entschluß gefaßt, ein größeres Jazzkonzert in der Heidelberger Stadthalle zu veranstalten, was allerdings leichter beschlossen war als getan, denn wir hatten genauso viel Geld wie

Erfahrung, nämlich nichts von beidem. Als unser Vorhaben immer konkretere Formen anzunehmen begann, tauchte natürlich die Frage auf: Wer soll denn da überhaupt spielen? Für mich war völlig klar, wer da spielen mußte: Albert Mangelsdorff und die »Frankfurt All Stars«.
Ich bin per Anhalter nach Frankfurt gefahren, um Albert, der mit seiner Frau in deren Elternhaus in Praunheim wohnte, aufzusuchen. Seine Schwiegermutter, die ich antraf, sagte mir, daß er drüben im Wäldchen den Hund ausführe. Ich ging also auf die Suche nach ihm, mit den Nerven völlig 'runter, denn was mich erwartete, war die Begegnung mit einem Idol. In meiner Aufregung habe ich jeden angesprochen, der nur eine entfernte Ähnlichkeit mit ihm hatte. Ich kannte ihn ja nur von einer undeutlichen Abbildung auf einem Plattencover. Endlich stand er vor mir, ein bescheidener, junger Mann. Er hörte sich mein Anliegen an und erwiderte in seiner ruhigen Art: Okay, wenn ihr das wollt, dann sagt mir halt Bescheid, wann es soweit ist. Es ging noch einige Zeit ins Land, bis wir einen Geldgeber gefunden hatten. Am 2.November 1955 schließlich fand das Konzert statt, das allererste von mir organisierte Konzert. Ich kann mich daran erinnern, als wäre es gestern gewesen. Schon Wochen davor hatte ich mit dem Verkauf der Eintrittskarten begonnen. Ich hatte sie bündelweise in der Tasche stecken und bequatschte meine Kommilitonen solange, bis sie mir die fünf Mark gaben. Jedenfalls war die Stadthalle ausverkauft. Den Anfang machte die »Sound Cave Combo«, mit Fritz Hartschuh und ein paar GIs, die in der 7th Army Band ihren Militärdienst ableisteten und oft ins Cave zum Spielen kamen, unter ihnen Leute, die später sehr bekannt wurden. Und dann also die »Frankfurt All Stars«. Ein Tag vorher rief mich noch Wolfgang Röhrig vom Süddeutschen Rundfunk an, um mir zu sagen, daß sie das Konzert mitschneiden wollen. Tatsächlich, sie schnitten es mit, und ich war im Himmel. Das war der Anfang meiner Zusammenarbeit mit Albert Mangelsdorff. ■

Ich fing nun an, die eine oder andere Formation zu bilden, unter anderen ein Quartett mit David Amram, einem amerikanischen Waldhornisten. Mit Attila Zoller, der in der Frankfurter Szene aufgetaucht war, spielte ich sehr viel Duo. Das Duo-Spiel war damals noch eine seltene Sache. Das einzige Duo, das ich bis dahin kannte, war das von Lee Konitz und Billy Bauer. Nun war mir aber das Duospielen schon seit Jahren nichts Fremdes, denn immer dann, wenn man im Jazzkeller war und unbedingt spielen wollte, aber nur einer da war, hat man halt Duo gespielt. Ob das nun ein Schlagzeuger oder ein Saxophonist war, war letztlich egal. Ich habe es auch immer für einen unnötigen Zwang gehalten, daß unbedingt Baß, Schlagzeug oder Piano besetzt sein müssen. Als wenn sich anders keine Musik machen ließe. Mit Attila Zoller gibt es aus dieser Zeit eine Duo-Platte, die als Live-Mitschnitt auf dem Jazzsalon in Dortmund entstanden ist. Durch ein Versehen ist auf der Plattenhülle der Name meines Bruders angegeben.

Attila Zoller Ich war 22 Jahre alt, als ich nach Wien kam und zum ersten Mal Tristano-Musik hörte. Es war überhaupt meine erste Begegnung mit *contemporary music,* die zu der Zeit in Ungarn verpönt, in Wien aber schon ziemlich populär war, nicht beim breiten Publikum, aber unter Musikern. Diese Linien und diese Zwischenakkorde, wie sie im Cool Jazz vorkamen, das war ganz neu für mich, hat mich aber sofort fasziniert. Zusammen mit Hans Salomon und Joe Zawinul habe ich versucht, die Dinge auszutüfteln.

Bevor ich schließlich im Herbst 1954 in Frankfurt landete, spielte ich in einem Lokal in Nürnberg *country music* à la Nashville. Dort lernte ich Dave Amram kennen, der eines Tages zu mir sagte: Komm' doch mal nach Frankfurt, wenn du mit deinem Engagement fertig bist. Ich hatte mir gerade einen neuen Wagen gekauft und wollte eigentlich nach Wien zurück, hatte aber nicht genügend Geld, um den Zoll zahlen zu können und entschloß mich, Dave in Frankfurt zu besuchen. Noch am gleichen Tag setzten wir uns nachmittags hin und schrieben eine Nummer, die wir abends, zusammen mit Harry Schell und Karl Sanner, im »Jazzkeller« ausprobierten. Das Stück kam sofort gut an, sogar die Presse schrieb darüber. Also, es war ein gelungener Einstieg im »Jazzkeller«.

Noch am gleichen Abend lernte ich Jutta Hipp und Emil Mangelsdorff kennen, die spät in der Nacht von einem Gig in einem amerikanischen Club kamen. Es wurde eine lange Sauferei. Albert begegnete ich am nächsten Tag. In den folgenden Wochen jammten wir fast jede Nacht miteinander, und schon kurze Zeit später machte ich mit ihm und Dave meine erste Aufnahme für den Hessischen Rundfunk. ■

Mit Dave Amram, 1954

In der Zwischenzeit war Jutta Hipp nach Amerika ausgewandert, und Joki Freund hatte ein Quintett gebildet, in das er mich holte. Wir waren mit drei Bläsern besetzt, Joki, Emil und ich. Am Baß wurde einige Male gewechselt, der erste war Harry Schell, dann kam Al King, ein schwarzer Amerikaner aus New York, ihm folgte Marcel Rigot, ein Belgier, und 1957 schließlich Peter Trunk, der bis 1962 in den verschiedensten Besetzungen mit mir spielte.

Joki Freund Zu Anfang war das Joki-Freund-Quintett mit zwei Bläsern, Emil und mir, Piano, Baß und Schlagzeug besetzt. Nachdem wir mit den »Frankfurt All Stars« 1957 in Polen waren und Albert dazugekommen war, wir nannten uns jetzt »Freund/Mangelsdorff-Quintett«, spielten wir ohne Klavier. Denn nachdem wir Mulligan gehört hatten, waren wir zu der Auffassung gekommen, daß man ohne Klavier vielleicht freier spielen kann. Durch das Klavier ist man ja gebunden an bestimmte Harmonien. Wenn dieser Hintergrund nicht da ist, kann man sich doch mehr lösen von den Harmonien, und auch mal ein Des in einem C-Dur Akkord spielen. Gewiß, wenn man sich wie das Mulligan-Quartett streng in den Harmonien bewegen will, ist es ohne Klavier schwieriger. Das war aber nicht das, was wir anstrebten. ■

Für einige Tourneen, bei denen wir auch traditionell spielen mußten, Tourneen, die das Konzertreferat der Deutschen Jazzföderation oder Werner Wunderlich und später Fritz Rau für uns besorgt hatten, stellten wir ein »Rundumprogramm« zusammen. Das heißt, es kam noch Werner Rehm dazu, der Trompeter der »Two Beat Stompers«, der bei Dixieland- und Swingstücken mitspielte. Bei Dixieland spielte ich Posaune, ziemlich ungern, bei den Swingstücken Gitarre, während mein Bruder Klarinette und Joki Klavier spielte.

»Des'sch Too Much«

Die Frankfurter Szene Ende der 50er Jahre

Was das Finanzielle angeht, so hat man ganz schön herumgekrebst. Wenn ich nicht bei meinen Eltern hätte leben können, wäre das eine schlimme Zeit geworden. Oft hatte ich über mehrere Monate nichts zu tun. Ich habe wohl jeden Abend im Jazzkeller gespielt, aber fürs Bier, Geld gab es nicht. Irgendwann hörte ich, daß die Bigband des Hessischen Rundfunks einen Posaunisten sucht, da einer wegen Krankheit auf längere Sicht ausgefallen war. Das war übrigens Ernst Stähr, der Sohn meines Lehrers. Ich bin hingegangen, um mich vorzustellen, und bin auch genommen worden, zuerst aushilfsweise, dann fest, wenn auch ohne Vertrag.

Davon abgesehen, daß ich jetzt mal regelmäßig Geld verdiente, habe ich auch einiges gelernt, was ich bis dahin nicht so kannte, zum Beispiel in einem Bigband-Satz richtig zu phrasieren oder auch exaktes Notenlesen. Ich war weit entfernt, in dem Sinne ein Routinier zu sein, daß ich alles hätte abspielen können, was man mir hinlegt, jahrelang hatte ich ja kaum mal Noten gesehen. Bei Klimm und Koller hatten wir fast alles nach Gehör einstudiert, nur ganz selten nach Noten. Also am Anfang hat es ziemlich gehapert. Man mußte mir schon hin und wieder auf die Sprünge helfen. Bei der Gelegenheit möchte ich sagen, daß Willy Berking ein sehr angenehmer Bandleader war, der sehr viel Verständnis für mich hatte.

Die HR-Bigband machte damals nicht nur Aufnahmen im Studio, sondern spielte oft auf Bällen oder öffentlichen Veranstaltungen, meist von H. J. Kulenkampff moderiert. Nach einer solchen Veranstaltung in einer nordhessischen Kleinstadt, ich glaube in Korbach, war die Band noch zu einem Imbiß in einem Lokal eingeladen. Zu später Stunde ging ich an der Theke vorbei, wo gerade Willy Berking mit einem älteren Einheimischen stand und heftig diskutierte. Er hielt mich am Arm fest und bat mich, diesem Herrn doch mal zu erklären, wie meine Generation über die Wiederbewaffnung der Bundesrepublik denkt, was wohl das Thema seiner Diskussion mit ihm war. Nun, ich sagte ihm, daß ich dagegen wäre und es schrecklich fände, wenn wir nach all dem was gewesen war, wieder Militär bekämen. Eh' ich mich versah, versetzte er mir einen so heftigen Fauststoß vor die Brust, daß ich nach hinten taumelte und zu Boden ging. Willy Berking stürzte sich auf ihn und im Handumdrehen war eine wüste Schlägerei zugange: Big Band gegen Einheimische. Nachdem schließlich sogar die Polizei eingegriffen hatte und alles vorbei war, sah die Kneipe aus wie ein Schlachtfeld. Zerbrochene Stühle, heruntergerissene Lampen und überall Sauerkraut und Würste auf dem Boden. Meinetwegen hätte diese Schlägerei nicht sein müssen, aber ich war doch sehr erstaunt, daß sich Berking so für mich eingesetzt hatte.

Mit der Zeit wurde diese Musik ein Alptraum für mich. Die Schlagermusik der 50er Jahre ist ja nicht vergleichbar mit der heute populären Musik, die zu spielen sicher ein bißchen mehr Spaß gemacht hätte. Nun hatte Willy Berking auch keinerlei Ambitionen in der Jazzrichtung, insofern kann man ihm das nicht vorwerfen, obwohl man sagt, daß er ursprünglich Jazzposaunist war. Wenn mal in einem Arrangement ein etwas gewagter Akkord vorkam, hat er den sofort entschärft.

Irgendwann hing mir dieser verschnulzte Kram zum Hals raus. Man will ja schließlich das, was man am besten kann und was einem am Herzen liegt, nicht vernachlässigen. Ich bin, um das alles wieder loszuwerden, jeden Abend zum Jammen in den Jazzkeller, mußte aber morgens um 10 Uhr wieder im Rundfunk sein. Dazu habe ich ja noch einen Teil des Tages mit Üben verbracht. Das hat mich ganz schön geschlaucht.

Nach zwei Jahren hat man mir einen Vertrag angeboten. Wie vorgeschrieben bin ich zum Betriebsarzt gegangen, um mich untersuchen zu lassen, fuhr aber dann, bevor ich das ärztliche Attest bekam und den Vertrag hätte zurückschicken können, mit den »Frankfurt All Stars« zum 2. Polnischen Jazz-Festival nach Zoppot und zu einer anschließenden Tournee durch Polen. Nach unserer Rückkehr bin ich einfach nicht mehr hingegangen, nicht einmal abgemeldet habe ich mich. Ich hätte wohl ein schönes Einkommen gehabt, aber ich hatte derart die Nase voll, daß ich nicht anders konnte, als abrupt Schluß zu machen.

Jazzensemble des Hessischen Rundfunks (Joki Freund, Emil Mangelsdorff, Dusko Gojkovich, Albert Mangelsdorff, Pepsi Auer) mit Sonny Rollins, im Kantate-Saal Frankfurt, 1959

In den darauffolgenden Jahren habe ich immer mal wieder einen Gig mit der HR-Bigband gehabt. Wenn es an einem Tag war, an dem ich sowieso nichts zu tun hatte, habe ich zugesagt, um halt ein paar hundert Mark zu verdienen. Oder wenn es darum ging, eine Werbemusik im Studio aufzunehmen. Wenn ich allerdings gespürt hätte, daß mir das schadet, so wie ich das Gefühl hatte, daß ich aus der Bigband raus muß, weil sonst meine Kreativität und meine Spielweise darunter gelitten hätten, hätte ich es bestimmt nicht gemacht. Natürlich gab es, wenn ich auf die vielen Jahre meiner Musikerkarriere zurückblicke, immer mal eine Sache, bei der man einen Kompromiß machte, was einen danach auch gereut hat. Die Zeit in der HR-Bigband aber war wohl das weiteste, was ich je in dieser Richtung gemacht habe, obwohl ich schon von Anfang an fast angewidert war von dieser Musik. Im Grunde war es ein einziger Kompromiß.

Die Reise nach Polen war in vielerlei Hinsicht ein ganz großes Erlebnis für mich. Wir waren mit einem geliehenen VW-Bus nach Berlin gefahren, holten dort bei der polnischen Militärmission unsere Visa ab, die schon Wochen vorher beantragt werden mußten, und fuhren mit der Eisenbahn in einem plombierten Wagen nach Danzig. Kurz vor der Ankunft stieß Raymund Gornovicz zu uns, der einer der Initiatoren war und uns während unseres Aufenthaltes in Polen rührend betreute. Er siedelte später nach Frankfurt über. Bis heute ist er ein guter Freund geblieben und der Frankfurter Jazzszene immer verbunden gewesen.

Für mich war diese Reise auch eine Reise ins Ungewisse, wußte man doch, was die Deutschen den Polen angetan hatten. Noch heute empfinde ich Schuld. Wen wir auch kennenlernten, es gab kaum einen Menschen, der nicht durch die Deutschen Angehörige verloren hatte oder dem nicht sonstiges großes Leid zugefügt worden war. Umso erhebender war es zu erleben, mit welcher Offenheit, ja Liebe man uns empfing und behandelte.

Wir spielten auf dem Zoppoter Festival mehrere Konzerte in verschiedenen Besetzungen, hauptsächlich mit dem Joki-Freund-Quintett, aber auch als Swing-Gruppe mit Emil, in der ich Gitarre spielte, wie auch mit dem Klarinettisten Albert Nicholas und dem Sänger Bill Ramsey. Außer uns waren aus dem Westen noch die »Spree City Stompers« aus Berlin dabei. In unserer Begleitung waren noch Joachim Ernst Berendt und Werner Wunderlich, der auf unserer Seite der Initiator war. Es kam ihm zustatten, daß er polnisch sprach, was er in polnischer Kriegsgefangenschaft gelernt hatte.

Einige der polnischen Musiker habe ich noch in sehr guter Erinnerung, unter anderen den Trompeter Andrzey Kurylewicz, den Saxophonisten Jan Wroblewski, den ich schon ein Jahr später in der Newport International Youth Band wiedertraf, und den Pianisten Krzysztof Komeda, der mit seiner Gruppe schon damals hervorstach. Später tauchte sein Name als Komponist in vielen Filmen von Roman Polanski auf.

Die polnischen Musiker klangen damals alle noch etwas zahm, was einen allerdings nicht wundern darf, denn sie hatten ja keine Möglichkeit, an Schallplatten zu kommen. Auch gab es damals keine Tonbandgeräte, womit sie Jazzsendungen von Willis Conover auf der »Stimme Amerikas« hätten mitschneiden können, was wirklich das einzige war, was sie hören konnten.

Die Konzerte in Zoppot fanden in einer großen Halle mit etwa 3000 Zuhörern statt, eines in einem großen Sportstadion vor 12 000 Zuhörern, wo alle teilnehmenden Gruppen vorgestellt wurden. Ich erinnere mich noch, wie wir vor unserem Auftritt auf einem offenen Lastwagen erst mal eine Runde durch das Stadion gefahren wurden.

Das Wichtigste aber waren die allnächtlichen Jam Sessions mit unseren polnischen Kollegen. Ich glaube, daß wir hier, im hautnahen Zusammenspiel, die meisten Impulse geben konnten. Ich wäre sehr stolz und glücklich, wenn durch uns da etwas in Bewegung gekommen wäre. Jedenfalls, ob das nun mit uns in Zusammenhang steht oder nicht, hat sich die polnische Jazzszene danach immens entwickelt. Viele der polnischen Kollegen hatten bald internationalen Standard.

H. Werner Wunderlich Einen ganz besonderen Punkt gab es in unserer Beziehung durch die Reise der Frankfurter Jazzer zum 2. Polnischen Jazz-Festival 1957. Es war in der Zeit des kulturellen und auch politischen Tauwetters in Polen. Die Polen versuchten, sich aus der stalinistischen Ära zu befreien und haben also auch Jazz gemacht. Ich, der ich polnisch spreche und einige Verbindungen hatte, wurde von der Organisationsleitung des Festivals eingeladen, mit einer deutschen Gruppe zu kommen. Nun hatte ich natürlich den Ehrgeiz, das Beste mitzunehmen, was ich bekommen konnte. Ich bin also nach Frankfurt gefahren und habe Albert Mangelsdorff als die Schlüsselfigur des Frankfurter Jazz und als einen der Hauptakteure der sogenannten »Frankfurt All Stars« mit diesem Projekt vertraut gemacht. Ich habe gesagt: Albert, sieh doch mal zu, ob du das machen kannst. Es war insofern schwierig, als die Polen in »weicher« Währung zahlen wollten und auch gar nicht anders zahlen konnten. Es ist auch keiner der Musiker, die ich angesprochen habe, jubelnd in die Luft gesprungen. Albert war der Sache von vornherein positiv aufgeschlossen und hat mir unheimlich geholfen, seine Kollegen, Bruder Emil, Joki Freund, Rudi Sehring, den amerikanischen

Jam Session im Jazzclub Karlsruhe, 1957: mit Bob Cooper (ts), Bud Shank (as), Attila Zoller (g)

Bassisten Al King, der zu den »Frankfurt All Stars« gehörte, zu überzeugen: Laßt uns diesen ersten kulturellen Brückenschlag zwischen Deutschland und Polen nach dem Krieg machen. Ich habe an Alberts innerem Engagement gemerkt, daß er auch jenseits des bloßen Spielens Interesse hatte, dort etwas in Gang zu setzen. Und es ist vortrefflich gelungen, muß ich sagen.
Der Auftritt der »Frankfurt All Stars« wurde zu einem Schlüsselerlebnis für die gesamte polnische Jazzszene. Man sprach dort anschließend von der »Frankfurter Schule«. Es gab viele, die sich unsere Frankfurter Musiker zum Vorbild genommen haben und das Gehörte für sich weiterentwickelten. Das war meine erste ganz enge und bewegende Zusammenarbeit mit Albert Mangelsdorff. ■

Fritz Rau 1956 begann ich das »Konzertreferat Inland« der »Deutschen Jazz-Föderation« aufzubauen, um mich in dieser Funktion intensiv um deutsche Gruppen kümmern zu können. Nur so konnte eine Jazzszene geschaffen werden, ausgehend von Horst Lippmanns »Deutschem Jazzfestival« in Frankfurt, das sozusagen das *showcase* war, wo die Musiker zeigen konnten, was sie drauf hatten. Erschwerend kam die paradoxe Situation hinzu, daß der Amateurjazz, plötzlich »in« war, also der traditionelle Jazz unter dem Einfluß von Chris Barber, Ken Colyer und anderen englischen Musikern. Das »Deutsche Amateur-Jazzfestival« in Düsseldorf, auf dem wir als Juroren fungierten, war beinahe erfolgreicher als unser Frankfurter Festival. Die moderne Szene hatte es also sehr schwer. Wohl gab es Clubs wie das »Bohème« in Duisburg, die ab und zu moderne Ensembles engagierten, aber viele waren es nicht. Die Bands mußten dort acht Stunden spielen, das muß man sich mal vorstellen. Wahnsinn für einen Musiker, der originäre Musik machen will.

Ganz speziell habe ich mich Albert gewidmet, was ihm sicher geholfen hat, beim Tanzorchester des Hessischen Rundfunks auszusteigen, um sich voll auf den Jazz zu konzentrieren. Seine Frau hat natürlich gar nicht so gerne gesehen, daß er diese ökonomisch sichere Basis aufgab. Er war ja auf dem Weg zu einer Beamtensituation, denn Rundfunk-Musikern konnte nach einer gewissen Zahl von Jahren nicht mehr ohne weiteres gekündigt werden. Ab da, kann man sagen, hat Albert sein eigenes Ding gemacht, bis auf den heutigen Tag.

Ich war, heute würde man sagen: sein Manager, aber nicht in dem Sinn, daß ich entschieden hätte, was zu tun und was zu lassen ist. Die Entscheidungen hat Albert getroffen. Ich war sein Ratgeber und der Mann, der die Konzerte und alles, was dazugehört, organisierte. Zusätzlich war ich noch für die internationalen Tourneen, die Horst Lippmann organisierte, als Tourneeleiter unterwegs. Lippmann vertrat Norman Granz, der unter anderen Ella Fitzgerald, Oscar Peterson und Duke Ellington unter Vertrag hatte. Von Norman Granz habe ich mir sogar mal Geld gepumpt, um einen VW-Bus kaufen zu können, wofür ich ihm noch heute dankbar bin. Mit einer deutschen Gruppe war ja nicht viel Geld zu verdienen, aber ohne Fahrzeug ging es natürlich auch nicht. Wir bekamen pro Gastspiel 300 bis 350 Mark, inclusive allem. Wir haben natürlich in den schäbigsten Hotels gelebt, aber die Hauptsache, wir konnten spielen. Autofahren können Albert Mangelsdorff und ich heute noch nicht, das mußte Joki Freund übernehmen. Umso mehr habe ich geschwitzt und geschleppt. Jedenfalls haben wir durch die vielen Auftritte eine *moderne Jazz*-Szene geschaffen. Es gelang mir sogar, für die Stadt Kaiserslautern die Reihe »Kammermusik in Jazz« aufzubauen, um den Jazz auch in der offiziellen Kulturlandschaft zu etablieren. Übrigens traten die Musiker damals im Smoking auf, was heute gar nicht mehr denkbar wäre. Wenn ich heute zurückblicke, muß ich sagen, daß diese Zeit *on the road* eine sehr wichtige Lehre für mich war, die mich später befähigte, das Konzertbüro Lippmann+Rau aufzubauen. ■

In der Zwischenzeit war ich vom Vorort Praunheim in die Stadt gezogen. Ich konnte noch eine Weile von meinen Ersparnissen leben, aber letztlich war der Weggang aus der Bigband ökonomisch ein Absturz. Zum Glück hatte ich eine Vermieterin, die sehr kulant war. Ich konnte die Miete schon mal drei Monate anstehen lassen. Irgendwann mußte ich natürlich zahlen, aber sie hat mich nicht rausgeschmissen.

Nach und nach gab es dann doch ein bißchen mehr zu tun. Durch meine Verbindung zum Hessischen Rundfunk wurde ich auch öfter mal zu Werbeaufnahmen ins Studio geholt; zwar gehörte ich nicht zum Stamm wie die Musiker der Bigband, aber immerhin, es hat sich so zusammengeleppert. Schließlich wurde das Jazzensemble des Hessischen Rundfunks gegründet und ich zum Leiter bestellt. Wir hatten pro Monat die Garantie für drei Aufnahmen, für die wir wohl wenig Geld bekamen, aber wenigstens kam die Miete dabei heraus.

Horst Lippmann 1958 konnte ich den Hessischen Rundfunk überreden, das »Jazzensemble des Hessischen Rundfunks« zu gründen, um für die Frankfurter Musiker eine Existenzgrundlage zu schaffen. Es war zwar nicht viel Geld, was gezahlt wurde, was sich bis heute nicht geändert hat, aber es ist doch wenigstens eine finanzielle Basis, die dazu beiträgt, unsere Musiker in Frankfurt zu halten. ■

Fritz Rau Das Jazzensemble des Hessischen Rundfunks bildete einen Eckpfeiler für die ökonomische Sicherheit der beteiligten Musiker, dazu die Gastspiele, die ich organisiert habe, plus die Gigs im »Jazzkeller«. Insgesamt hat das ein bescheidenes Auskommen gewährleistet, so daß

European All Stars, im Fernsehstudio des SWF, Baden-Baden, 1961

Albert sich voll und ganz auf seine Musik konzentrieren konnte. Und das hat er ja wahrlich gemacht. Durch seine totale Hingabe, täglich sechs, sieben Stunden üben und abends Session oder Konzert, ist er das geworden, was er heute ist, der wichtigste Posaunist im Jazz, und einer der größten Musiker, die dieses Land hervorgebracht hat. ■

H. Werner Wunderlich Ich fing 1959 mit den Palmengarten-Konzerten in Frankfurt an und wählte als erste Gruppe das Jazzensemble des Hessischen Rundfunks, das damals gerade ein Jahr alt war. Seitdem ist Albert in den unterschiedlichsten Formationen jedes Jahr im Palmengarten gewesen. Ich habe es seit langem eigentlich immer ihm überlassen, mit wem er hier spielen möchte. Er hat jedes Mal die Idee entwikkelt, wie die Formation sein sollte, und ich habe sie akzeptiert. Dieses Jahr möchte er seinen Abschied vom Palmengarten nehmen, wie er mir sagte. Er möchte seine Aktivitäten ohnehin einschränken und wird womöglich ab 1992 dem Palmengarten nicht mehr zur Verfügung stehen. (Albert Mangelsdorff spielte 1992 und auch 1993.) ■

Im NDR-Studio Hamburg, 1953: Dizzy Gillespie, unbekannt (b), Albert Mangelsdorff, Hans Koller, Jimmy Graham (bs)

Offiziell bin ich noch der Leiter des Jazzensembles, das vermute ich mal, aber in der Praxis hat sich das schon lange erübrigt. Anfangs, als wir noch viel geprobt haben, war es sicher ganz sinnvoll, daß einer da war, der sagte: Wir machen das so oder so. Mit der Zeit aber hatten wir genug Routine, um keinen Leiter mehr zu brauchen. Heute kann ich durch meine zusätzlichen Verpflichtungen viele der Aufnahmen gar nicht mehr mitmachen. Wenn ich in Frankfurt bin, mache ich mit, ansonsten lasse ich mich von Stefan Lottermann vertreten, einem jungen Posaunisten, der meine Mehrstimmigkeit aufgenommen hat. Es hat sich so ergeben, daß der Leiter immer der ist, der das Stück, das gerade gespielt wird, geschrieben hat. Es wäre auch ziemlich unsinnig, wenn man dreimal nicht dabei ist, beim vierten Mal zu kommen und den Leiter machen zu wollen.

In der Anfangsbesetzung waren Joki Freund, mein Bruder, die noch heute dabei sind, Dusko Gojkovich, Peter Trunk, Pepsi Auer; später kamen Heinz Sauer, Ralf Hübner, Günter Lenz dazu, die seitdem zum festen Stamm gehören. Dann gab es immer mal wieder Wechsel in der Besetzung. Insofern hat sich mittlerweile nicht nur eine riesige Menge, sondern auch eine sehr unterschiedliche Musik angesammelt, denn jeder der neu dazugekommenen Kollegen brachte ja etwas Eigenes mit, und man hat sich schließlich auch selber im Lauf von über dreißig Jahren entwickelt.

Ulrich Olshausen Daß man Albert Mangelsdorff zum Leiter des Jazzensembles bestellte, hatte den Grund, daß er eben das große Aushängeschild des deutschen Jazz war. Wohl hatte er damals noch nicht die vielen Preise, die er heute hat, aber er war zu der Zeit schon der deutsche Jazzmusiker, an dem sich vieles festmachte, auch für Leute, die nicht unbedingt von Jazz etwas verstehen, die aber über Gelder entscheiden. Insofern war das eine sinnvolle und kluge Entscheidung. Eine Leitung, wie es sie zum Beispiel für ein Sinfonieorchester gibt, gab es aber nie. Der künstlerische Leiter war und ist immer der Komponist, dessen Stück gerade einstudiert wird. Ich spreche für die Zeit, in der ich das Jazzensemble produziere, und das ist seit 1967. Was das Organisatorische angeht, sind es Ralf Hübner und Joki Freund, die da sozusagen reingewachsen sind, die Termine koordinieren und die Musiker einladen.

Die Art, wie wir produzieren, ist auch für amerikanische Studios absolut keine Routine. Eine Komposition wird angebracht, einstudiert, aufgenommen und sofort abgemischt. Das ist schon sehr ungewöhnlich. Insgesamt werden bei jeder Session zwei, manchmal sogar drei Stücke produziert, in maximal vier Stunden. Natürlich bedeutet das eine Umstellung für einen Musiker, der mit dieser Arbeitsweise nicht vertraut ist, was aber in aller Regel auch gelingt. Die Gäste, die wir haben, sind ja durchweg erfahrene Musiker; viele kommen immer wieder, etwa Lee Konitz. ■

»Do Your Own Thing«

Das Newport Festival und die Folgen

Die Teilnahme am Newport-Jazzfestival 1958 war ein wichtiges Erlebnis, fast ein Einschnitt in meiner Entwicklung, allein schon durch die vielen Musiker, denen man begegnete und die Gespräche, in denen mir immer bewußter wurde – ich dachte damals ohnehin schon in dieser Richtung –, wie wichtig es ist, seinen eigenen Weg zu suchen und nicht irgendein Vorbild zu kopieren. Und wen man so alles zu hören bekam in New York, wo wir uns für die Proben aufhielten: das Sonny-Rollins-Trio mit Elvin Jones im »Birdland« oder das berühmte Miles-Davis-Sextett mit Coltrane und Cannonball Adderley, um nur die wichtigsten zu nennen. Da wir uns sechs Wochen in New York aufhielten, gab es natürlich genügend Gelegenheiten, solche Leute zu hören, was ich selbstverständlich auch wahrgenommen habe, so es nur ging.

Bei der Ankunft auf dem Flughafen in New York wurden wir mit Musik empfangen. Der Klarinettist Tony Scott war mit seiner Band gekommen, der übrigens auch Jimmy Knepper angehörte, um uns zu begrüßen. Er kümmerte sich in der Zeit, in der wir in New York waren, rührend um uns, organisierte Jam Sessions für uns und ließ uns auch, wo er gerade spielte, in seine Band einsteigen.

Die Möglichkeit, für die Newport International Youth Band ausgewählt zu werden, war über Jazzkritiker wie Joachim Ernst Berendt und Werner Wunderlich und die Deutsche Jazzföderation bekannt gemacht worden. Die Auswahl trafen George Wein, der Veranstalter des Newport Jazz Festivals, und Marshall Brown, der die Band später leitete. Wein und Brown reisten durch Europa und hörten sich in verschiedenen Städten, wo man zu diesem Zweck Vorspiele organisiert hatte, Musiker an. Das Vorspiel in Frankfurt fand im »Jazzkeller« statt.

Mit Dizzy Gillespie, Newport Jazz Festival, 1969

Im Wesentlichen ging es darum, wie einer improvisiert; man bekam aber zusätzlich Noten zum Abspielen hingelegt. Nun erschien mir dieses Procedere, sich vor dichtgedrängtem Publikum im Blattspiel examinieren zu lassen, doch recht unpassend. Ich beschränkte mich aufs Jammen und reiste am nächsten Tag, zusammen mit Dusko Gojkovich, der genauso dachte wie ich, nach Baden-Baden, wo Joachim Ernst Berendt im Sendesaal des Südwestfunks ein weiteres Vorspiel arrangiert hatte. Hier war man unter sich, und da uns George Wein und Marshall Brown schon am Vorabend jammen gehört hatten, ging es nur noch darum, ein paar Noten abzuspielen, was auch überhaupt kein Problem war.

Probleme gab es eher in New York. Denn viele Stücke, die wir zum Spielen bekamen, sagten uns nicht sonderlich zu. Ich weiß nicht, ob ich heute anders darüber dächte, was ich nicht einmal glaube, denn zum Teil waren das Stücke, die einfach nicht geswingt haben oder zu kompakt arrangiert waren, einem also keinen Raum zum Improvisieren ließen. Es kam noch hinzu, daß Marshall Brown uns, die wir ja doch ganz gestandene Männer waren – ich war knapp dreißig Jahre alt, einige waren noch älter –, wie Schuljungen behandelte. Es kam denn auch zu einer kleinen Konspiration. Wir hatten uns mit Gerry Mulligan zusammengetan und versucht, ihn anstelle von Brown als Bandleader zu bekommen. Auch hätten wir viel lieber Mulligans Musik gespielt, die uns doch mehr gelegen hätte als das meiste, was uns Marshall Brown vorlegte. Leider klappte das aber nicht.

Nachdem das Festival zu Ende war, fuhren wir zurück nach New York. In der Nähe von Boston machten wir nachmittags einen Abstecher in einen Club, der George Wein gehörte. Dave Brubeck spielte dort mit seinem Quartett, dem auch Paul Desmond angehörte. Für einen Europäer ist das etwas überraschend, aber für amerikanische Verhältnisse durchaus normal, wenn eine Band schon am Nachmittag spielt, denn oft sind die Clubs, wie auch Weins Club »Storyville«, gleichzeitig Restaurants, wo die Leute mittags essen. Man fragte uns, ob wir mitspielen wollten, was wir natürlich gerne machten. So kam es mit dem Dave-Brubeck-Quartett zu einer Jam Session. Ich, der ich eigentlich keinen sonderlichen Draht zu Brubecks Musik hatte, auch wenn mir natürlich seine komplexe Harmonik nicht entgangen war, war höchst erstaunt, welche

Ohren dieser Mensch hat. Bis dahin hatte ich kaum erlebt, daß einer so einfühlsam und ad hoc auf meine Eigenart zu spielen eingehen konnte wie er. Wenn ich harmonisch ein bißchen aus den normalen Klischees herausgegangen bin und andere Dinge versucht habe, hat er das sofort erfaßt und meinen Linien den Sinn gegeben, den ich gemeint hatte. Es war für mich eine sehr wichtige Erfahrung, daß man das, was ich so höre, auch wirklich harmonisch unterstützen kann. Später habe ich das auch bei anderen angetroffen, aber damals war es das erste Mal, daß ich diese Bestätigung gefunden habe. Das war für mich sehr wichtig.

In New York hatten wir noch einige Auftritte in Fernsehshows und, nach unserer Rückkehr in Europa, ein Konzert in Blokker in Holland, um dann noch zwei Wochen auf der Weltausstellung in Brüssel im amerikanischen Pavillon zu spielen, im gleichen Programm mit dem Teddy-Wilson-Trio und dem Vic-Dickenson-Sextett.

Während unseres Aufenthaltes in New York haben wir enorm viele Sessions gespielt, nicht nur in Clubs, wo wir bei verschiedenen Bands eingestiegen sind, auch in Privatwohnungen von Fans und Musikern. Sogar in dem Hotel, in dem wir untergebracht waren. Wohl konnte man hier kein Schlagzeug aufbauen, aber mit zwei Kleiderbürsten läßt sich auf einer Zeitung auch prima Rhythmus machen. Natürlich hatten wir schon in Newport jede Gelegenheit zum Jammen genutzt. In Brüssel sind wir jede Nacht nach unserem Konzert in den Club »Chat Noir«, um in der Gruppe von Kurt Weil, einem Schweizer Vibraphonisten, Eric Peters, einem Bassisten, und Daniel Humair einzusteigen, den ich vom »Jazzkeller« her kannte, wo er in jenen Jahren immer mal wieder auftauchte. Wir spielten, wann immer es nur ging.

Später, nachdem die Band auseinandergegangen war, bildeten sich aus der ursprünglichen Besetzung die »Newport International All Stars«, mit Dusko Gojkovich, George Gruntz, Ronny Ross, einem englischen Baritonsaxophonisten, dem schwedischen Tenoristen Bernt Rosengren, Rudi Jacobs am Baß und mir. Schlagzeug spielte Rudi Sehring, der den Schlagzeuger der Festivalband ersetzte. Mit diesem Ensemble hatten wir in der Folgezeit immer mal wieder einzelne Auftritte, unter anderem auf dem Jazzfestival in Zürich.

Mit Jimmy Smith, Newport Jazz Festival, 1967

Eine weitere Einladung nach Newport kam, nachdem ich 1965 den ersten Platz in der Kategorie »Talent Deserving Wider Recognition« erhalten hatte. Ich spielte in einer Besetzung mit Attila Zoller, Lee Konitz, Joe Chambers und Larry Ridley. Schließlich wurde ich 1967 und 1969 abermals eingeladen. Beide Male spielte ich in einer Jam-Session-Besetzung, 1967 in einer Gruppe um Jimmy Smith und Kenny Dorham, das andere Mal um Dizzy Gillespie, Art Blakey und Herbie Mann.

1970 stellte Joachim Ernst Berendt für eine Japan-Tourneee eine Gruppe aus europäischen Musikern zusammen, die im »Down Beat Critices' Poll« erste Plätze belegt hatten, meist in der Kategorie »Talent Deserving Wider Recognition«, was soviel bedeutet wie: Talente, die eine größere Beachtung verdienen. Nach der Tournee, bei der wir unter anderem auf der Weltausstellung in Osaka gespielt hatten, entstand die LP »Open Space«, mit John Surman, Jean- Luc Ponty, Karin Krog, Daniel Humair, Niels-Henning Ørsted Pedersen, Francis Boland und mir. Ich spielte übrigens in den beiden letzten Jahren ihres Bestehens in der Clarke-Boland Band, nachdem Nat Peck ausgestiegen war. Es gibt davon eine Platte, auf der Stan Getz als Featuresolist mitspielt. Die zweite, die wir eingespielt hatten, ist leider nicht mehr veröffentlicht worden. Innerhalb der Bigband gab es noch eine kleine Besetzung mit Boland, Kenny Clarke, Jimmy Woode, Johnny Griffin und mir.

Damals dachte ich: Du wirst doch ziemlich gut anerkannt in den USA, vielleicht solltest du rübergehen. Das waren schon ernsthafte Überlegungen, die ich anstellte, zudem ich auch in Newport sehr gute Kritiken bekam. Ich schickte sogar meinen Sohn schon mal vorsorglich auf eine amerikanische Schule in Frankfurt.

Ich habe den Gedanken dann doch fallen lassen, denn ich begann mich zu der Zeit immer stärker zu etablieren. Wenn ich das heute im Rückblick noch einmal überdenke, muß ich sagen, daß es keinen Sinn gehabt hätte. Die meisten von denen, die in ihren Heimatländern bekannte Musiker waren, sind in den USA untergegangen oder haben sich schlecht und recht über Wasser halten müssen. Terumasa Hino zum Beispiel, der japanische Trompeter, war in seiner Heimat eine Kultfigur. Er ging nach Amerika, und von da an hat man nur noch wenig von ihm gehört. Ich könnte eine Reihe toller Musiker nennen, die in Europa top waren und drüben untergegangen sind, nicht weil sie etwa schlechter gewesen wären als amerikanische Musiker, sondern weil es einfach keine Spielmöglichkeiten gibt, zumindest nicht genug, und wenn, dann in Restaurants oder Bars, wo einem keiner zuhört. Ausgesprochene Jazzclubs, wie wir sie in Europa kennen, in denen man sich wohlfühlt, gibt es nur selten.

Ich habe in den 70er und 80er Jahren Tourneen in den USA gemacht, auch schon in den 60er Jahren mit dem Quintett, wo die Bedingungen europäischen Verhältnissen entsprachen. Das waren allerdings Konzerte an Universitäten, und das sind die Ausnahmen. Davon kann ein Jazzmusiker in Amerika nicht leben. Die Bedingungen entsprechen eher dem, was ich einmal in Boston im »Coplay Hotel« erlebt habe, wo ich anläßlich eines Konzertes wohnte. Unten in der Bar spielte am Nachmittag

Teddy Wilson. Ich bin runtergegangen, um ihn zu hören. Ich habe ihn auch gehört, aber wie. Er spielte in der hintersten Ecke und kein Mensch hat ihm zugehört. Alle haben nur geredet, applaudiert hat kaum einer, wenn er mit einem Stück zuende war. Ich fand das für einen Jazzpionier, einen der Großen des Jazz, diskriminierend. Dieser würdige, weißhaarige Mann hätte etwas anderes verdient gehabt.

Joe Zawinul ist eine der wenigen Ausnahmen. Er hatte insofern Glück, als er lange bei Cannonball Adderley spielte und mit »Weather Report« einen riesigen Erfolg hatte. Aber wer hat das schon? Das hat nicht immer mit Qualität zu tun. Natürlich hat Joe Zawinul Qualität, ganz ohne Zweifel, aber andere Musiker gleicher Qualität hatten längst nicht den Erfolg und müssen zum Teil unter Bedingungen spielen, die mir nicht gepaßt hätten. Ich denke, daß die meisten der Kollegen, die in die USA gingen, in Europa eine bessere Karriere gemacht hätten. Attila Zoller ist ja fast jährlich zu Auftritten hierhergekommen und hat sich in Erinnerung gebracht. Würde er hier leben, hätte er noch viel mehr machen können. Besonders leid tut es mir auch um Jutta Hipp, die nach ein paar Jahren das Spielen ganz aufgegeben hat. Hier in Europa hätte sie ganz gewiß ein gewichtiges Wort mitzureden gehabt, und bei ihrem Talent hätte sie sich sicher noch viel weiter entwickeln können.

Schon in den frühen 50er Jahren haben uns die amerikanischen Kollegen, mit denen wir im »Jazzkeller« gejammt haben, immer gesagt, daß der Jazz in Europa eine ganz andere Wertschätzung erfahre als drüben, und um wieviel besser sie als Jazzmusiker hier behandelt und anerkannt werden.

Lee Konitz Daß Albert für einen Europäer, der nie in den Staaten gelebt hat, einen so hohen Rang hat, liegt daran, daß er eben ein außergewöhnlicher Musiker ist. Und auf seinem Instrument gibt es nun mal nicht so viele außergewöhnliche Leute, das ist auch wichtig. Ich habe mich oft gefragt, was gewesen wäre, wenn ich Gitarre gespielt hätte, vielleicht wäre ich nicht so bekannt geworden. Das richtige Instrument wählen, und dann einen persönlichen sound entwickeln, das ist schon ein guter Anfang. Nicht viele europäische Musiker haben diese internationale Reputation wie Albert. Er ist wirklich einer der ganz wenigen. ■

European Down Beat Poll Winners in Osaka, 1970: Daniel Humair, Francis Boland, Jean Luc Ponty, John Surman, Niels-Henning Ørsted Pedersen, Karin Krog, Albert Mangelsdorff, J. E. Berendt, Eddie Louiss

Ralf Hübner Er war nie klobig wie diese Dixieland-Posaunisten oder diese Free-Jazz-Leute wie Roswell Rudd, die bloß Lautstärke erzeugen. Ich glaube, so elegant wie er hat damals keiner gespielt, annähernd vielleicht Bob Brookmeyer auf der Ventilposaune, aber auf der Zugposaune eine solche Eleganz in die Phrasierung zu bringen, das ist schon ungewöhnlich. Schon von daher gibt es überhaupt keinen Zweifel, daß Albert eine ganz außergewöhnliche Musikerpersönlichkeit ist. ■

Heinz Sauer Wenn man den Jazz als eine amerikanische Musik definiert, und im Besonderen als eine schwarze Musik, so müßte man konsequenterweise als Europäer nach Amerika gehen, um sich von dieser Atmosphäre beeinflussen zu lassen, und dann noch bedauern, daß man nicht schwarz ist. Wenn man aber Jazz als eine Kunstrichtung definiert, die, weil sie improvisiert wird, große Freiheiten läßt, müßte es doch spannend sein, diese deutsche oder europäische Variante des Jazz weiterzuentwickeln. Wohl hat der Jazz eine Geschichte, die ihren Ursprung in Amerika hat, und es mag auch der Begriff der Freiheit mit

Amerika verbunden sein, aber Freiheit gibt es mittlerweile auch hier. So gesehen gibt es keinen Grund, nach Amerika zu gehen, um dort seinen musikalischen Weg zu machen. Davon abgesehen kann man doch, selbst wenn man zehn Jahre in Amerika lebt, niemals leugnen, daß man durch die hiesigen Verhältnisse geprägt ist. Ich empfinde es als lächerlich, wenn Leute nach Indien gehen und mit Ravi Shankar konkurrieren wollen. Wer einmal in Indien war und erlebt hat, wie die Musik in die Atmosphäre des Landes paßt, weiß, daß dieser Versuch unsinnig ist. Das ist so unsinnig, als hätte sich Albert, der in Frankfurt großgeworden ist, ein New Yorker Mäntelchen angezogen. Er wäre einfach nicht glaubwürdig gewesen. Natürlich hat man es als deutscher Jazzmusiker schwer, in der Szene Anerkennung zu finden. Nicht nur dem Publikum, auch den Kritikern ist es nie so ganz geheuer, wenn ein deutscher Musiker etwas Eigenständiges zustandebringt. Im tiefsten Innern meinen sie, etwas Originelles im Jazz könnte nur aus Amerika kommen. Früher war es so, und das hat sich im Wesentlichen bis heute nicht geändert, daß der, der dem Klang der Amerikaner möglichst nahe ist, eher gewürdigt wird. Das ist nun mal so, und ich lasse mir deswegen keine schmalen Lippen wachsen. Albert ist die rühmliche Ausnahme. Ich kenne ein paar Leute, die neidisch sind, daß er eine solche Figur ist und nicht sie. Ich kann das so nicht sehen, denn nur einer kann es sein. ■

Joki Freund Ein ungeheueres Plus von Albert ist, daß er ein Risiko auf sich nimmt, was viele andere sich nicht erlauben. Sie spielen halt ihren alten Stil, wie sie ihn kennen, und brechen nicht aus. Bei ihnen läuft alles logisch, also erwartungsgemäß ab, während er manchmal unberechenbar ist: Plötzlich kommt etwas, was keiner erwartet hat. Und deshalb müssen sie auch in Kauf nehmen, daß er viel stärker in den Vordergrund gekommen ist als sie. Auch seine Mehrstimmigkeit war ja ein Risiko. Die Reaktion hätte doch durchaus sein können: Was macht er denn da jetzt?! Einer, der soviel riskiert, läuft wohl Gefahr, danebenzuliegen. Wenn es ihm aber gelingt, das hinzukriegen, was er sich vorgestellt hat, dann ist es eine große Sache. Und dem Albert ist es gelungen. ■

Manfred Schoof Daß Albert schon damals ein Symbolfigur des deutschen Jazz war, lag meines Erachtens daran, daß er nicht kopierte, sondern auf dem aufbaute, was J. J. Johnson als erstem gelungen war, nämlich auf der Posaune mit den anderen Hörnern mitzuhalten, also schnelle Läufe zu spielen, über mehrere Oktaven zu gehen, einfach gesagt: die Angebote des Instruments besser zu nutzen. Darauf aufbauend brachte Albert etwas Neues zustande, das auch in Amerika zur Kenntnis genommen wurde, schon damals, aber spätestens, als er mit der Mehrstimmigkeit eine völlig neue Entdeckung des Instruments populär machte. Seine Mehrstimmigkeit bestätigte eigentlich nur, daß er genau das war, was Kritiker schon vorher erkannt hatten, die ihn in deutschen Polls jahrelang als Nummer eins plaziert hatten. Dadurch, daß europäische Kritiker auch für amerikanische Polls befragt wurden, konnten sie die Amerikaner darauf aufmerksam machen, was für Leute in Europa am Horizont auftauchten. Das hat die amerikanischen Kritiker auch dazu gebracht, ihn genauer anzuhören. Sie mußten erkennen, daß Albert Mangelsdorff eine neue wichtige Figur unter den Posaunisten ist und zwar so wichtig, daß er der erste war, der nicht unter »deserving wider recognition«, sondern im Down Beat Poll an der Spitze stand. ■

»A Cool Talk«
Der Einfluß des Cool Jazz

Im Radio hatte ich zum ersten Mal Tristano-Musik gehört, noch bevor Horst Lippmann das in seinen Plattensitzungen brachte, und war sofort fasziniert von diesem Sound und dieser Art zu spielen. Ich wußte nicht einmal, daß es Lee Konitz, Warne Marsh und Lennie Tristano waren. Das war zu einer Zeit, als ich noch Gitarre spielte und gerade mit dem Posaunenunterricht begonnen hatte.

Daß diese Musik einen derart starken Eindruck auf mich machte, hängt wahrscheinlich auch mit unserer Verhaftung in der klassischen Musik zusammen, denn der Cool Jazz hat einen gewissen Touch ins Klassische, wenn auch nicht vergleichbar mit dem Modern Jazz Quartet, bei denen das bewußt klassisch angelegt ist. Der Cool Jazz ist eher von der Ästhetik her klassisch. Nicht zuletzt war es auch die raffinierte Harmonik, die einen Eindruck auf mich machte.

Später, nach meinem Einstieg in die Joe-Klimm-Combo, fand ich speziell in Joki Freund einen, der stark auf dieser Linie lag. Wir waren in diesen Jahren wirklich eingefleischte Fans dieser Musik. Ich kannte aber keinen, der sich so wie Joki in diesem Stil bewegen konnte, wirklich keinen. Joki war der Sache wohl am nächsten. Irgendwann, ich war schon bei Koller, haben wir denn auch Lee Konitz kennengelernt, als er mit Stan Kenton 1953 in Europa auf Tournee war. Kennengelernt ist zuviel gesagt, wir haben ein bißchen miteinander geredet.

Lee Konitz An die erste Begegnung mit Albert kann ich mich nicht mehr erinnern, allerdings erinnere ich mich, daß ich sehr beeindruckt von seiner Spielweise war, als ich ihn zum ersten Mal hörte. Ich konnte erkennen, daß er inspiriert war von der Musik Tristanos, von der ja auch ich ein Teil bin. ■

Mit der Zeit begann ich mich langsam aber kontinuierlich von diesem Einfluß zu lösen. Wohl habe ich mich dem Cool Jazz auch weiterhin

Mit Lee Konitz, 1982

nahe gefühlt, besonders Lee Konitz, aber ich dachte, daß ich das auf der Posaune nicht so verwirklichen könnte. Zumindest habe ich das damals so gesehen. Nun hörte ich vor ein paar Wochen eine Aufnahme aus dieser Zeit, »Sound Koller«, ein Stück, das ich über die Harmonien des Standards »Out Of Nowhere« für die Koller-Band geschrieben hatte, und mußte zu meiner eigenen Überraschung feststellen, daß ich voll auf der Tristano-Linie spielte, ziemlich perfekt sogar. Daß ich das erst jetzt entdeckte, liegt daran, daß ich mich eigentlich nie mehr mit meiner Spielweise in jenen Jahren beschäftigt hatte, denn alles was ich damals so machte, habe ich im Nachhinein immer ein bißchen abgetan, sozusagen als Jugendsünden. Es war auch so, daß mir gegen Ende der 50er Jahre, speziell bei meinem sechswöchigen Aufenthalt in New York und Newport, klar wurde, daß es nicht viel Sinn macht, einem Vorbild nachzueifern. Ein guter Kopist bin ich sowieso nicht.

Fritz Rau Die erste Begegnung mit Albert Mangelsdorff war die Begegnung mit seiner Musik, auf einer Platte, die Brunswick 1954 mit der Hans-Koller-Combo herausbrachte. Der Haupttitel war »Sound Koller«, ein programmatisches Stück, mit dem die Band ihren ganz eigenen Sound vorstellte. Was ich da an Posaune hörte, war unglaublich. So etwas hatte ich nie zuvor gehört. Ab diesem Zeitpunkt wurde Albert Mangelsdorff der wichtigste Musiker für mich. Natürlich gab es damals in den 50er Jahren eine ganze Reihe großer Musiker im Jazz, Charlie Parker, Dizzy Gillespie, Miles Davis, Lester Young, Ben Webster, um nur einige zu nennen, aber zu Albert Mangelsdorff hatte ich eine unmittelbare, nicht genau zu erklärende Beziehung. ■

Es kam schließlich eine Zeit, in der ich ziemlich in der Luft hing. Damals kam der Hard Bop hoch, und ich habe mich noch einmal sehr auf Parker eingehört. Wir hatten schon bei Klimm sehr viele Parker-Stücke gespielt, auch gehörte Parker bei Jam Sessions zum gemeinsamen Repertoire. Der tiefere Grund aber lag wohl darin, daß ich ein sehr introvertierter Spieler war, wovon ich wegkommen wollte. Und da hat mir Parker hören sehr geholfen.

Die 50er Jahre waren eine Entwicklungszeit, in der ich mich vom strikten Cool Jazz langsam zu lösen begann. Ich fand auch heraus – das hat mir keiner gesagt, das habe ich von mir aus gespürt –, daß dieser Musik ein bißchen was an rhythmischer Freiheit fehlt. Hätte sie mehr rhythmische Power gehabt, wäre sie vielleicht die perfekte Musik gewesen. Die Schlagzeuger haben alle viel zu zurückhaltend gespielt. Ich habe dann auch gemerkt, daß ich viel lieber mit Schlagzeugern spiele, die freier spielen, die mehr auf einen reagieren, mehr von sich aus beigeben, sagen wir mal – gute Bebop-Schlagzeuger. Das hat mich doch viel mehr gegriffen und getrieben, als das der Cool Jazz konnte. So kam ich über den Hard Bop eigentlich in das rein, was sich später als eigene Linie herausgeschält hat.

Die erste musikalische Begegnung mit Konitz war 1965 auf dem Newport Jazz Festival. Wir spielten in einer Sextett-Besetzung mit Attila Zoller, Larry Ridley, Joe Chambers und Don Friedman. Ich erinnere mich noch, daß der Bassist eine Komposition, die ich beigesteuert hatte, verpatzte. Er hatte im Thema eine nicht ganz einfache ostinate Linie zu spielen, die wichtiger Bestandteil des Stückes war. In der Probe hatte alles gut geklappt, aber im Konzert war er total daneben.

Zwei Jahre später entstand durch die Initiative von Attila Zoller die Platte »ZoKoMa«, ein Titel, der sich aus den Anfangsbuchstaben unserer Namen zusammensetzt. Die Improvisation über »Zores Mores«, einem Stück von mir, halte ich noch heute für eine meiner besten Improvisationen. Sie ist übrigens in einem Posaunenheft von David Baker veröffentlicht worden. Allerdings stimmen die angegebenen Harmonien nicht ganz mit den von mir ausgeschriebenen überein, was aber verständlich ist, da sie nach Gehör von der Platte abgeschrieben wurden.

Wieder zwei Jahre später habe ich mit Lee Konitz eine gemeinsame Tournee unter dem Gruppennamen »The Great Reunion« gemacht. Mit dabei waren Attila Zoller, Stu Martin und Günter Lenz. Wir hatten Themen einstudiert, kamen aber zu dem Schluß, daß es interessanter sein könnte, darauf zu verzichten und total zu improvisieren, was wir dann auch gemacht haben. Später hatten wir noch einige Duo-Auftritte auf Festivals in Italien.

Schon dadurch, daß Lee Konitz über die vielen Jahre immer wieder als Gast zu Aufnahmen des Jazzensembles des Hessischen Rundfunks kommt, ist unser Kontakt nie abgerissen. Die vielleicht intensivste Tätigkeit, die wir miteinander hatten, war 1982, als wir im Duo eine ziemlich lange Tournee quer durch Europa machten. Diese Tournee hat wirklich großen Spaß gemacht, schon weil wir nicht mehr die Stücke von früher gespielt haben, sondern, wenn es nicht gerade improvisierte Stücke waren, neue Themen von ihm und mir, wobei meine Kompositionen sehr auf meine mehrstimmige Spielweise angelegt waren.

Lee Konitz Was das Duo-Spiel angeht, muß man eine Vertrautheit mit dem anderen haben, um vorwegnehmen zu können, was er jetzt sagen wird, denn du mußt ja sofort den passenden Ton, die richtige Antwort finden. Im Duo ist das Improvisieren ein sehr sehr schneller Antwortmechanismus, wozu wir beide in der Lage sind. Ich denke, daß man sich auch persönlich nahestehen muß, um das leisten zu können,

und ich fühle mich Albert sehr nahe. Wohl habe ich auf persönlicher Ebene sehr wenig Zeit mit ihm verbracht, aber wenn man zusammen reist, dann spricht man miteinander, erzählt sich Geschichten, also auf diese Art sind wir einander nähergekommen. Man braucht sich ja gegenseitig. Ich erinnere mich noch sehr gerne an unsere Duo-Tournee und die Platte »Art of the Duo«.
Ich weiß noch, daß wir uns nach der Tournee sehr gut fühlten und es eilig hatten, ins Studio zu kommen. Es war eine sehr angenehme Produktion, nicht zu vergessen Alberts wunderschöne Sounds, wie eine *brass section* in der Band. ■

Mitte der 80er Jahre gab es auch einige Begegnungen im »Banff Cultural Center« in Kanada, wo wir beide als Dozenten eingeladen waren. Natürlich haben wir die Gelegenheit wahrgenommen, zusammen aufzutreten, vorwiegend als Duo.

Wenn ich noch einmal zurückblicke und mich frage, was mich an der Tristano-Musik so fasziniert hatte, so war es wohl die innere Logik, die diesen Linien zugrundeliegt. Wenn man sich intensiv in Lee Konitz einhört, dann erkennt man eine Idee, die irgendwann am Anfang formuliert wird, sich verändert und auflöst und dann später wieder auftaucht. Das ist nicht kalkuliert, der Lee hat einfach diese langen Zusammenhänge im Kopf. Das trifft auf Lennie Tristano und Warne Marsh auch zu, aber Lee Konitz zeichnet sich, wie ich meine, in besonderem Maße durch diese langen, logisch aufgebauten Linien aus.

»The Horn Is A Lady«
Die Posaune

Die Verwirklichung einer Soundvorstellung, so man eine hat, ist wohl das Wesentliche für einen Jazzmusiker. In den ganz frühen Jahren hatte ich mal die Vorstellung, daß es schön wäre, wenn die Posaune wie ein Waldhorn klingt. Ich habe mich auch um diesen Sound bemüht, mußte aber erkennen, daß ein vom Volumen her kleiner Ton letztlich doch der Posaune entgegensteht, und habe es ziemlich schnell wieder gelassen. Daß ich zu dieser Vorstellung kam, hing sicher damit zusammen, daß ich ein kleines Mundstück spielte, das eher ein Tenorhorn- als ein Posaunenmundstück war. Man konnte zwar sehr schnell damit spielen, aber keinen runden vollen Ton erzeugen.

Erst sehr viel später, als ich 1958 zum Newport Jazz Festival eingeladen war, wurde mir bewußt, inwieweit Mundstück und Instrument einem entgegenkommen können. Jedes Mitglied der Band bekam damals ein neues Instrument mitsamt Mundstück geschenkt. Für die Posaunisten war es eine Conn Constellation. Ich hatte zusätzlich noch das Glück, mir schon zwei Tage, bevor die Instrumente verteilt wurden, unter allen das aussuchen zu können, von dem ich dachte, daß es am besten klingt. Leichtsinnigerweise habe ich mit der Posaune auch gleichzeitig das Mundstück gewechselt. Ich hätte das nicht wagen sollen, denn wir waren mitten in der Vorbereitung auf das Festival, aber ich habe es halt durchgezogen, und es ging ja auch gut.

Jetzt erst kam ich dahinter, und zu diesem Zeitpunkt hatte ich immerhin schon zehn Jahre Posaune gespielt, was es bedeutet, mit einem besseren Instrument und einem größeren Mundstück zu spielen. Der Ton war einfach schöner und auch voller, wohl nicht vom ersten Tag an, aber schon nach relativ kurzer Zeit. Und wie inspirierend das sein konnte.

Nun war dieses Mundstück, wenn auch größer als mein altes, doch noch relativ klein. Etwa zwei Jahre später probierte ich ein Giardinelli-Mundstück aus, das sich ein Kollege, Egon Christmann, hatte schicken lassen. Ihm gefiel es gar nicht, mir aber auf Anhieb. Ich merkte sofort, das ist der Sound, den du willst, und kaufte es ihm ab. Im gleichen Jahr kaufte ich mir ein neues Instrument, die King 3B, die damals gerade herauskam. Nun hatte ich das gute Gefühl, daß alles so war wie ich es wollte. Leider ist mir das Instrument samt Mundstück geklaut worden. Wir waren auf der Rückreise von Brüssel, wo wir mit dem Quintett eine Woche im »Blue Note« gespielt hatten. Da wir eine Stunde Aufenthalt in Köln hatten, beschlossen wir, Gigi Campi zu besuchen, der ein Café auf der Hochstraße führte, nicht weit weg vom Bahnhof. Gigi Campi ist ein alter Freund, der schon Anfang der fünfziger Jahre Jazzkonzerte in Köln arrangierte, wo ich öfter mit Hans Koller auftrat, auch hatte er in mehreren Städten die »Bohème«-Jazzkeller gegründet und 1954 das »Mod«-Label (Modern Jazz) gestartet, wo Hans mehrere Platten herausbrachte. Später war Gigi *spiritus rector* und Produzent der Clarke-Boland-Bigband. Unser Gepäck hatten wir in Brüssel bahnlagernd aufgegeben, nur meine Posaune hatte ich sicherheitshalber als Handgepäck dabei. Ich gab sie bei der Gepäckaufbewahrung auf. Als wir von Gigi Campi zurückkamen, sah ich mein Horn im Regal stehen, fand aber meinen Aufbewahrungsschein nicht. Ich ging zum Schalter und teilte das dem Beamten mit, der mich bat, ihm mein Gepäckstück zu zeigen. Wir gingen dahin, wo ich es eben noch gesehen hatte. Es war weg. Da gerade zwei Bahnpolizisten vorbeikamen, schilderte ich ihnen den Sachverhalt, die wollten aber zuerst mal meinen Paß sehen. So ging natürlich wertvolle Zeit verloren, in der man den Dieb vielleicht noch hätte erwischen können. Es hatte wohl jemand meinen Gepäckschein gefunden und in dem Moment das Horn abgeholt, als ich gerade am Schalter war.

Das hat eine ziemlich böse Zeit bedingt. Ein neues Horn zu besorgen war kein Problem, höchstens finanziell, aber das Mundstück, denn das Modell, das ich von Christmann hatte, war eine Spezialanfertigung, und Giardinelli sah sich nicht in der Lage, es nachzumachen. Fast ein Jahr lang habe ich Mundstücke ausprobiert, alle möglichen Modelle, kam aber immer wieder auf ein Standardmundstück zurück, das ich mir von Giardinelli hatte kommen lassen. Vom Sound her gefiel es mir besser als alle anderen, die ich ausprobiert hatte, nur, es war furchtbar anstrengend zu spielen. Irgendwann sagte ich mir: Schluß jetzt mit der

Sucherei, das klingt so, wie du es dir vorstellst, ist zwar schwer zu spielen, aber das kannst du überwinden.

Natürlich macht das Mundstück allein nicht den Sound – ein anderer, der das gleiche Instrument und das gleiche Mundstück spielt, klingt anders –, aber es kann die Vorstellung, die man hat, begünstigen.

Wohl habe ich mir nie Gedanken darüber gemacht, aber ich bin sicher, daß ich das, was ich an musikalischen Linien spiele, ohne diesen Sound nicht spielen würde. Denn auch der Sound, und nicht nur swing und diese Dinge, ist ein Moment der Inspiration.

Dieter Glawischnig Er hat schon früh einen eigenen Ton entwikkelt, einen eigenen Sound. Ich glaube, daß ihm anfänglich einer der damaligen »Weltmeister«, nämlich J. J. Johnson, sehr gefallen hat, aber auch die ganze »coolere« Richtung Tristanos, wobei man mit stilistischen Schlagwörtern vorsichtig umgehen muß. Nun, bei einem Blasinstrument ist der sogenannte *attack* entscheidend, mit dem die gestaute Luftsäule mittels Zungenbewegung und Lippenstellung in das Instrument entlassen wird. Bei Albert erscheint mir das klangliche Ergebnis etwas weicher, runder, »lyrischer«(?), »cooler«(?), im Vergleich zur robusteren Art der Hot-Intonation des afro-amerikanischen Idioms. Das ist schwer zu beschreiben. Man kann zwar zum Beispiel das Obertonspektrum genau nachmessen, aber ein graphisches Strichbild vermittelt dem »Beschauer« so gar keine sinnliche Vorstellung davon, wie es klingt, man wüßte höchstens mehr davon, warum ein Ton so oder so klingt. ■

Was die Höhe anbelangt, hat es schon ziemlich lange gedauert, bis ich auf dem alten Stand war, denn ein großes Horn wie die King 3B und ein Mundstück mit einer großen Bohrung und einem großen Kessel verlangen sehr viel Training. Ich muß dazusagen, daß man die 3B damals als ein großes Horn empfand; in der Regel wurde die kleinere 2B im Jazz verwendet. Heute werden nicht selten noch größere Posaunen gespielt.

Mit der Zeit kamen allerdings Erkenntnisse dazu, zum Beispiel, daß es hilfreich ist, die Muskulatur um Lippen und Mund auch ohne Mundstück zu trainieren, oder man hat mal von dem einen oder anderen Kollegen einen Hinweis bekommen, der einem weiterhelfen konnte. Ich hatte halt nur ein Jahr Unterricht und nur einen Lehrer kennengelernt. Heute ist die Situation für junge Posaunisten sehr viel besser, denn in den letzten zwanzig Jahren sind, besonders in Amerika, viele neue Erkenntnisse gewonnen worden, nicht zuletzt dadurch, daß man sich auch wissenschaftlich mit dem Ansatz beschäftigt hat. Insofern ist der heutige Ausbildungsstand der jungen Musiker viel besser als zu der Zeit, als ich anfing. Von diesen neuen Erkenntnissen habe auch ich profitiert, andererseits habe ich meine Erkenntnisse, die aus der Erfahrung gewonnen wurden, weitergeben können.

Die größere Sicherheit in der Höhe kam eigentlich erst, nachdem mir Eje Thelin eine Übung gezeigt hatte, die ich für mich weiterentwickelt habe. Dabei geht es um das Hochziehen aus den ganz tiefen Registern in Intervallen bis in die extrem hohe Lage. Nachdem ich das täglich geübt hatte, kam die Höhe schon nach recht kurzer Zeit sehr viel leichter und sicherer. Es kam sogar soweit, daß ich mit dem großen Mundstück höher spielen konnte als zuvor mit dem kleinen. In den 50er und auch noch in den 60er Jahren hatte ich den Eindruck, daß die Höhe fast eine Schwäche von mir war. Andere konnten viel höher blasen als ich. Nicht, daß es mir darum gegangen wäre, möglichst hoch spielen zu können, Musik ist ja keine sportliche Angelegenheit, aber ein größerer Umfang erweitert natürlich die Ausdrucksmöglichkeiten.

An der Tiefe habe ich schon ziemlich von Anfang an sehr gearbeitet, nur daß ich mit dem kleinen Mundstück nicht den sonoren Klang erzeugen konnte, wie er in meiner Vorstellung war, denn die Tiefe klingt mit einem kleinen Mundstück immer ein bißchen eng.

Schon sehr früh hatte ich gemerkt, wenn ich andere Posaunisten hörte, daß von kaum einem das Horn ausgespielt wurde. Die wenigsten haben viel in der Tiefe gespielt. Die Tiefe war immer Stiefkind, was damit zu tun hat, daß bei den modernen Spielweisen Schnelligkeit verlangt wird, und da ist es von der Armbewegung her schon recht schwierig, in die tiefen Lagen zu gehen, die ja immerhin einen halben Meter weg von den oberen drei Zügen liegen.

Zwangsläufig kam ich mit dem häufigeren Einbeziehen der Tiefe dazu, große Intervalle zu spielen. Auch da erkannte ich, daß das etwas ist, was kaum einer macht. Ich habe mich dann schon etwas stärker auf solche Dinge konzentriert, weil ich merkte: Genau hier ist der Punkt, wo du einen eigenen Stil entwickelst. Diese Konzeption, die sich in den 50er Jahren zu entwickeln begann, formte sich in den 60er Jahren aus, also zu einer Zeit, als an Mehrstimmigkeit noch nicht zu denken war. Wenn man mich fragte, würde ich das als eines der charakteristischsten Merkmale meiner Stilistik in den 60er Jahren bezeichnen. Natürlich ist diese Spielweise, große Intervalle unter Einbeziehung der Tiefe, mit ziemlich viel Arbeit verbunden, um alles so hinzubringen, daß man das, was man im Kopf hat, auf dem Horn auch ausführen kann, allein schon die tägliche Übung, die notwendig ist, um den einmal erreichten Standard zu halten. Dabei ist es nie mein Ziel gewesen, Virtuose um der Virtuosität wegen zu sein. Es ging und geht immer darum, musikalische Vorstellungen zu realisieren, die sich umso besser realisieren lassen, je besser man mit dem Horn zurechtkommt. Gewiß, man hat irgendwann irgendetwas erreicht, von dem man denkt: Jetzt hast du das geschafft, was du dir vorgestellt hast. Doch schon im nächsten Augenblick tun sich durch die neu gewonnenen Aspekte wieder neue Vorstellungen auf, und so geht das immer weiter. Ich möchte sagen, man lernt ständig dazu, vom Horn, von der Theorie und natürlich auch vom Hören. Da spielt so vieles eine Rolle, daß man gar nicht sagen kann: Das liegt an dem einen oder an dem anderen. Es ist ein zu komplexer Prozeß, als daß sich das erschöpfend erklären ließe.

Was das Üben anbelangt, gehe ich, seit ich Posaune spiele, sehr methodisch vor. Ich übe immer ein ganzes Paket verschiedener Dinge, zum Beispiel Zungenübungen, Tonleiter- und Intervallübungen, die ich jeweils mit einem bequemen Tempo beginne, um sie dann immer schneller werdend zu wiederholen. Wenn es für die eine oder andere Übung zu schnell wird, nehme ich sie raus und nehme eine andere rein, mit der ich genauso verfahre. Nach ein paar Wochen tausche ich die Übungen gegen andere aus. Töneaushalten fällt in den Sektor Aufwärmen. Es ist eine der Übungen, die auch den Ansatz stärken. Ich fange in den tiefen Registern an und gehe kontinuierlich in die Höhe. Wenn ich krankheitsbedingt eine gewisse Zeit nicht üben kann, merke ich danach sehr deutlich, wie wichtig diese Übung ist. Mit Metronom übe ich fast immer, weil man dadurch zur Disziplin gezwungen wird und ein Fortschritt konkret meßbar ist.

Ich spiele übrigens noch immer auf demselben Instrument, das ich mir damals gekauft habe. Auch das Mundstück habe ich seitdem nie mehr gewechselt. Nur einmal ist mir ein Mißgeschick passiert, das mich zwang, ein Konzert mit einem anderen Mundstück zu spielen. Ich hatte abends einen Soloauftritt in Gmunden, Oberösterreich. Morgens telefonierte ich mit dem Veranstalter, um zu klären, ob es möglich sei, daß ich sehr knapp vor dem Konzert ankomme, um noch morgens im »Jazzkeller« üben zu können. Denn mir ist es lieber, wenn ich zuhause geübt habe und dann auf die Reise gehe. Der Veranstalter war einverstanden und holte mich verabredungsgemäß abends vom Zug ab, um mich an den Konzertort, ein nettes kleines Theater, zu bringen. Ich packte mein Instrument aus und mußte feststellen: Ich habe mein Mundstück im »Jazzkeller« liegenlassen. Was tun? Ich bin auf die Bühne gegangen und habe dem Publikum meine Situation geschildert und gefragt, ob Posaunisten anwesend sind, was der Fall war, und sie gebeten, doch schnell nach Hause zu gehen, um ihr Mundstück zu holen, damit ich mir ein passendes aussuchen könnte. Tatsächlich kamen dreizehn Mundstücke zusammen. Wohl war kein Giardinelli dabei, aber immerhin fand ich eins, das es mir ermöglichte, das Konzert zu spielen.

Verglichen mit anderen Blasinstrumenten wie Saxophon oder Trompete ist die Posaune ein relativ unbewegliches Instrument. Vereinfacht möchte ich sagen: Auf dem Saxophon kann man alles machen, auf der Posaune längst nicht. Es kommt ja wohl nicht von ungefähr, daß zumeist von Saxophonisten, eventuell noch von Trompetern oder auch Pianisten, Neues in den Jazz gekommen ist. Auf diesen Instrumenten läßt sich nun mal Musik viel besser umsetzen als auf diesem sperrigen Instrument Posaune.

Die Posaune ist das einzige Instrument, das mit dem Arm gespielt wird, was von vornherein gewisse Schwierigkeiten mit sich bringt, besonders wenn es darum geht, große Intervalle fließend zu spielen. Auch dem schnellen Spielen sind dadurch relativ enge Grenzen gesetzt. Deswegen

Mit Frank Rosolino, 1977

mag vielleicht manchem die Posaune als ein beschränktes Instrument erscheinen, aber andererseits: Kommt es denn nun wirklich auf Flinkheit an? Natürlich ist es frappierend, wenn einer auf der Zugposaune sehr flink spielen kann. Letztlich aber geht es doch um Musik. Und bei vielen der sehr flinken Spieler ist das, was musikalisch herauskommt, oft nur Strohfeuer. Das hängt auch damit zusammen, daß immer die Phrasen gespielt werden, die gut auf dem Instrument liegen, das heißt es wird alles herausgeholt aus dem, was das Horn von sich aus anbietet, im Gegensatz zu dem, der sich bemüht, den Widerstand des Instruments zu überwinden.

Ich meine, es gibt zwei Wege, an die Posaune heranzugehen: Ich lote aus, wo das Instrument im Sinne der Flinkheit am meisten hergibt und mache daraus Musik. Oder aber ich habe Musik im Kopf und versuche sie gegen den Widerstand des Instruments umzusetzen. Das sind zwei völlig verschiedene Konzeptionen. Die meisten gehen wohl den ersten Weg. Man nutzt das Angebot des Horns maximal aus, und das hört sich der eine vom anderen ab. Das ist vielleicht auch der Grund, weshalb die meisten Posaunisten im modernen Jazz ähnlich klingen. Insofern wundert es nicht, daß vielfach Klischees entstehen, wenn auch sehr flink gespielt.

Auch mit Tricks versucht mancher die Sperrigkeit der Posaune zu überwinden, wenn man zum Beispiel die *doodle*-Zunge* als Trick bezeichnen will. Ich möchte damit nicht alle *doodle tongue*-Spieler abwerten, denn es gibt schon welche, die mit dieser Technik eine eigene Stilistik entwickelt haben. Ich selbst habe das für meine Art zu spielen nicht für geeignet gehalten. Andererseits hätte ich dadurch vielleicht mein Spektrum erweitern können, ich will das zumindest nicht ausschließen.

Vermutlich habe ich eine ganz gute Anlage, schnell spielen zu können. Allerdings trainiere ich die Zunge auch täglich. Doppelzunge oder *doodle-tonguing* zu spielen, habe ich deshalb nie als notwendig für mich erachtet. Ich benutze das schon mal, aber dann nur als Effekt, besonders im Free Jazz, wo es nicht auf lineare Akkuratesse ankommt, sondern auf Expressivität. Aber alles, was ich an normalen Linien spiele, ist auch mit normaler Zunge gespielt.

Meine Einwände gegen die *doodle*-Zunge waren immer die, daß *doodle doodle* immer *doodle doodle* klingt, während ich bei normaler Zunge alle Möglichkeiten habe, innerhalb der Abläufe Betonungen einzubauen. Der andere Einwand ist der, daß es mit dieser Technik nicht möglich ist, große Intervalle zu spielen. Ich habe das mal eine zeitlang geübt, ich rede also nicht über etwas, wovon ich keine Ahnung hätte. Ich möchte allerdings einschränkend sagen, daß vielleicht doch mal einer kommt, der auch das hinkriegt. Am besten ist es wohl, wenn man alle Möglichkeiten beherrscht.

* Das *doodle-tongueing* (sprich: dudl) ist eine Zungentechnik, die hauptsächlich von Posaunisten, weniger Trompetern, verwendet wird zur Steigerung der Schnelligkeit. Im Gegensatz zu klassischen Zungentechniken wie Doppelzunge läßt das *doodle-tongueing* eine weiche, fließende Spielweise zu.

Bei einem der »Trombone Workshops« in Nashville, wo ich öfter als Dozent eingeladen war, dozierte auch Carl Fontana. Weil mich interessierte, was er dazu zu sagen hat, ging ich in seine Veranstaltung. Fontana gilt ja als der Erfinder des *doodle-tongueing,* von dem es Bill Watrous und alle die anderen gelernt haben. Er stand oben auf der Bühne und war dabei, seine Technik zu erklären. Irgendwann meldete ich mich zu Wort. Ich fragte ihn, wie das mit großen Intervallen ist, ob das mit dem *doodle-tongueing* machbar sei. Er hat nicht gesehen, wer ihm die Frage stellte, denn ich stand unten im Dunkeln, mitten unter den Studenten. Seine Antwort war ziemlich barsch: Für ihn kämen große Intervalle nicht in Frage. In der Improvisation wäre für ihn die nächste Note in der Harmonie seine Note. Was ja nichts anderes heißt, als daß es zwingend ist, immer der Tonleiter zu folgen, wenn man die *doodle*-Technik anwendet. Außerdem sagte er noch, daß alles was auf dem Notenpapier »awkard«, also »merkwürdig«, »komisch« aussähe, auch »awkward« klingen würde. Ich denke, daß man das wirklich nicht sagen kann. Große Intervalle müssen doch nicht schlecht klingen.

Die Doppelzunge halte ich eigentlich für noch ungeeigneter in der Jazzphrasierung. Von Curtis Fuller, einem Posaunisten, den ich sehr respektiere, gibt es Aufnahmen aus den 50er Jahren, auf denen er sehr schnelle Phrasen mit Doppelzunge spielt. Das hat mir damals schon nicht gefallen. Es ist auch bezeichnend, daß das auf seinen späteren Platten nie wieder aufgetaucht ist. Er muß es wohl sehr bald als ungeeignet erkannt haben. Fuller ist einer, der wirklich sehr weit nach vorne gegangen ist, was die Posaunentechnik anbelangt. Beim Internationalen Festival in Den Haag war ich mal mit ihm auf der Bühne. Ich erinnere mich noch, daß er unter anderem ein sehr beeindruckendes Solo über »Lover Man« geliefert hat.

Einer der wichtigsten Posaunisten im modernen Jazz ist für mich Eje Thelin, der leider nicht die entsprechende Würdigung erfahren hat. Vielleicht hat er sich zu wenig der Öffentlichkeit vorgestellt, weil er von dem Punkt an, wo er hätte reisen sollen, sich als Professor an der Musikhochschule in Graz engagiert hat. Ein sehr flüssiger Improvisator, der eine ganz eigene Technik entwickelt hat, die praktisch ohne Zunge funktioniert. Das heißt, die Töne werden gebunden, was natürlich bedingt, daß man sich mehr in den hohen Registern bewegt als in den tiefen. Eine wirklich sehr fundierte und eigenwilige Technik. Natürlich gibt es noch eine ganze Reihe von Posaunisten, deren Leistungen ich sehr respektiere, um nur Jimmy Knepper zu nennen oder Frank Rosolino, Kai Winding, Slide Hampton, Bill Watrous, Ray Anderson oder Jiggs Whigham. Das sind allesamt tolle Spieler, die sehr viel zur Entwicklung der Posaune beigetragen haben.

Dieter Glawischnig Aus meiner Sicht waren Eje Thelin und Albert Mangelsdorff in den 60er Jahren die führenden Posaunisten in Europa. Der Eje hat immer so ein bißchen darunter gelitten, daß der Albert stärker im öffentlichen Bewußtsein war. Ich habe das mitbekommen, da Eje zur gleichen Zeit wie ich in Graz Lehrer war. Ob das vielleicht daran lag, daß er weniger aufgetreten ist, ich weiß es nicht. Vielleicht lag es auch daran, daß der Albert durch seine Konsequenz seine Individualität, sagen wir mal: schneller in Kompaktform herausgebracht hat. Eje war schon ein toller, virtuoser und einfallsreicher Spieler. ■

Was die Flinkheit zusätzlich begünstigen kann, ist das Mundstück. Ein kleines Mundstück erleichtert nun mal flinkes Spielen, ein größeres Mundstück erfordert sehr viel mehr Training. Wer aber einen anderen als den normalen Sound haben will, muß vielleicht doch den schwereren Weg gehen, wobei der Weg, den einer einschlägt, auch davon abhängen kann, bei wem er lernt. Leider versuchen viele Lehrer, ihre eigenen Vorstellungen auf ihre Studenten zu übertragen.

Ich meine, jeder sollte einen eigenen Weg suchen, der weder in meine Richtung noch in die eines anderen führt. Das zu vermitteln, ist natürlich schwer, dazu noch bei ganz jungen Leuten, die sich doch gerne an etwas festhalten. Schließlich kann man von einem 18- oder 20jährigen nicht schon musikalische Persönlichkeit erwarten. Also man muß da eine gewisse Nachsicht üben. Vielleicht ist es ja wirklich so, daß man nur über ein Vorbild zu sich selbst findet.
Wilhelm E. Liefland hat in diesem Zusammenhang mal eine sehr treffende Formulierung gefunden, wie ich meine: »Eine griffig gewordene musikalische Phantasie läßt sich leichter nachahmen als eine, die ständig auf Innovation angelegt ist«.

Dieter Glawischnig Wenn sich junge Posaunisten mehr am allgemeinen Mainstream verschiedener Stilistiken orientieren als an Alberts Idiolekt, dann hat das damit zu tun, daß etwas ganz Individuelles nun mal schwer nachzumachen ist. Man kann Alberts Spielweise nicht nachmachen, wie man *licks* nachmacht. *Licks* sind so was wie gestanzte Formeln, die sich, wenn man nicht aufpaßt, fast zwangsläufig ergeben, wenn man zum Beispiel schnelle Harmoniefolgen auszuspielen hat. Ich meine aber mit *licks* auch »nichtidiomatische« oder auch stochastische Expressivitäten aus dem Bereich des sogenannten Free Jazz. Um in Alberts Nähe zu kommen, muß man hart arbeiten. Und meistens geht es doch so los, daß man froh ist, wenn es nur mal swingt, wenn nur überhaupt etwas Vernünftiges herauskommt. Die Posaune ist schon schwer genug zu hantieren, als daß man es sich noch schwerer macht. Ich denke, daß man auch eine gewisse Reife haben muß, um das, was Albert macht, würdigen zu können. ■

Emil Mangelsdorff Wenn es Leute gibt, die sich für geeignet und begabt halten, sich seine Mehrstimmigkeit zum Vorbild zu nehmen, kann daraus auch eine Albert-Mangelsdorff-Schule entstehen. Andererseits denke ich, daß eine Schule vielleicht doch erst dann entstehen kann, wenn einer den Jazz-Mainstream weiterentwickelt hat. Mit seiner speziellen Art, die Posaune zu spielen, hat Albert allerdings, und das meine ich im ganz positiven Sinne, den *stream* verlassen. Er leistet halt das Besondere, und für manchen das Unerklärbare. Es kommt noch hinzu, daß auch sein Ton unverwechselbar ist. Man hat ihn schon nach ein paar Takten erkannt. ■

Attila Zoller Albert hatte immer schon einen immensen Willen, seine Sache durchzusetzen. Er weiß, was er will, und er geht geradewegs darauf zu. Allein schon seine Beharrlichkeit im Üben ist erstaunlich. Er mußte ja immer sehr hart an seinem Ansatz arbeiten, schon damals, als ich ihn kennenlernte, vor vierzig Jahren. Aber jetzt hat er ihn. Ich wollte, ich hätte nur zehn Prozent seines Sitzfleischs, wenn es um das Üben geht. ■

Ulrich Olshausen Albert ist eine Art Übervater der Frankfurter Szene. Niemand kommt an ihm vorbei. Entweder ein Musiker reibt sich

Mit Plunger-Dämpfer

an ihm oder sagt sich: Ich will es mal ganz anders machen. Gleichgültig ist er jedenfalls keinem. Man muß nur an einen Musiker wie Heinz Sauer denken, der am Anfang auch von ihm geprägt worden ist. Albert ist in Frankfurt immer präsent. ■

Die Idee, einen Plunger-Dämpfer zu benutzen, kam ziemlich gleich zu Beginn meiner Versuche mit der Mehrstimmigkeit, als ich Ellingtons »Mood Indigo« probierte. Ich dachte, daß das ganz gut klingen könnte. Es ging mir dabei nicht um den Growleffekt, der ja zum typischen Klangspektrum von Ellington gehört, auch wenn man das vermuten könnte. Es war vielmehr so, daß sich die Mehrstimmigkeit mit dem Plunger seltsamerweise besser kontrollieren ließ. Vielleicht, weil man den Sound noch ein bißchen bei sich behält, ihn also besser hören und damit auch besser kontrollieren kann. Jedenfalls hat mir der Plunger am Anfang einiges erleichtert.

Abgesehen von dem Growleffekt, den man durch Öffnen und Schließen erzielt, merkte ich, daß, wenn man ihn beim Linienspielen dicht am Schallkranz läßt, ein ganz bestimmter trockener Sound entsteht, der meiner Vorstellung sehr entgegenkam. Gleichzeitig erhöht sich die Geläufigkeit, das heißt, die Linien laufen flüssiger.

Eine ähnliche Wirkung kann man erzielen, das habe ich bei einer Reihe von Kollegen in den 60er und 70er Jahren gesehen, wenn man eine Baskenmütze, in die Löcher geschnitten sind, über den Schallkranz des Horns zieht. Das haben zum Beispiel Slide Hampton gemacht, Ake Persson und Curtis Fuller. Durch die Mütze verändert sich der Ton jedoch kaum merklich. Es ist eher ein Gefühl, das der Spieler hat, als daß man es stark hören würde. Durch den Plunger wird dieser Effekt sehr verstärkt.

So kam halt eins zum anderen. Irgendwann wurde das Spielen mit dem Plunger zu einer Art Selbstläufer. Heute gehört er zu meinen Ausdrucksmitteln. Es ist mittlerweile unverkennbar, wenn ich mit dem Plunger spiele, daß ich das bin.

Ich habe mal gesagt, daß der Plunger mir am Anfang eines Konzerts helfen kann, das Lampenfieber zu überwinden, gerade wenn ich allein auf die Bühne gehe. Da ist was dran, auch wenn es nicht mehr die Regel ist, daß ich das erste Stück mit Plunger spiele, was allerdings nicht heißt, daß ich kein Lampenfieber mehr hätte. Ich weiß nicht, ob man das als Zuhörer bemerkt, wahrscheinlich nicht, aber ich habe immer, solange ich schon spiele, starkes Lampenfieber, wenn ich auf die Bühne gehe. Das ist heute noch so wie vor vierzig Jahren. Ob ich Solo spiele oder in der Gruppe, das Lampenfieber bleibt sich gleich. Ich verschaffe mir dadurch eine gewisse Sicherheit, daß ich halt versuche, immer gut vorbereitet zu sein, damit ich mir sagen kann: Du hast alles getan, was zu tun ist. Im Laufe des ersten Stücks entspannt man sich dann allmählich.

Warum habe ich meine Ansatztechnik gewechselt?! Heute würde ich sagen, daß ich damit einen großen Fehler gemacht habe, da ich doch eigentlich alles auf dem Horn machen konnte. Ich würde fast behaupten, daß ich heute nicht auf dem alten Stand wäre, wenn ich nicht täglich hart arbeiten würde, was sicher auch damit zu tun hat, daß ich 1990 über drei Monate krankheitshalber aussetzen mußte und danach körperlich noch sehr geschwächt war. Jedenfalls hätte ich das in dem Alter nicht mehr machen sollen. Meine Ansatztechnik war ja über Jahrzehnte gut eingeschliffen und sogar noch entwicklungsfähig. Fast kann man sagen: Wenn es dem Esel zu wohl wird, geht er aufs Eis.

Es begann damit, daß ich 1983 das Buch »Encyclopedia of Pivot« kennenlernte, in dem Dr. Donald Reinhard, der lange Zeit erster Posaunist an der New Yorker Philharmonie war, eine für mich ganz neue Ansatztechnik vorstellte. Nachdem ich mich näher damit beschäftigt hatte, erschien mir das alles sehr einleuchtend und logisch. Ich verglich Reinhards Pivot-Technik mit der meinen und stellte fest, daß vieles nicht übereinstimmte. Vielleicht könnte ich eine weitere Verbesserung erreichen, was die Leichtigkeit des Spiels angeht, dachte ich mir.

Es gab noch einen weiteren, wichtigen Grund: Es war und ist sehr schwierig, den Wechsel zwischen mehrstimmigen, speziell den weit auseinanderliegenden Akkorden und dazwischenliegenden flüssigen Linien sauber hinzukriegen. Mit der Ansatzänderung erhoffte ich mir, dieses Problem lösen zu können.

Tatsächlich glückte die Umstellung fast mühelos. Schon ganz am Anfang kam die Höhe leichter und die Zunge wurde noch schneller. Es sprach also nichts dagegen und alles dafür. Der Anfangserfolg aber war trügerisch, denn je länger ich die Technik spielte, umso schwieriger wurde es. Dazu kam, daß ich nicht genügend Zeit zum Umstellen hatte. Wenn man einen so schwerwiegenden Schritt vollzieht, sollte man sich wenigstens ein halbes Jahr jeder anderen Tätigkeit, sei es Konzert oder Aufnahme, enthalten, was ich mir aber aus materiellen Gründen nicht leisten konnte. Es kam schließlich soweit, daß ich keine Tiefe mehr hatte, und die Tiefe war nun mal immer meine Stärke. Das war in einem Jahr, als ich wieder in Nashville als Dozent eingeladen war, um mit den Studenten die Mehrstimmigkeit zu behandeln. Ich lernte dort einen Schüler von Donald Reinhard kennen und schilderte ihm meine Probleme.

Reinhard unterscheidet verschiedene Kategorien, in die man sich einordnen muß, je nach physischen Gegebenheiten um die Lippen herum.

Der Schüler von Reinhard bestätigte mir, daß meine Einordnung richtig war, sagte mir aber, nachdem er sich angesehen hatte, wie ich ansetze: Du hast nicht beachtet, daß man in deinem Fall das Kinn etwas nach vorn schieben muß. Ich korrigierte das, und schon war die Tiefe da. Seitdem habe ich mit der Tiefe nie wieder Schwierigkeiten gehabt.

Wenn man alleine nach einem Buch eine so gravierende Umstellung vornimmt, ist es fast unvermeidlich, würde ich sagen, daß man sich Dinge aneignet, die einem ziemlich schaden können. Ich habe über diese Probleme öffentlich nie gesprochen, denn hätte ein Kritiker von meinen Schwierigkeiten gewußt, dann hätte er sie auch zu hören geglaubt. Kritiker stürzen sich gerne auf diese Dinge.

Warum bin ich, wenn es so viele Schwierigkeiten gab, nicht zu meiner ursprünglichen Ansatztechnik zurückgekehrt? Es mag merkwürdig klingen, aber ich hätte gar nicht gewußt wie, denn mein Ansatz war ja nicht theoretisch fundiert, als daß ich hätte nachvollziehen können, wie ich es vorher gemacht habe. Ich hatte es einfach, ich möchte sagen: instinktmäßig richtig gemacht. Wirkliche Gedanken hatte ich mir nie darüber gemacht. Ich war, wenn ich Workshops abhielt und mich einer fragte, wie ich das mache, oft verlegen, weil ich es nie genau definieren konnte. Der Ansatz war halt in den vielen Jahren so herangewachsen. Jedenfalls würde ich so etwas Gravierendes wie eine Ansatzänderung nicht mehr machen.

Wolfgang Dauner Dieser Mann hat eine Energie, wie ich sie selten bei einem Musiker erlebt habe. Mit welch einer Power er Musik macht und welche Schwierigkeiten er meistert, ist einfach bewundernswert. Die Umstellung seines Ansatzes konnte ich mitverfolgen, da wir damals sehr viel zusammen gespielt haben. Was es für einen Bläser bedeutet, einen jahrzehntelang trainierten Ansatz neu einzustellen, kann man einem Laien gar nicht erklären. Nicht nur, daß ein derartig einschneidender Schritt mit einem ungeheueren Energieaufwand verbunden ist, man geht auch ein großes Risiko damit ein, denn es ist nicht absehbar, ob die neue Ansatztechnik auch funktionieren wird. Da ich selber Trompete studiert habe, weiß ich, wovon ich rede. Ich erinnere mich, daß wir nach einem Duo-Konzert in Jugoslawien morgens am Frankfurter

Flughafen ankamen und ich ihn fragte, was er jetzt machen wird – ich wußte, daß er am Abend in Kassel ein Solokonzert zu spielen hatte. Alberts Antwort war: Ich gehe in den »Jazzkeller« üben. Es ist gleichermaßen erstaunlich wie vorbildhaft, wenn einer mit über 50 Jahren einer solchen Energieleistung fähig ist, in einem Alter, in dem, bei aller Leidenschaft für die Sache, die Kraft doch etwas nachzulassen beginnt. Ich wäre manchmal froh gewesen, wenn ich gerade in solchen Situationen diese Power gehabt hätte. Schon seine Mehrstimmigkeit war ja mit einer Ansatzveränderung verbunden, denn es macht ja einen Unterschied, wenn zu dem geblasenen Ton noch ein gesungener Ton dazukommt. Ein Bläser, der sich vornimmt, das auf die Reihe zu kriegen, und der Albert war damals immerhin um die 40 Jahre alt, muß ganz schön mutig sein. Ein Pianist kann noch mit 95 Jahren spielen, wenn ihn nicht gerade die Gicht plagt, aber die Probleme des Bläsers, die mit den Zähnen, der Lippenmuskulatur und dem Atem zu tun haben, werden mit zunehmendem Alter natürlicherweise schwieriger. Davon abgesehen war ja nicht ohne weiteres zu erwarten, daß die Mehrstimmigkeit, die doch eher dem experimentellen Bereich zuzurechnen ist, kommerziell erfolgreich sein würde. Es hätte durchaus sein können, daß sich niemand dafür interessiert. Und schließlich sind wirtschaftliche Faktoren auch für einen Musiker nicht belanglos. ■

Lee Konitz Ich habe den Eindruck, daß Albert immer an Musik denkt. Wenn ich mit ihm zusammensaß, dauerte das nie lange. Was immer auch war, Albert ging immer gleich mal üben. Er ist ein ganz eigener Mensch. Ich wäre nie auf die Idee gekommen, mit ihm einen trinken zu gehen. Nun muß ich dazu sagen, daß ich sowieso keiner bin, der gerne einen trinkt. Typisch ist unsere letzte Begegnung vor einer Woche beim Jazzensemble des Hessischen Rundfunks. Wir hatten uns Jahre nicht gesehen. Ich wußte nicht einmal, daß Albert sehr krank war und im Krankenhaus lag. Als ich davon erfahren hatte, wollte ich ihm einen Brief schreiben, wußte aber nicht, wo ich ihn erreichen konnte. Ich denke aber, daß ein wahrer Freund, selbst wenn er den anderen fünfzehn Jahre nicht gesehen hätte, da weitermacht, wo sie fünfzehn Jahre zuvor aufgehört haben. Jedenfalls, als wir uns im Hessischen Rundfunk trafen, war es wie früher, wir umarmten uns, und nach einem kurzen »how are you« verschwand Albert: Sorry, I have to warm up. ■

»Set 'Em Up«

Die eigene Band

Das Jazzensemble des Hessischen Rundfunks, das nur im Rahmen des Rundfunks unter diesem Namen auftreten durfte, hieß außerhalb »Albert-Mangelsdorff-Septett«. Es gibt sogar einige Schallplatten unter diesem Namen. Nun war es so gut wie unmöglich, mit sieben Leuten genügend Engagements zu kriegen. Von den 450 Mark, die wir vom Hessischen Rundfunk bekamen, konnten wir ja nicht leben. So schälte sich ein Quintett heraus, das anfangs mit zwei Bläsern, Dusko Gojkovich und mir, besetzt war. Dann wurde Dusko von Stu Hamer, einem englischen Trompeter, abgelöst. Schließlich ging Pepsi Auer. Für ihn kam Pierre Francino, ein französischer Pianist.

Joki Freund Als Albert mit seiner eigenen Combo anfing, löste er sich von der Tristano-Linie, möchte ich sagen. Das war 1958, als das Jazzensemble des Hessischen Rundfunks gegründet wurde und er aus Mitgliedern des Jazzensembles das Albert-Mangelsdorff-Quintett bildete. Er hat sich die Leute geholt, von denen er dachte, daß sie den Weg mitgehen, den er sich vorstellte. Anfangs noch mit und schließlich ohne Klavier in der Besetzung mit drei Bläsern. ■

1960 fuhren wir als Quintett – Hartwig Bartz, Schlagzeug, Peter Trunk, Baß, Pierre Francino, Piano, Bent Jædig, Tenor, und ich, zum 1. Internationalen Jazzfestival nach Juan-Les-Pins (Antibes). Das Festival lief über eine Woche und war für die europäischen Gruppen als Ausscheidungswettbewerb konzipiert. In den ersten Tagen spielten alle eingeladenen Gruppen. Dann schieden immer mehr aus, bis schließlich beim letzten Konzert die Sieger ermittelt wurden. Dieses Procedere hatte mir schon von Anfang an gestunken, da wir aber nun mal dabei waren, haben wir bis zum bitteren Ende mitgemacht, zumal ein paar tolle Gruppen wie Charles Mingus mit Eric Dolphy außer Konkurrenz eingeladen waren. Als schließlich das Ergebnis bekanntgegeben wurde, also die »Sieger« feststanden, konnte man erkennen, daß sich die internationale Jury allem Anschein nach auch nicht so wohlgefühlt hatte. Denn

Jazzensemble des Hessischen Rundfunks, 1958

ursprünglich sollte ja nur die beste Gruppe ermittelt werden, aber weil man wohl keinem so recht auf die Füße treten wollte, wurden neben dem Pim Jakobs Trio aus Holland, die als »Sieger« hervorgingen, zusätzlich Solisten ausgezeichnet, Hartwig Bartz als bester Drummer, Hans Koller als bester Saxophonist, ich als bester Posaunist, Inge Brandenburg als beste Sängerin und so weiter, alle mit dem Zusatz »bester europäischer...«. Irgendwie war das alles ziemlich lächerlich. Es war das erste und auch das letzte Mal, daß ich an einem Wettbewerb teilgenommen habe. Von da an habe ich derartige Angebote immer abgelehnt. Nur gut, daß die teilnehmenden Musiker das ganze cool gesehen haben. Man hatte jedenfalls nicht den Eindruck, daß ein Konkurrenzdenken aufgekommen wäre.

Nach dem Festival ist Pierre Francino, der aus Nizza stammt, gleich dort geblieben. Wir fuhren also ohne Pianist nach Frankfurt zurück. Das war

Albert Mangelsdorff Quintett, 1960: Bent Jaedig (ts), Albert Mangelsdorff, Peter Trunk (b), Hartwig Bartz (dr), Pierre Francino (p)

die Gelegenheit, Günter Kronberg dazuzuholen. Mit dem Günter hatte ich durch die vielen Jam Sessions im Jazzkeller, wo er Ende der 50er Jahre aufgetaucht war, schon lange Kontakt. Er hatte einige Zeit in amerikanischen Clubs in Nordafrika gespielt, aber in eher kommerziellen Bands. Sein Einstieg bei uns war sein erster fester Job in einer Jazzband.

Peter Trunk war schon mit mir im Joki-Freund-Quintett, das gegen Ende zu immer häufiger unter Freund/Mangelsdorff Quintett aufgetreten ist. Peter Trunk war ein unglaublich swingender Bassist, der für mich sehr wichtig war, zumal Hartwig Bartz dazukam, nachdem Rudi Sehring ausgestiegen war. Mit Trunk am Baß und Bartz am Schlagzeug hatten wir die heißeste Rhythmusgruppe, die man damals in Europa kriegen konnte. Ich jedenfalls konnte mir keine bessere vorstellen als diese beiden Leute.

Ralf Hübner Ich hatte Hartwig Bartz nur einmal gehört, etwa zwei Jahre, bevor ich Albert kennenlernte, als das Quintett auf einer Studentenveranstaltung, in Berlin spielte. Es hat mir schon imponiert, wie er da so kräftig und erdverbunden getrommelt hat. Bartz hat sich in seiner Spielweise eher der emotionalen schwarzen Musik verbunden gefühlt als diesem intellektuellen Stil der Westcoast-Musiker. ■

Irgendwann ging Hartwig Bartz, dann Peter Trunk und schließlich Bent Jaedig. Jetzt ergab sich die Besetzung, wie sie von 1962 an bis in die 70er Jahre hinein fest bestand: Günter Kronberg, Alt und Bariton, Heinz Sauer, Tenor, Günter Lenz, Baß, und Ralf Hübner, Schlagzeug. Zwischen Bartz und Hübner war noch ein Jahr Rune Carlsson am Schlagzeug, mit dem ich übrigens vor kurzem eine Tournee in Schweden gemacht habe. Ralf Hübner hatte ich mal in Berlin gehört, wo er mir sehr gefallen hatte, ein Schlagzeuger der kreativen Art. Als Rune Carlsson ausgestiegen war, habe ich ihn in die Band geholt. Es war sein erster Job in einer festen Band.

Ralf Hübner Ich habe acht Semester Schlagwerk an der Musikhochschule in Berlin studiert, aber halt klassisch, damals gab es ja in Deutschland noch keine Ausbildung, was Jazz betraf. Es war mir aber schon klar, daß ich den klassischen Weg nicht gehen wollte. Was an Jazzfeeling existierte, hatte ich wahrscheinlich schon in mir, und was noch fehlte, habe ich halt durch viel Hören und Gucken entwickelt. Zu der Zeit gab es in Berlin Jazzläden, die der Senat gegründet hatte, wo auch Albert mit seinem Quintett öfter spielte. Kennengelernt haben wir uns in einer Kneipe beim Bier. Ich erzählte ihm, was ich so mache und welche Vorstellungen ich habe, und da kam von ihm der Vorschlag, ich sollte doch mal vorbeikommen und einsteigen. Das habe ich auch gemacht, nur daß ich mich nicht so recht getraut habe, und es eher so war, daß der Albert mich auf die Bühne geholt hat. Rune Carlsson, der damals in der Gruppe spielte, war recht unzufrieden mit der Situation in Deutschland, so daß es wohl nur eine Frage der Zeit war, wie lange er noch in der Band bleiben würde, und Albert sich deshalb schon mal nach einem anderen Schlagzeuger umgesehen hat, vermute ich. Wahrscheinlich hat es hingehauen, was ich gespielt habe, jedenfalls war der Albert hell begeistert. ■

Günter Lenz Ursprünglich war ich Gitarrist und habe in amerikanischen Clubs gespielt, hatte aber schon sehr früh großes Interesse am Baß. Auf Peter Trunk, der damals im Jazzkeller spielte, stand ich unheimlich, und natürlich auf Ray Brown, der im Oscar-Peterson-Trio spielte. Nun passierte es ab und zu, wenn im »Keller« eine Jam Session war, daß ein Bassist fehlte. Da in der Ecke immer ein Baß stand und die untersten vier Saiten der Gitarre der Baßstimmung entsprechen, dachte ich mir, ich könnte es ja mal probieren. Ich habe mir natürlich blutige Finger gespielt.
Zu der Zeit wurde ich, leider, zur Bundeswehr eingezogen, nach Mittenwald zu den Gebirgsjägern. Wenn schon, sagte ich mir, dann gehst du ins Musikkorps, und fing vorsorglich mal an Flöte zu lernen. Ich habe denen halt angegeben, daß ich Gitarre spiele und ein bißchen Flöte, und da ich als junger Kerl im Posaunenchor war und ein bißchen Trompete gelernt hatte, habe ich auch das angegeben. Nach der Grundausbildung kam ich tatsächlich ins Musikkorps. Ich hatte Glück, weil der Gitarrist aussteigen wollte und ein neuer gesucht wurde. Der Chef, der Pianist war und wie ich in amerikanischen Clubs gespielt hatte, beorderte mich zu sich, setzte sich ans Klavier und ich sollte ihn nun begleiten und ein paar Chorusse spielen. Wunderbar, sagte er, ich brauche sie als Gitarrist für das Offizierskasino. Ich habe also genau das gemacht, was ich die ganze Zeit schon in den Amiclubs gemacht hatte. Der Spieß der Kompanie war Bassist. Von ihm bekam ich Baßunterricht, was der Chef auch gefördert hat. Als ich Ende 1960 nach Frankfurt zurückkam, kannte ich mich also schon ein bißchen auf dem Baß aus. Peter Trunk spielte zu der Zeit, ich glaube mit Lucky Thompson, in Barcelona.
Damals war die Zeit für die Jazzmusik sehr schlecht in Deutschland, es gab kaum was zu tun. Auch in den Amiclubs wurden die Engagements immer weniger. Alberts Quintett hatte sich quasi aufgelöst. Was speziell meine Situation betraf, kam hinzu, daß damals niemand im »Jazzkeller« auf Gitarre stand, wenn man mal von Attila Zoller absieht, der große Anerkennung fand. Er war der Meister, ein phantastischer Gitarrist, von dem ich viel gelernt habe. An Bassisten aber mangelte es. Es gab also genügend Gelegenheiten für mich, bei Jam Sessions Baß zu spielen. Auf die Art bin ich mit Albert zusammengekommen. Es hat auch nur ein dreiviertel Jahr gedauert, daß Albert mich fragte: Günter, wie wär's, wenn Du noch ein bißchen übst und dann bei mir einsteigst, ich möchte ein neues Quintett gründen? Das war natürlich ein Lottoge-

winn. September '61 bin ich bei Albert eingestiegen, und damit auch ins »Jazzensemble«. ■

Heinz Sauer Im AFN gab es nachmittags zwischen 2 und 3 Uhr eine Sendung, in der oft die Joe-Klimm-Combo zu hören war, meistens Aufnahmen aus Clubs. Von daher kannte ich Albert. Persönlich lernte ich ihn, ich kann mich nicht genau erinnern, wahrscheinlich im »Jazzkeller« kennen, wo ich oft zum Zuhören hinkam. Selber habe ich damals noch nicht gepielt, ich habe mir ja erst mit 23 Jahren ein Instrument gekauft. Und da ich an der TH Darmstadt Physik studierte, war nicht einmal genügend Zeit zum Üben da, was natürlich die Entwicklung zusätzlich verzögerte. Also es zog sich so hin. Ich glaube, es war 1956, daß ich auf dem Amateur-Jazzfestival in Düsseldorf den ersten Preis als Baritonsaxophonist bekam, wahrscheinlich auf Grund von Alberts Stimme, nehme ich mal an, der als Juror fungierte. Später gründete ich ein Quintett, in dem auch Günter Kronberg spielte. Ich nannte es aber nach ihm, um meinen Namen möglichst klein zu halten, aus Rücksicht auf meinen Vater, der alles andere als angetan war von meinen Jazzambitionen. Unser erster größerer Auftritt war auf dem Frankfurter Jazzfestival und wurde ein Riesenerfolg. Das muß man allerdings relativieren, denn wir machten eigentlich nichts anderes, als Horace-Silver-Stücke zu spielen, kopierten also Amerikaner, was aber nach den damaligen Verhältnissen schon eine ganz große Sache war. Anders Albert, der schon damals auf der eher experimentellen Linie lag. Man kann sagen, daß Albert immer seinen eigenen Stil spielte, und das ist es, weshalb er eine Leitbildfigur ist. Kurze Zeit danach stieg Günter Kronberg aus und ging zu Albert. Ende 1959 verließ Bent Jædig das Albert-Mangelsdorff-Quintett. Albert, der für ein Engagement im »Atlantik« in Stuttgart kurzfristig einen Saxophonisten brauchte, fragte mich, ob ich Lust hätte, einzusteigen. Ich habe selbstverständlich ja gesagt. Wohl war es leichtsinnig, mich aus der finanziellen Obhut meines Vaters zu lösen, aber ich mußte diese Chance wahrnehmen. ■

Zu dem Zeitpunkt, als Pierre Francino wegging, stand Günter Kronberg als Anwärter für die Gruppe obenan. Ich hätte den Günter schon vorher gerne geholt, aber wir waren nun mal komplett, und da auch das Jazzensemble des Hessischen Rundfunks komplett war, haben wir eben gesagt: Nehmen wir doch anstatt eines Pianisten den Günter Kronberg. Mit drei Bläsern hat das ja auch einen Reiz.

Das Piano, oder überhaupt eine ganz bestimmte Besetzung, ist für mich nie ein Dogma gewesen. In den vielen Jam Sessions, die ich in allen nur denkbaren Besetzungen gespielt habe, mit Baß und ohne Baß, mit Schlagzeug und ohne, konnte ich die Erfahrung machen, daß es nicht die Besetzung ausmacht, ob gute Musik entsteht. Man muß wollen, und man muß sich umstellen können, das ist das Entscheidende. Ich hätte mir durchaus auch vorstellen können, Rolf Lüttgens reinzunehmen, der wohl Amateurmusiker, aber ein toller Pianist war, mit dem ich einen Großteil der Sessions im »Keller« bestritten habe. Ich denke noch heute mit Hochachtung an ihn zurück.

Ich habe weder im Quintett noch im Quartett das Piano vermißt. Ich muß allerdings sagen, daß ich fast der einzige war, der so dachte. Meinen Kollegen, vielleicht außer dem Heinz, hat das Piano schon gefehlt, vermute ich mal. Es hat später auch keiner darauf verzichtet. Man merkte auch, wie die sich gefreut haben, wenn wir mit den »All Stars« unterwegs waren, wo das Piano besetzt war. Aber es hat sich halt so ergeben. Wäre Bent Jædig statt Francino gegangen, wäre Günter Kronberg auch dazugekommen. Ich hatte schon zuvor mit Dave Amram ein pianoloses Quartett. Auch da haben wir eine sehr originelle Musik gemacht, und nie das Gefühl gehabt, es würde uns was fehlen. Auch das Jazzensemble spielte eine zeitlang ohne Piano.

Um zu wissen, in welcher Harmonie ich mich gerade bewege, habe ich das Piano nie gebraucht. Ich habe ein gutes Ohr für die harmonischen Zusammenhänge. Ein Pianist ist für mich Partner und nicht einer, der mir in erster Linie die Harmonien gibt. Zugegeben, wenn man nur mit Baß spielt, bewegt man sich vielleicht etwas freier. Viele Dinge, die man macht, sind ja nicht theoretisch ausgedacht, sondern ergeben sich aus der Intuition. Das spontan nachzuvollziehen, ist schon sehr schwierig für einen Pianisten. Ich muß das aber gleich wieder einschränken. Wolf-

gang Dauner zum Beispiel ist dazu in der Lage, und das meine ich jetzt nicht als Scherz, aus einer falschen Note, die ein Bläser spielt, noch eine richtige zu machen, indem ihm ad hoc eine entsprechende Zwischenharmonie einfällt.

Heinz Sauer Zunächst einmal waren es wohl außermusikalische Gründe, weshalb wir ohne Piano spielten. Der Pianist hatte die Band verlassen und es war kein anderer da. Nun gab es auch gar nicht so viele gute Pianisten in der Szene. Also was tun? Man machte sozusagen aus der Not eine Tugend. Schon bald aber stellte sich heraus, daß sich durch den Verzicht auf das harmonische Gerüst des Pianos ein weit größeres Maß an Freiheit ergab, wenn auch eine anstrengende Freiheit, die wir im Verlauf der Zeit immer weiter ausgebaut haben. Wenn das Klavier besetzt ist, ist es ja so, daß man sich auf bestimmte Akkorde einigen muß; schließlich kann man jede Linie unterschiedlich harmonisieren, je nachdem, welche Ideen ein Klavierspieler einbringt. Das heißt: Man muß sich auf passende Akkorde einigen, wobei die Betonung auf »passend« liegt, zumal damals, als noch eine Harmonielehre geltend war, in der ein Haufen »falscher Töne« aufgeführt war, also Töne, die unbedingt zu vermeiden waren. Wohl waren das Töne, die ein Prokofieff bereits lange davor für klassische Orchester geschrieben hatte, aber im Jazz war die Situation so, daß man noch nicht weit genug von der Swingzeit entfernt war, um sich die Freiheiten zu nehmen, die wir uns später genommen haben, als Leute wie Ornette Coleman erschienen und mit ihm der Free Jazz. Insofern eröffnete sich einer pianolosen Formation ein Aspekt von Freiheit, den wir zu nutzen wußten und immer weiter ausgebaut haben. ■

Günter Lenz Es war schon ungewöhnlich, ohne Piano zu spielen. Miles spielte mit Piano, auch Cannonball Adderley, andererseits gab es Ornette Coleman, der kein Piano besetzt hatte. Albert sagte, es gibt keinen Pianisten, der der adäquate Mann wäre, in dieser Gruppe mitzumachen, einer der interessiert ist, etwas Moderneres anzustellen, also spielen wir ohne. Man hat ja auch mit drei Bläsern ohne Klavier mehr Freiheit, die Dinge lassen sich offener gestalten, möchte ich mal sagen, weil das Klavier einen in der Rhythmik wie in den Harmonien sehr festlegen kann. Es war ja unser Bestreben, immer nach vorne zu gehen, immer Avantgarde zu sein. Es kam mir zugute, daß ich von Haus aus Gitarrist war und mit den Bässen versuchen konnte, das Fundament zu legen. Ich mußte mich natürlich ganz schön anstrengen, irgendwie die Akkorde klarzumachen, die Modalität festzulegen. Das hat mich, möchte ich sagen, sehr geformt. ■

Ralf Hübner Ich bin in die Band eingestiegen, als schon kein Klavier mehr besetzt war. Ein pragmatischer Grund könnte gewesen sein, daß in den Jazzclubs, die es damals gabe, die Klaviere fast durchweg in einem miesen Zustand waren. Und es ist nun mal fürchterlich, mit einem schlecht gestimmten Klavier Musik zu machen. Wenn sich das ständig wiederholt, wird es zu einer Belastung. Ich kann mir vorstellen, daß dies ein gewichtiger Grund gewesen sein könnte, daß also aus der Not heraus eine neue Idee entstanden ist, die sich ja auch gut verwirklichen ließ, zudem vorne drei Bläser standen und Günter Lenz in der Lage ist – er kommt ja von der Gitarre her – dem Baß auch akkordische Dinge abzuverlangen. Ganz sicher hat es auch musikalische Gründe für Alberts Entscheidung gegeben. Ohne Piano können die Bläser die Harmonien in den ewigen Schnee bringen, ich meine, es gibt ihnen mehr Freiheit, aus der Grundharmonie in die nächstfolgenden harmonischen Bezüge zu gehen. Ich glaube, daß schon der Wunsch vorhanden war, sich mit der Erweiterung der Akkorde zu beschäftigen, weg von dem starren Festhalten an den Grundharmonien. Vielleicht lag es auch ganz einfach daran, daß kein Pianist da war, der in die Band gepaßt hätte. Ehrlich gesagt, ich habe mir damals keine großen Gedanken darüber gemacht. Ich war zu der Zeit nur Schlagzeuger und nicht wie heute auch Stückeschreiber. Ich hatte mich viel mehr auf die rhythmischen Probleme konzentriert. Aus heutiger Sicht muß ich allerdings sagen, daß mir in der Musik, die wir damals gemacht haben, das Akkordische fehlt. Es hat sich bei mir so entwickelt, daß ich auf ein Akkordinstrument sehr, sehr großen Wert lege. Meine eigene Musik, die ich im Kopf habe, kommt erst über das Akkordische zum Tragen. ■

Die eigene Stilistik des Quintetts und später des Quartetts war keineswegs geplant, sondern hat sich aus der Konstellation ergeben. Das läßt sich auch nicht planen, das kann sich nur langsam entwickeln. Aber nur dann, wenn jeder einzelne Spieler an sich arbeitet. Insofern hat sich die

Band auch im Lauf der Zeit stilistisch verändert. Einen eigenen Sound gab es aber schon, als noch ein Pianist dabei war. Nicht zuletzt dadurch, daß wir im Gegensatz zu den meisten Gruppen, die in der Szene waren, fast nur eigene Stücke gespielt haben, fast alles meine Kompositionen. Die waren halt doch ein bißchen eigenwillig und nicht unbedingt in die üblichen Muster einzuordnen. Dadurch haben wir uns deutlich abgehoben von denen, die die damals gängigen Hard Bop-Stücke zwischen Horace Silver und Sonny Rollins gespielt haben. Wenn dann noch eine Rhythmusgruppe wie Bartz und Trunk oder Hübner und Lenz dazukommt, entsteht einfach was Eigenes.

Ralf Hübner Sehr viel geprobt haben wir eigentlich nicht, wir haben halt sehr viel gespielt. Vor kurzem fiel mir ein alter Kalender in die Hände, da waren in fast jedem Monat circa zwanzig Termine eingetragen. Natürlich waren das nicht nur Konzerte in Großstädten, sondern auch viele auf dem Land. Was meine eigene Person angeht, waren die vielen Auftritte sehr wichtig für mich, denn je öfter ich spielte, umso runder wurde mein Spiel. Als Schlagzeuger hat man es ja besonders schwer mit dem Üben, das doch mit viel Aufwand und Geräusch verbunden ist, womit ich nicht sagen will, daß ich auf der Bühne geübt hätte. Es war eher so, daß sich die Technik wie von selbst entwickelt hat. Der Albert hat immer geübt, in jeder freien Minute, egal, wo wir waren. Irgendwo aus einer Ecke im Hotel kam immer was. Er ist der fleißigste Musiker, den ich je kennengelernt habe. ■

Heinz Sauer In den ersten Jahren haben wir ziemlich viel geprobt, und zwar im ganz konventionellen Sinn. Denn wenn auch kein Klavier besetzt war, waren es doch Stücke mit einem festgelegten harmonischen Rahmen. Später, als sich das Konzept der Gruppe gewandelt hatte, speziell als Buschi Niebergall und Peter Giger dabei waren, als die Musik freier wurde und die Themen demzufolge eine geringere Rolle spielten, wurde das Üben in der Gruppe nicht mehr so groß geschrieben. Jetzt war das individuelle Üben wichtiger. Denn die größere Freiheit, die der einzelne jetzt hatte, mußte natürlich auch ausgefüllt werden, was auch eine ganz andere Art des Übens bedingt. Wenn man das mal mit der klassischen Musik vergleicht, wo die Dinge festgelegt sind und man entsprechend seine Technik übt, müssen wir Jazzmusiker so

Scandinavian All Stars; Leitung: Gil Evans (in der Mitte sitzend), 1985

üben – und das gilt für den Jazz allgemein, also nicht nur für den Free Jazz – daß wir die unterschiedlichsten musikalischen Gedanken direkt aufs Instrument übertragen können, wenn es darauf ankommt. Da stellt sich natürlich die gar nicht so leicht zu bentwortende Frage: Was soll ich üben, um diese spontane Umsetzung musikalischer Ideen auf der Bühne leisten zu können? Ich denke, daß da jeder seine Methode finden muß. ■

Eine umrissene Konzeption hatte ich nie. Es war eigentlich immer so, daß ich das Ganze doch sehr an der langen Leine laufen ließ. Wenn schon eine Konzeption, dann die: soviel Freiheit lassen wie nur möglich. Mein Grundsatz war immer, den Kollegen zuzugestehen, solistisch so viel machen zu können, wie sie wollen, weil ich das auch für mich in Anspruch nehme, wobei man natürlich von dem einzelnen Kooperation erwartet, also daß er es nicht übertreibt. Sich solistisch entfalten zu können, war wohl auch der Grund, weshalb sie bei einem geblieben sind. Wichtig ist allerdings auch, daß man originelle Stücke mitbringt, die den Kollegen zu spielen Spaß macht. Selbstverständlich haben auch die Kollegen Stücke mitgebracht. *Frontman/sidemen,* das gab es nicht. Auf der einen oder anderen Platte spiele ich schon mal ein Stück allein, aber in den Konzerten so gut wie nie.

Ich wollte nicht so sein, wie man es amerikanischen Bandleadern nachsagt. Wenn ich alle halbe Jahr die Band wechsele, dann ist es vielleicht notwendig, mit straffer Hand zu führen. Aber wenn eine Band längere Zeit zusammen ist, sollte Gleichberechtigung sein. Sicherlich hängt das auch, wie man sich verhält, von der Persönlichkeit der Mitspieler ab.

Ich habe eigentlich immer versucht, so zu sein, wie ich mir als *sideman* einen Bandleader wünschen würde. Einer, von dem ich sagen könnte, daß er dieser Vorstellung entsprach, war Gil Evans. Ich habe mal, das war in den 80er Jahren, zehn Tage in einer für Gil Evans zusammengestellten Band gespielt, die sich »Scandinavian All Star Bigband« nannte. Die Art, wie er die Proben leitete, hat mir unheimlich imponiert. Er war ein Mann, der durch seine Persönlichkeit respektgebietend war, sich aber absolut unautoritär und nachgiebig verhielt. Das war eine sehr schöne Erfahrung, die ich da machen durfte. Leider war es so, daß ich, obwohl mehrmals Angebote kamen, auf Europatourneen bei ihm mitzuspielen, nie die Zeit hatte. Ich hätte das gerne gemacht, zudem ich seine Musik sehr mag.

Heinz Sauer Natürlich war unsere Zusammenarbeit nicht völlig reibungslos, denn er und ich sind doch recht verschiedene Menschen. Trotzdem sind wir miteinander zurechtgekommen. Nun muß man dazu sagen, daß es auch ziemlich schwer ist, sich mit Albert zu streiten, der von seinem Wesen her relativ ruhig ist. Dennoch hat es so manchen Krach gegeben. Ich war damals noch ein ganz schöner Heißsporn. Im Lauf der Zeit habe ich allerdings, auch durch Albert, gelernt, gelassener zu reagieren, ruhiger zu werden, nachzudenken, auch darüber, woher die Gegensätze rühren, die nicht zuletzt durch unseren unterschiedlichen Lebensweg bedingt waren. Während er zum Beispiel schon sehr früh arbeiten mußte, bin ich zur Schule gegangen, habe Abitur gemacht, was nun mal unterschiedliche Prägungen sind. Ich wuchs in einer Familie auf, in der Kirchenmusik studiert worden ist, in der man Barockmusik hörte, daß mir der Kopf brummte; Albert wuchs nicht in einer Musikerfamilie auf, kurz gesagt: wir kamen aus ganz verschiedenen Ecken, was sich in irgendeiner Weise in unserer Zusammenarbeit auswirken mußte. Auch wenn wir nicht Musik gemacht hätten, hätte es Spannungen zwischen uns gegeben. Die Musik war eigentlich, möchte ich sagen, die Klammer, die uns zusammengehalten hat. Wir haben es nachher geschafft, daß wir diese Spannungen produktiv auf der Bühne abgetragen haben. Wenn ich sagte, daß der Albert von seiner Mentalität her eher ruhig ist, dann heißt das nicht, daß es ihm an Dynamik fehlt. Auch ihm kann der Kragen platzen, das habe ich erlebt. Allerdings muß es erst einmal dick kommen, bis er soweit ist. Wäre seine Geduld grenzenlos, könnte er ja gar nicht so spielen, wie er spielt. Nur, während ein anderer gleich aufbraust, ist er ein Mensch, der seinen Kopf dazwischenschaltet und sich sagt: Was soll ich da groß Krach machen? Wie gesagt, wenn es zu dick kam, dann wurde ein Machtwort gesprochen.

Ich denke, daß diese Toleranz schon mal eine gute Vorausetzung ist, um eine Band führen zu können. Und Albert war ein hervorragender *leader.* Ich habe sehr viel von ihm gelernt. Er war sehr zurückhaltend, hat nie viel gesprochen, und, was auch völlig richtig war, er hat nicht so sehr mit uns fraternisiert. Wenn wir unterwegs waren, sind meistens Albert und ich in einem Auto gefahren. Wir haben dann schon mal über persönliche Dinge gesprochen, aber immer mit der nötigen Distanz. Darauf hat er immer geachtet, was im übrigen heute jeder Wirtschaftsmann in der Managerschulung lernt.

Er war innerhalb der Band eine Respektperson, so lange die Band bestanden hat, immer. Wenn einem etwas nicht paßte, hat man sich tausend Mal überlegt, ob man es sagen soll. Albert hat durch Schweigen geführt. Auch auf der Bühne hat er nicht viel gesagt, aber dennoch klar gezeigt, was gefälligst zu geschehen hat. Und das war auch völlig in Ordnung so. Denn wenn es nun mal Albert-Mangelsdorff-Quartett oder Heinz-Sauer-Quartett heißt, dann bin ich schon der Meinung, daß das eine geschlossene Veranstaltung sein soll, bei der derjenige, der seinen Namen hergibt, bestimmt, was gemacht wird. Albert hatte nie Probleme damit, er hatte durch seine Persönlichkeit diese Autorität, und na-

Albert Mangelsdorff Quintett auf Südostasien-Tournee, 1964: mit Günter Lenz, Heinz Sauer, Günter Kronberg, Ralf Hübner

türlich durch seine musikalische Qualität. Ich habe bei keinem, den ich kennengelernt habe, eine solche Einheit aus Persönlichkeit und Musik erlebt. So wie er gespielt hat, so habe ich ihn auch erlebt. Das achte ich bei jedem Künstler, und das sollte auch jeder anstreben. ■

Ralf Hübner Albert hat sich nie autoritär verhalten. Alles, was er an Stücken anbrachte, haben wir erst einmal so gespielt, wie er sich das gedacht hat, und dann wurde halt hart daran gearbeitet, wozu jeder seinen Beitrag leistete. Ein berühmtes Wort von Albert war: Das hörst du schon. Was ja bedeutet, daß ich gezwungenermaßen erst mal Musik hören und erfahren mußte, ehe ich konkret werden konnte. Das hat natürlich den Vorteil, daß man lernt, sehr sensibel mit Musik umzugehen, zuerst mal das Gesamte hört, um sich dann zu entscheiden, was man daraus macht. Albert hatte zwar von den melodischen Dingen und dem, was er sich an Bläserakkorden ausgedacht hatte, konkrete Vorstellungen, aber mir gegenüber war er nie konkret. Was der Baß und das

Schlagzeug zu spielen hatten, hat er uns schon mehr oder weniger überlassen. Wenn es nicht seiner Vorstellung entsprach, hat er sich schon mal dazu geäußert, aber er konnte nie sagen: So oder so will ich es haben. Es gibt allerdings auch Situationen, in denen es sehr hinderlich ist, nicht konkret zu sein. Das habe ich auch erfahren. ■

Günter Lenz Albert war, was seine Stücke anbetraf, sehr streng. Die mußten so, wie er sich das vorstellte, gespielt werden, was ja auch völlig richtig ist, aber er hat uns immer die Freiheit gelassen, mitzuarbeiten, die eigene Kreativität zu entwickeln. Natürlich sind da auch öfter mal die unterschiedlichen Vorstellungen aufeinandergeprallt. Ralf und ich hatten uns schon ab und zu mal rhythmisch etwas vorgestellt, was Albert nicht akzeptieren konnte. Man darf ja nicht vergessen, daß Albert in Trunk und Bartz zuvor eine phantastische Rhythmusgruppe hatte, ein Fels in der Brandung. Das hat sicher bei ihm zu gewissen Hörgewohnheiten geführt, die wir natürlich nicht verwirklichen konnten, wir waren ja andere Persönlichkeiten, und außerdem waren wir Youngsters. Er hat sich ja bewußt Youngsters gesucht. Er hätte sich ja auch für stahlharte Knochentypen entscheiden können, nur hätten die ihm gesagt: So spiele ich das nicht!, während wir noch formbar waren. Heute, nachdem Jahrzehnte ins Land gegangen sind, muß ich sagen, daß Albert das total richtig gemacht hat, wenn er uns auf Grund seiner Erfahrung sagte: So und so muß das laufen. Andererseits hat er uns die Chance gegeben, uns zu formen und auch eigene Beiträge einzubringen. Das geht allerdings nur, wenn auch jeder einzelne den Ansporn hat, die Idee weiterzuentwickeln, und darin waren wir uns alle einig. ■

Joki Freund Es ist wirklich sehr gut, mit ihm zusammenzuarbeiten, was natürlich nicht heißt, daß er, wenn es um das Musikalische geht, etwas schleifen läßt. Allerdings hat er auch Einsicht, wenn er etwas geschrieben hat und es geht nicht so, wie er sich das vorstellte. Es ist zum Beispiel schon mal vorgekommen, daß wir nicht wußten, wann wir Luft holen sollten, weil die Phrasen, die er notiert hatte, zu lang waren. Dann ist er in der Lage zu sagen: Entschuldigt, daß ich das so geschrieben habe, laß' halt an der oder der Stelle einen Ton weg. In den vielen Jahren, in denen wir nun schon zusammenspielen, hatten wir noch nie Meinungsverschiedenheiten. Er hat mich immer akzeptiert. ■

Horst Lippmann Er ist ein Musiker, der eine eigene Linie hat und deshalb genau weiß, was er will. Und das beeindruckt auch seine Kollegen, so daß sie ihm die *leadership* übertragen. Ich glaube, die Kollegen haben immer den Meister in ihm geschätzt, der auf allen musikalischen Gebieten jedem noch etwas sagen kann. Und ein guter Musiker honoriert das. Wenn es mal zu einem kritischen Punkt kommt, kann der Albert das auch in Worten sehr klar ausdrücken, allerdings auf eine sehr liebenswürdige Weise, weshalb man ihm auch nie böse sein kann. Er hat, ähnlich wie Duke Ellington, seine Band mit Klugheit, Toleranz und Liberalität zusammengehalten. ■

H. Werner Wunderlich Ich glaube gar nicht, daß Albert der typische Bandleader ist. Dazu ist er zu zurückhaltend, zu bescheiden, zu wenig aggressiv. Ich möchte mal eine Konstruktion wagen: Wenn Albert ein anderer wäre, ein energischer Typ, der auch finanziell rechnet, dann könnte er in der europäischen Jazzszene eine ganz andere Position einnehmen, im Sinne der Präsenz. Er könnte von Festival zu Festival reisen, vielleicht viermal in der Woche einen gut bezahlten Gig haben. Er ist aber in dem Sinne kein typischer *leader*, und das haben auch seine Mitspieler aus dem klassischen Quintett gemerkt, meine ich. Man hat auch oft empfunden, die streben nach irgendetwas anderem, wollen etwas anderes versuchen, vielleicht nicht rigoros aufhören, mit Albert zu spielen, aber nebenbei auch mal eigene Wege gehen. Das lag vielleicht auch daran, daß Albert zuviel Güte gezeigt hat und zuviel Verständnis für die Wünsche der Mitspieler hatte, was ja an sich nichts Schlechtes ist, aber im ökonomischen Sinn nicht gerade den Erfolg bringt. Vom Künstlerischen her, da ist er immer der beste von seinen Leuten gewesen, der die Richtung zeigte und ihnen immer noch, so lange sie auch bei ihm waren, etwas Neues beibringen konnte. Aber wirtschaftlich hätte er mehr schaffen können, bloß hätte das nicht seiner Natur entsprochen. Ich habe das öfter auch mitgekriegt, die kleinen Reibereien untereinander. ■

Fritz Rau Er ist künstlerisch äußerst kompromißlos. Ich bin sicher, daß er niemals sein Üben auch nur um fünf Minuten gekürzt hätte, um auf irgendjemanden Rücksicht zu nehmen. Auf keinen Fall würde er es sich gefallen lassen, wenn ihn einer auf seinem künstlerischen Weg zu

beeinträchtigen versuchte. Er geht seinen Weg, auch wenn es die Interessen anderer verletzt. Selbst wenn Willy Berking ihn auf Knien angefleht hätte zu bleiben, wäre seine Antwort gewesen: Es war toll mit dir, aber jetzt ist es Zeit zu gehen. Er hätte auch nie zur Rettung seines Quintetts auf seine solistische Entwicklung verzichtet. Das hat bei den Kollegen sogar zu der Kritik geführt, er würde zu wenig fürs Ensemble tun. Aber es ist nun mal so, daß er eigentlich gar kein Bandleader im klassischen Sinne sein wollte, wie zum Beispiel Duke Ellington oder Art Blakey, die eine Band präsentieren wollten. Er wollte das gar nicht. Seine persönliche Bescheidenheit ging so weit, daß wir, nachdem er bei Berking ausgestiegen war, unter »Joki-Freund-Quintett« firmiert haben. Es hat ihm auch nichts ausgemacht, unter Koller zu spielen. Ich glaube, er hat sich sogar wohler dabei gefühlt. Wir haben ihm die Bürde der Leadership sozusagen aufgeladen. Anders hätte ich die Band gar nicht so verkaufen können. Im Grunde genommen ist er ein Solist, der seine Posaune präsentieren will. Das Ensemble hat meines Erachtens zu wenig kollektiv geübt, wenn man zum Beispiel in Erwägung zieht, welch eine geschlossene Formation das Modern Jazz Quartet war. Allerdings ging es Albert auch eher darum, daß jeder einzelne Musiker seine solistische, improvisatorische Fähigkeit entwickeln kann.
Ich glaube, daß einem jeder, der ihn kennt, sagen wird, daß er immer fair ist, aber niemals auch nur ein Jota von seinem künstlerischen Weg abzubringen ist. Ich bin sicher, wenn man Heinz Sauer fragt, daß er bestätigen wird, daß Albert, wenn es um seine Solokarriere ging, keine Kompromisse kannte. Dabei ging es ihm nie um Geld, es ging ihm immer und allein um Musik. ■

Vielleicht kann man die »Tension«-Platte, die doch ein gewisser Durchbruch für uns war, man hat sie auch öfter als eine »Schlüsselplatte« bezeichnet, im Zusammenhang mit einer Platte sehen, die ich mit John Lewis gemacht habe. Die Vorgeschichte war die, daß wir 1962 mit dem Quintett, Heinz Sauer, Günter Kronberg, Günter Lenz und Hartwig Bartz, der noch mal für kurze Zeit in die Band zurückgekehrt war, auf dem Jazzfestival in Bled, Jugoslawien, spielten. John Lewis, der mit dem Modern Jazz Quartet regelmäßig in Bled auftrat und mit dem Zagreb Jazz Quartet sehr verbunden war, ich glaube, es gab sogar verwandtschaftliche Beziehungen seitens seiner jugoslawischen Frau, hatte unser

Konzert gehört und gegenüber Horst Lippmann sehr positiv über mich gesprochen. Kurz danach äußerte er den Wunsch, mit mir eine Platte zu machen.

Die Aufnahmen wurden im Studio des Südwestfunks in Baden-Baden gemacht, im Quartett mit Karl Theodor Geier am Schlagzeug und Silvije Glojnaric am Baß. Nun darf man sich nicht vorstellen, daß das damals so ablief wie das heute der Fall ist. Wir trafen uns am frühen Nachmittag, spielten die Stücke kurz durch und nahmen auf. Hinzu kam, daß ich die Stücke, die John Lewis mitbrachte, bis dahin gar nicht kannte. Ich selbst steuerte nur einen Titel bei, »Set 'Em Up«, alle übrigen, mit Ausnahme eines Standards, »Autumn Leaves«, waren von John Lewis. »Autumn Leaves« spielten wir im Trio ohne Lewis. Nachts gegen 1 Uhr hörten wir auf. Ich sage bewußt »hörten wir auf«, denn wir waren eigentlich noch nicht fertig. Einen Titel hätten wir noch aufnehmen müssen, aber, ich glaube es war John Lewis, der sagte, er sei zu müde. Später hat er den fehlenden Titel mit dem Zagreb Jazz Quartet ergänzt.

Für mich war diese Platte, »Animal Dance«, sehr wichtig, denn es war schon ziemlich lange her, daß die letzte unter meinem Namen herausgekommen war, zu einem Zeitpunkt, an dem ich noch stärker im Hardbop verhaftet war, während 1962 der Punkt war, an dem ich meine eigene Art zu spielen stärker herausgearbeitet hatte. Erfreulich war, daß »Animal Dance«, die auf Atlantic nur in den USA erschien, im »Down Beat« sehr gut besprochen wurde.

Wenn ich »Animal Dance« analysieren sollte, würde ich schon einen Unterschied erkennen zwischen meinem eigenen Stück »Set 'Em Up«, dem Standard »Autumn Leaves«, die meiner Spielweise vielleicht doch am nächsten kommen, und den Stücken von John Lewis, die ich, wie schon gesagt, erst an diesem Tag kennengelernt habe, die mir also völlig fremd waren. Noch dazu waren sie in der Konzeption sehr genau festgelegt, das heißt, ich spiele nie mehr als einen oder zwei Chorusse, habe also gar nicht die Möglichkeit, mich richtig auszuspielen. Was den Sound anbelangt, klingt es schon ein bißchen anders als später auf der »Tension«-Platte. Ich kann mich noch sehr genau erinnern, daß »Animal Dance« in die Zeit fiel, als ich mit allen möglichen Mundstücken

Mit Ralf Hübner und Heinz Sauer, 1965

herumexperimentierte. Wohl hatte ich schon das Giardinelli-Mundstück, habe aber bei dieser Platte, weil ich noch nicht damit zurechtkam, ein engeres benutzt, sagen wir mal: ein für mich ungeeignetes, obwohl ich sehr flüssig damit spielen konnte.

»Animal Dance« war auch insofern von Bedeutung für mich, als mal ein gewichtiger amerikanischer Musiker etwas mit mir machte. Ich will nicht unterstellen, daß unsere Leute, zum Beispiel Horst Lippmann oder Fritz Rau, nicht gewußt hätten, wie sie mich einschätzen sollten, aber es war sicher nicht unwichtig, daß sie mal von einer anderen Seite einen Wink bekamen. Ein paar Monate später haben wir dann ja auch »Tension« aufgenommen, was durch die Initiative von Horst Lippmann zustandekam. Vielleicht hat »Animal Dance« ihm bei seinen Bemühungen mit CBS etwas geholfen.

Horst Lippmann Als Albert sein eigenes Quintett hatte, versuchte ich, Sigi Loch zu überreden, die Band herauszubringen, aber vergebens. Sigi Loch fing damals gerade an, für Philips Jazzplatten zu produzieren. Doldinger ja, Albert nein. Er war einfach nicht zu überzeugen. Man muß sich das mal vorstellen: Da gibt es ein Quintett aus Frankfurt, das eine total eigenständige Musik macht, die man mit keiner Musik irgendwo auf der Welt vergleichen kann. Für mich gibt es bis heute kaum ein europäisches Jazzensemble, das eine Qualität hatte oder hat wie dieses Quintett. Und die wollten diese Band nicht produzieren. Ich war dermaßen verärgert und wandte mich schließlich an Bernhard Mikulski, dem CBS gerade das Management für Deutschland übertragen hatte, in der Hoffnung, ihn überzeugen zu können, zudem ich wußte, daß er ziemlich freie Hand hatte. Mein Plan war, eine ganze Serie von Jazzplatten zu machen. Ich sagte ihm: Du hast kein Risiko, das Risiko liegt ganz bei mir. Du mußt nur die Platten herausbringen, aber genau so, wie ich das will. Und so habe ich 1962 angefangen, regelmäßig Platten zu machen. Die erste war »Tension«, benannt nach einer Komposition von Albert. Ich meine, daß das noch heute eine der besten Albert Mangelsdorff-Platten ist, und ich kann mir vorstellen, daß auch der Albert noch dazu steht. »Tension« wurde in zwei Tagen eingespielt, fast jedes Stück war *first take.* Wir wären sogar am ersten Abend fertig gewesen, wenn nicht diese komplizierte Baßlinie gewesen wäre, ein Ostinato in dem Titel »Varié«, womit Günter Lenz, der ja wirklich ein hervorragender Bassist ist, seine Probleme hatte. Albert ist fast verzweifelt. Für mich war es eigentlich in Ordnung, denn ich bin nicht der Ansicht, daß alles hundertprozentig stimmen muß. Wenn das Ambiente stimmt, kann man kleine Unstimmigkeiten durchaus in Kauf nehmen, das ist mein Credo. Ich würde auch einen Titel, der gut losgeht, nicht wiederholen, nur weil ein kleiner Fehler drin ist, wie das bei dem Haupttitel »Domicile du Jazz« der Fall war. Bei diesem Stück war die Kollektivimprovisation, die für die damalige Zeit etwas ganz Neues war, was es also auch bei Mingus noch nicht gab, unglaublich gut gespielt. Aber es war folgendes Mißgeschick passiert: Die Bläser, die zuerst ohne Rhythmus improvisieren und dann nach einer Pause wieder einsetzen, kommen einen Vierteltakt zu spät. Albert hat das Stück mehrmals wiederholt, weil er meinte: Was sollen denn die Kollegen denken, wenn die das hören? Das ist ein geflügeltes Frankfurter Wort, das nicht nur der

Albert sagt. Das sagen sie alle. Die Wiederholungen waren wohl auch gut, aber keine hatte die Spontaneität der ersten Version. Nach langem Hin und Her haben wir dann doch die erste Version genommen. Ich bin sicher, daß keiner der Kollegen gehört hat, daß das Stück einen Vierteltakt zu lang ist.

»Tension« ist damals in Deutschland besser verkauft worden als Miles oder Thelonious Monk. Ich bin überzeugt, wenn CBS werbemäßig mehr getan hätte, wäre das Albert-Mangelsdorff-Quintett kommerziell wesentlich erfolgreicher gewesen als es war. Philips hat das bei Klaus Doldinger gemacht, und der Erfolg hat ihnen recht gegeben. Gewiß, das Albert-Mangelsdorff-Quintett war für das normale Publikum ein harter Brocken, der schwerer zu verdauen war als Doldinger. Es bleibt auch die Frage, ob Albert diese Vermarktung je gewollt hätte. Daß es ihm heute finanziell gut geht, hat er einzig und allein sich selbst zu verdanken, und nicht der Werbung oder einem gerissenen Manager. Er hat sich durchgesetzt, was natürlich seine Zeit brauchte, besonders in Deutschland, denn nach hiesigen Maßstäben sollte ein Jazzmusiker spitzwegmäßig in einer kleinen Kammer hungern und gefälligst umsonst spielen, zur Freude einiger weniger, die ihn hören wollen. ■

Heinz Sauer Ich bin ein sehr kritischer Mensch und kann mich eigentlich mit nichts von dem, was ich damals gemacht habe, ganz identifizieren, in dem Sinn, daß ich sagen könnte: Das war's. Ich hatte zu der Zeit das Gefühl, noch weit, weit entfernt von dem zu sein, was ich mir vorstellte. Albert nehmen wir mal aus, er war eine einsame Figur. Ich selber war viel zu sehr damit beschäftigt, auf irgendeine Weise an mein großes Vorbild Coltrane heranzukommen. Alles, was ich getan habe, habe ich an ihm gemessen. Bis ich zu dem Entschluß kam, nur noch mich selbst zu spielen, hat es sehr lange gedauert. Insofern ist diese Zeit für mich mit einem hohen Maß an Unzufriedenheit besetzt, weshalb ich mich auch gar nicht in der Lage sehe, heute eine objektive Einschätzung der »Tension«-Platte oder der nachfolgenden vornehmen zu können, zumal ich mich gar nicht entsinnen kann, wann ich die zum letzten Mal gehört habe. Während ich, wie die meisten jungen Frankfurter Musiker, sehr viel Platten hörte, bevorzugt natürlich Coltrane, hat Albert das weniger getan. Er zog es zum Beispiel vor, Vögel auf Tonband aufzunehmen, was er als inspirierender empfand als das ständige Plat-

tenhören, das seiner Meinung nach dazu führte, daß man sich selbst verliert. Er hatte also eine ganz andere Herangehensweise, sich inspirieren zu lassen. Nun muß man allerdings in Betracht ziehen, ohne damit seine Leistung schmälern zu wollen, daß es für einen jungen Tenorsaxophonisten fast nicht möglich war, an Coltrane vorbeizukommen, zumal nicht für mich, denn es war nicht zuletzt der europäische Anteil in seiner Musik, der mich so faszinierte. Wenn ich in einem Interview mal gesagt habe, daß Albert es insofern leichter hatte, als die Posaune weit weniger durch Vorbilder belastet war als das Tenorsaxophon, dann meinte ich damit, daß er nicht in dem Maße Gefahr lief, sich einem fremden Einfluß auszusetzen wie ich, und nicht etwa, daß er es als Posaunist leichter gehabt hätte. Etwas anderes ist, daß das Instrument, für das sich Albert entschieden hat, zunächst einmal sehr viel schwieriger zu handhaben ist als das Saxophon. Wenn man allerdings auf ein bestimmtes Level vorgestoßen ist, kommt man bei jedem Instrument an Grenzen. Und wie man damit umgeht, ist eine ganz andere Sache. ■

»Voices, Noises, Lungs 'n' Tongues, Strings And Things«

Free Jazz

Es ist ein Irrtum anzunehmen, daß die meisten Free-Jazz-Musiker, die damals das Wort führten, ausgebrochen wären, denn sie waren nicht in etwas drin, aus dem sie hätten ausbrechen können. Das waren ja zum Teil Musiker, die von Harmonien und all diesen Dingen des konventionellen Jazz gar nichts wissen wollten. Ich schon, oder Manfred Schoof oder Alex von Schlippenbach, wir hatten dieses Fundament, aus dem wir ausgebrochen sind. Viele andere aber sind eher in etwas reingebrochen. Allerdings halte ich auch, was den Free Jazz angeht, das Können im konventionellen Sinn für nicht so entscheidend wie die Expressivität.

Manfred Schoof Die meisten, die in den Free Jazz reingebrochen sind, sind auch eingebrochen. Nur ganz wenige, die wirklich großen kreativen Spieler, haben etwas aufgemacht, so zum Beispiel Alexander von Schlippenbach, der als Spieler, aber vor allem als Komponist wichtige Neuerungen einbrachte. Und natürlich Peter Brötzmann, der vom traditionellen Jazz herkam. Ich habe oft mit ihm gespielt und immer festgestellt: Mit dem kann ich mich hinstellen und einfach anfangen zu spielen. Er hat unglaubliche Ohren, ich glaube, es gibt keinen, der so frei spielt und gut auf Mitspieler hören kann wie er. Das ist Brötzmanns Größe. Viele Leute nennen ihn einfach einen Krawallmacher, dabei ist er ein sehr sensibler Mann, der auch auf zarte Töne reagieren kann und ganz enorm etwas in Bewegung setzt, auch bei seinen Mitspielern. Natürlich ist er ein Macho-Saxophonist, aber nicht im negativen Sinn, sondern im Sinne von kraftvoll, einer, der, wenn er will, mit seiner Kraft nicht haushält, sondern sich total verausgabt, weil für ihn die Musik wichtiger ist als seine eigenen Kräfte. Das hat natürlich auch Albert, der ja sehr lange mit ihm gespielt hat, erkannt. ■

Die Free-Jazz-Musiker sind eine ganz gemischte Gesellschaft. Wenn ich beispielsweise an Peter Brötzmann denke, der ist so, wie er ist, und genau richtig so, wie er ist. Von dem würde ich nie erwarten und nie verlangen, nicht einmal denken würde ich, daß es gut wäre, wenn er sich in den Harmonien auskennte. Ich weiß nicht einmal, ob und inwieweit er da Bescheid weiß. Das ist auch bei einem, der so eine Figur ist, völlig unwichtig. Es gibt aber auch einige, von denen ich mir schon wünschen würde, sie wüßten, wie das andere gemacht wird.

Man kann durchaus sagen, daß die freien Spielweisen in Europa in stärkerem Maße betrieben wurden und auch ein stärkeres Interesse fanden als in den USA. Trotzdem darf man nicht verkennen, daß doch einiges Richtungweisende von drüben kam, nehmen wir Coltrane oder Ornette Coleman oder auch dieses tolle Trio mit Jimmy Giuffre, Gary Peacock und Paul Bley, das es schon in der Anfangsphase gab, oder auch Steve Swallow. Das waren Musiker, die aus der Jazztradition kamen. Giuffre zum Beispiel war schon in den 40er Jahren als Tenorsaxophonist in der Woody Herman Band ein bekannter Mann. Diese Leute standen uns, die auch wir aus der Jazztradition kamen, sicherlich näher als viele hierzulande, die, ohne sich viel Gedanken darüber zu machen, was Jazz ist und was nicht, einfach in den Free Jazz eingestiegen sind. Es gab also schon sehr unterschiedliche Herangehensweisen. Bei vielen Europäern, aber auch bei Amerikanern, die sich damit beschäftigten, habe ich doch Zweifel, ob sie eigentlich das, was man Jazzfeeling nennt, inklusive swing, überhaupt hatten. Das sagt jetzt gar nichts über Qualität, aber nicht immer konnte man oder kann man Musik, die unter dem Rubrum Free Jazz entstanden ist, auch wirklich unter Jazz einordnen. Viele wollten das auch gar nicht, »Improvisierte Musik« oder »Improvisierte Komposition« oder wie immer das genannt wurde, war ihnen als Bezeichnung viel wichtiger als »Jazz«. Viele wehrten sich sogar dagegen, ihre Musik Jazz zu nennen. Es war ja auch so, daß nicht wenige von der E-Musik kamen und mit Jazz nie was im Sinn hatten.

Carlo Bohländer Der Albert hat etwas, was Brötzmann und diese Leute überhaupt nicht vorweisen können, soweit ich das beurteilen kann, er kann normal spielen. Er ist in allen Stilarten des Jazz erfahren, und das sind die meisten Freien nicht. Er hat sich für die prämodernen Stilarten wohl nicht interessiert, aber er hat sie beherrscht. Wichtig ist, daß man weiß, wo man herkommt, und das weiß er. ■

Quartier Latin, Berlin, 1973: Günter Christmann, Gerd Dudek, Tristan Honsinger, Albert Mangelsdorff, Michel Pilz, Evan Parker, Han Bennink

Es war nicht so, daß Free Jazz für mich etwas gänzlich Neues gewesen wäre. Schon bevor es die Bezeichnung gab, habe ich das tägliche Üben meistens mit freiem Improvisieren begonnen. Auf die Art sind auch viele Stücke entstanden. Wenn mir eine Linie gefiel, habe ich sie notiert und später harmonisiert.

Schon zu Zeiten, als ich noch in der Joe-Klimm-Band war, haben wir öfter mal in der Probe frei improvisiert, also ohne uns an Harmonien zu orientieren. Ausgelöst wurde das durch ein kurzes, circa dreiminütiges Stück aus der Tristano-Schule, mit dem Titel »Intuition«, das uns sehr inspiriert hat. Wir haben aber nie gewagt, das vor einem Publikum zu machen. Von daher war Free Jazz eine sehr willkommene Sache für mich.

Emil Mangelsdorff Ich kenne »Intuition«, fast würde ich sagen: Ton für Ton. Vermutlich sieht man das Stück noch immer als das erste

Free-Jazz-Stück an. Inwieweit da eine Konzeption vorgegeben war, läßt sich schwer sagen. Vielleicht haben sie zwei, drei Stunden gespielt und es hat sich wie von selbst ein Feeling herauskristallisiert, aus dem sich das Stück entwickelt hat. Für uns, die wir das damals hörten, war »Intuition« so etwas wie »Zukunftsmusik«. Wohl haben wir immer mal wieder versucht, in der Art zu spielen, es aber nicht ernsthaft betrieben. ■

Die erste Berührung mit Free Jazz hatte ich durch Manfred Schoof, der mich eingeladen hatte, als Gast in seinem Quintett mitzuspielen. Die spielten wohl nicht ausschließlich, aber doch einen großen Teil des Konzerts frei. Das war eigentlich das erste Mal, daß ich auf der Bühne frei improvisierte.

Manfred Schoof Mit dem Gunter-Hampel-Quintett hatten wir die ersten Gehversuche gemacht, den freien Jazz nach Europa zu bringen. Wir versuchten, serielle Stücke zu machen, Intensitäts- und Klangfarbenmelodien, Dichtegrade – Begriffe aus der zeitgenössischen Musik, die in das Vokabular der neuen Jazzmusik einflossen. Das war nach einer Phase, in der der funktional-harmonische Jazz seinen Höhepunkt hatte. Nehmen wir als Beispiel Coltranes »Giant Steps«, ein Stück, das in einem sehr schnellen Tempo über möglichst viele Harmonien gespielt wurde. Irgendwann gingen einem diese vielen Harmonien auf den Wekker. Man kam, was auch heute wieder der Fall ist, zu einer Art »neuer Einfachheit«. Man begann, nur noch über eine Harmonie zu spielen, und merkte dabei, daß man da genauso viel machen kann. Das war etwas, was den Weg frei machte in die neue Richtung, in ein neues Denken, und da war Albert schon dabei, der damals mit seinem Quintett Stücke wie »Es sungen drei Engel« spielte, bei denen die Modalität ins Spiel kam. Die Modalität war ja eigentlich die Vorstufe zum Free Jazz.
Wir haben tabula rasa gemacht, alles weggewischt, was vorher war. Nur noch das Neue im Sinn, gingen wir die Sache – heute würde ich sagen – sehr hektisch an. Man bekam ja als Schlagzeuger schon einen roten Kopf, wenn man nur ein Anzeichen von *time* spielte. Albert hingegen ging das ruhig an, Schritt für Schritt, was wahrscheinlich daran lag, daß er schon viel mehr gemacht hatte als wir. Er hatte ja schon mit namhaften Amerikanern in allen möglichen Formationen gespielt. Das fiel in die Zeit, als sich das Gunter-Hampel-Quintett aufgelöst hatte und ich

das erste klassische Schoof-Quintett mit Gerd Dudek und Alex von Schlippenbach gründete, das sich noch intensiver und klarer mit der neuen Stilform auseinandersetzte. Damals haben wir oft und gerne den Albert dazugeholt. Im Nachhinein würde ich meinen, daß ihm das wahrscheinlich geholfen hat, seinen Weg noch konsequenter zu verfolgen. ■

Kurz danach bin ich beim New Jazz Meeting, das der Südwestfunk alljährlich in Baden-Baden veranstaltet, mit Brötzmann zusammengetroffen. Dort kam zum Beispiel die Idee auf, mal ein Duo aufzunehmen. Solche Begegnungen wurden immer häufiger, da auch immer mehr Free-Jazz-Musiker auf der Bildfläche erschienen sind. Gegen Ende der 60er Jahre ließ ich mich denn auch, auf Einladung von Alexander von Schlippenbach, dazu bewegen, im Globe Unity Orchestra mitzumachen, das sich ja zu einer ziemlich erfolgreichen Band entwickelte. In dieser Band zu spielen hat mir immer sehr viel Freude gemacht. Wo gab es schon eine so große Besetzung, die so frei spielte? Wohl standen immer zwei Aspekte im Raum: Sollten wir konzipierte und arrangierte Musik machen oder totalen Free Jazz? Es ergab sich aber, daß die total freien Konzerte weit überwogen, was für mich und die meisten der Kollegen auch viel interessanter war. Ohne Noten war man auch – wir spielten zumeist akustisch, es gab lediglich ein Solistenmikrophon – nicht an einen festen Platz gebunden. Man konnte sich frei auf der Bühne bewegen, mit den verschiedenen Kollegen musikalisch in Kontakt treten, obwohl es natürlich bei dieser Musik äußerst wichtig ist, möglichst alles zu hören, was auf der Bühne passiert. Am liebsten stand und stehe ich bei Paul Lovens, dem Schlagzeuger, ein Mann, der unheimlich losgeht und durch seine Spielweise enorm inspirierend ist.

Manfred Schoof Das erste Mal, daß wir uns mit dem Schoof-Quintett einem größeren Publikum stellten, war, glaube ich, 1966 auf dem Frankfurter Jazzfestival. Ich weiß noch sehr genau, daß Albert bei unserem Auftritt hinten an der Wand stand, zusammen mit Attila Zoller. Wir sahen ihn in einer Mischung aus Freude und Herzklopfen dort stehen und waren natürlich froh, daß er sich das anhörte. Das war die Phase, in der Albert, sagen wir mal: nachdachte, was er damit machen könnte. Zu der Zeit tauchte auch Peter Brötzmann mit seinem Trio auf. Der spielte überhaupt keine Themen mehr. Brötzmann wurde später ein

Mit Han Bennink und Peter Brötzmann, 1971

ganz wichtiger Spielpartner für Albert, etwa 1970, als Alberts Quintett sich aufgelöst hatte. Das war, als Brötzmann mit Han Bennink und Fred van Hove eine ganz phantastische Gruppe hatte, die nur noch improvisierte Musik machte.

Mit Beginn der 60er Jahre, als Ornette Coleman auftauchte, hatten wir anfangs schon gewisse Vorbehalte gegen sein Plastiksaxophon, die wir aber bald aufgaben, nachdem wir uns klargemacht hatten, daß schließlich nur entscheidend ist, was da rauskommt. Seiner Musik lagen ja immer noch Themen zugrunde, wenn sie auch manchmal improvisiert klangen, stilistische Fragmente, melodische Fetzen, die er auf eine ganz neue Weise spielte. Das war es, was die Kreativität der Musiker angeregt hat, denn hier erkannte man: Das ist etwas, aus dem man für sich etwas herausholen kann, Dinge machen kann, die ganz neue Seiten zeigen, durch die man ein neues Selbstverständnis gewinnen und eine neue Selbständigkeit offenbaren kann. Natürlich hat das auch Albert inspiriert. Generell würde ich sagen: Er war nie jemand, der irgendwas strikt abgelehnt hätte. Er überlegt immer, damals wie heute, wenn er ein Urteil fällt: Was ist da gut und wichtig dran, und geht langsam und überlegend rein, um herauszufinden, was er auf seine Art damit machen kann. So würde ich ihn als Freund sehen, der ihn schon ewig lange kennt. ■

Aus Anlaß des ersten Platzes, den das »Globe« 1980 in der Kategorie »Talent Deserving Wider Recognition« des »Down Beat« belegte, machten wir eine kleine Tournee in den USA, unter anderem hatten wir einen Auftritt auf dem Chicago Jazz Festival und in der Town Hall in New York. Zu dem Konzert in der Town Hall fällt mir eine kleine Geschichte ein. Wir sollten um 18 Uhr vom Hotel abgeholt und in die Town Hall gebracht werden. Aber es kam niemand. Als die Abholung schließlich eine Stunde überfällig war, beschlossen wir, die U-Bahn zu nehmen. George Lewis, der in New York lebte und sich auskannte, führte uns zur nächsten Station. Es kam auch gleich eine Bahn, und wir stiegen ein. Nur Gerd Dudek, dessen Angewohnheit es ist, immer so ein bißchen verträumt durch die Gegend zu schlendern, wäre fast nicht mehr mitgekommen. Im letzten Moment, als sich die Türen schon schlossen, schaffte er es gerade noch, mit einem Sprung in den Wagen zu kommen. Das Mißliche war, daß dabei seine Tasche eingeklemmt wurde. Unsere Versuche, die Schiebetüren mit Kraft aufzubringen, waren vergeblich. Schließlich halfen noch Leute, die auf dem Bahnsteig standen, mit. Also es dauerte bestimmt fünf Minuten, bis wir die Tasche endlich befreit hatten und der Zug abfahren konnte, der ja aus Sicherheitsgründen erst dann losfährt, wenn alle Türen geschlossen sind. Ich saß genau gegenüber dieser Tür. Und wie ich noch einmal so hinschaue, sehe ich auf dem Türrahmen, genau auf der Höhe, wo Gerds Tasche eingeklemmt war, einmal links und einmal rechts, mit roter Ölfarbe hingemalt, in 5 bis 6 cm großen Lettern: DUDEK. Den Gerd hat das ganz schön aufgewühlt. Man muß sich das mal vorstellen, da passiert einem ein Mißgeschick in einer Millionenstadt und genau am Ort des Geschehens liest man seinen Namen.

Durch die vielen Begegnungen mit Brötzmann im Duo, dem Globe Unity Orchestra und dem Brötzmann/van Hove/Bennink-Trio erweiterte sich die Ausdrucksweise ganz wie von selbst. Auf der Bühne sind Dinge entstanden, die ich nie geübt und über die ich mir nie Gedanken gemacht hatte. Die waren plötzlich da. Auch das mehrstimmige Spielen entstand eigentlich, indem ich beim freien Improvisieren etwas gemacht habe, wo die Stimme mit dazu kam. Erst im Nachhinein erkannte ich, daß man damit noch mehr machen kann. Für mich bedeutete das freie Spielen eine immense Erweiterung meiner Ausdrucksmöglichkeiten, die zum Teil auch die normale, also konventionelle Spielweise beeinflußten. Die meisten Dinge, die damals spontan entstanden, sind ja auf Schallplatte dokumentiert. Allein mit dem Brötzmann/van Hove/Bennink-Trio gibt es vier Platten. Mit der Zeit haben sich auch *licks* ergeben, ähnlich wie im konventionellen Jazz, die dann wieder von anderen Musikern aufgegriffen wurden.

Nachdem Günter Kronberg ausgestiegen war, waren wir uns irgendwann einig, auf Themen ganz zu verzichten und nur noch frei zu improvisieren. Das war noch in der Besetzung mit Ralf Hübner und Günter Lenz, also bevor Peter Giger und Buschi Niebergall einstiegen. Ich kann mich gut erinnern, daß es auf einer Tournee in Finnland war, als wir uns während des Soundchecks darauf einigten, keine Stücke mehr zu spielen. Lassen wir doch mal die Themen ganz sein und versuchen wir, auf der Bühne spontan zu komponieren. Das haben wir dann ja eine ziemlich lange Zeit gemacht.

Günter Lenz Mit der Zeit spielten wir immer freier. Das kann man ja alles auf den Platten hören. Irgendwann kam dann der Punkt, daß Günter Kronberg das nicht mehr mitvollziehen wollte. Er hatte seine Stilistik gefunden, einen wunderschönen Ton und eigene Phrasierungen, und das wollte er nicht aufgeben. Das war ein wahnsinnig harter Prozeß damals, besonders für Albert, der ja irgendwann seine Meinung durchsetzen mußte, was ihm gar nicht so liegt.
Ab 1967 spielten wir als Quartett. Jetzt konnten wir noch weiter herausgehen, schrittweise in den Free Jazz hinein. Die Harmonik wurde aufgelöst, wir spielten nur noch Klangzentren, auch der Rhythmus wurde immer mehr aufgelöst. Die Entwicklung ging dahin, daß wir irgendwann überhaupt kein Thema mehr gespielt haben. Dadurch, daß wir so lange zusammen waren, jeder den anderen kannte, konnten wir ganz einfach

Das Globe Unity Orchestra mit Steve Lacy

auf die Bühne gehen und frei wegspielen, ohne Absprache, was natürlich eine Sache war, die immer von der Tagesform jedes einzelnen abhängt, wie man sich fühlt, was auf der Fahrt passiert ist und so weiter, das sind Faktoren, die einfach mit ins Spiel kommen. Wenn wir einen glücklichen Tag gefunden haben, war das eine sprudelnde Sache, dann sind phantastische Dinge passiert. Wenn die Atmosphäre nicht so war, war tote Hose, beispielsweise ein Konzert in der Aula einer Schule, wo das Ambiente ganz einfach nicht gestimmt hat. Niemand konnte dann eine Idee, die einer angespielt hatte, weiter ausführen, was ansonsten eine Leichtigkeit für uns war. Wir haben auf totales Risiko gearbeitet. Das war die Zeit zwischen 68 und 70, als sowieso alles im Umbruch war. Unsere Musik war ja, wenn man so will, auch ein Protest gegen die Gesellschaft, gegen alle die, denen es wahnsinnig gut ging, die krankmachen und feiern konnten, der Staat hat's ja bezahlt, es war ja genügend Geld da. Entsprechend haben sich die Leute auch verhalten, saßen unheimlich auf dem hohen Roß, während wir noch immer herumknapsen mußten. Man hat uns ja sogar verweigert, in die gesetzliche

Krankenkasse zu gehen; wir mußten uns privat versichern. Der soziale Aspekt war schon besonders hart. Protest war ja auch, daß wir ganz einfach kein Thema mehr gespielt haben. Gottseidank hatten wir Zuhörer, die das verstanden haben. Ansonsten wäre das sinnlos gewesen. Wenn du gegen eine Mauer spielst, kommst du ja nicht weiter mit deinen Ideen.
1972 verließ ich die Band und ging zu Edelhagen. Man hatte sich sozusagen auseinandergelebt, immerhin hatten wir 12 Jahre Ehe hinter uns, wenn man so will. Da bleiben Abnutzungserscheinungen nicht aus. Edelhagen, der damals die beste deutsche Bigband hatte, kam schon 1969 mit einem Angebot auf mich zu, das ich aber abgelehnt hatte. Jetzt, als dann nochmal ein Ruf kam, habe ich angenommen. Wohl wußte ich, daß das Orchester in den nächsten Jahren aufgelöst würde, dachte aber, daß die Bigband eine neue und interessante Erfahrung für mich sein könnte, was sich auch bestätigt hat. Heute kommt mir das, da ich relativ viel für die NDR-Bigband arrangiere, sehr zustatten. ■

Damals waren wir mal in einem Club in Düsseldorf engagiert. Das war zwar kein Jazzclub im eigentlichen Sinn, eher eine Disco, aber der Besitzer und ein paar seiner Freunde waren Jazzinteressierte, die sich ab und zu mal einen Jazzabend leisteten. Nachdem wir das erste Stück gespielt hatten, kam der Besitzer zu uns auf die Bühne und meinte, wir würden ja Free Jazz spielen. Das wäre es nicht, was er und seine Freunde erwartet hätten. Sie hätten eher an etwas in Richtung Klaus Doldinger gedacht. Er zahlte uns das Geld aus und schickte uns nach Hause.

Etwas ähnliches passierte in Rheda. Dort gab es einen recht rührigen Jazzclub. Irgendwer hat mir mal erzählt, wie es zu diesem Club kam. Die Veranstalter hatten ursprünglich gar nichts mit Jazz im Sinn. Sie waren ein Kegelverein, der jedes Jahr eine Reise machte. Einmal waren sie in Berlin und gerieten eher zufällig in die »Eierschale«, einen damals sehr bekannten Jazzclub. An dem Abend spielte Johannes Rediske. Die Musik muß ihnen sehr gefallen haben, denn sie freundeten sich mit Rediske an und beschlossen, aus dem Kegelclub einen Jazzclub zu machen. Wir waren mit dem Quintett für ein Konzert engagiert. Ich kann mich noch gut daran erinnern, daß Gerd Dudek für Heinz eingesprungen war, der krankheitshalber verhindert war. Nach dem ersten Stück war keine Reaktion festzustellen, kein Beifall, kein Protest, nichts. Aber kaum hatten wir das zweite Stück gespielt, standen plötzlich die maßgeblichen Leute des Clubs auf und gingen unter lautem Geschimpfe raus. Es wäre eine Zumutung, ihnen eine solche Musik anzubieten. Dabei war das nicht einmal purer Free Jazz. Wohl gab es ein paar freie Stellen und auch mal eine Kollektivimprovisation zwischendurch, ansonsten aber war es unsere damalige Quintett-Musik, die ja durchaus noch im tonalen Bereich lag.

Heinz Sauer Wir haben oft Krach mit dem Publikum bekommen, weil wir meistens unpünktlich angefangen haben. Das hatte allerdings weniger mit Unpünktlichkeit zu tun als mit der Angst vor dem ersten Ton. Es ging immer darum: Wer spielt den ersten Ton? Diese Angst, daß man auf der Bühne steht und es fällt einem nichts ein, führte dazu, daß man den Anfang immer noch ein bißchen rauszögerte, bis es halt nicht mehr ging. Ja, und dann kamen vier Leute auf die Bühne, erst mal zu spät, und dann hob noch das große Schweigen an. Meistens war es Albert, der den ersten Ton spielte, und damit hatte er natürlich auch den Verlauf bestimmt. Er hatte also konsekutiv angeregt, und jetzt mußte reagiert werden. Es war schon ziemlich verrückt, diese Angst vor dem ersten Ton. ■

Für mich hatte das freie Spielen sogar die Konsequenz, daß mir das Stückeschreiben völlig müßig erschien. Ich konzentrierte mich nur noch darauf, auf der Bühne zu komponieren. Das darf man sich nun nicht so vorstellen, daß man mit ein paar Linien auf die Bühne gegangen wäre, um sie auszukomponieren. Man ging wirklich mit nichts auf die Bühne und komponierte etwas aus dem Stand heraus. Das war schon eine unheimlich aufregende Zeit. Man verplempert natürlich, wenn man es so total macht, sein Talent, gute Stücke zu schreiben, was man im Nachhinein fast eine Dummheit nennen muß. Aber das Neue und die tollen Dinge, die auf diese Weise enstanden sind, ließen einen gar nicht darüber nachdenken. Man war ganz schön euphorisch.

In der freien Improvisation hängt es immer davon ab, mit wem man spielt. Mit guten versierten Musikern, wie mit den Kollegen im Quartett oder mit Brötzmann und Bennink, konnte man tolle spontane Kompositionen liefern. Beides klang auf seine Weise interessant. Oder mit Attila Zoller. Mit ihm gibt es eine Duo-Aufnahme, die sich wie durchkomponiert anhört, tatsächlich aber frei entstanden ist. Ich bin mit ein paar Tönen eingestiegen, auf die Attila sofort eingegangen ist. »Outox« heißt das Stück, das auf der Platte »Albert And His Friends« ist. Es war inclusive Soundcheck, in der Duo-Besetzung gibt es ja keine großen technischen Probleme, in etwa zwanzig Minuten auf dem Band. Wir haben uns das angehört und sind uns in die Arme gefallen. Es kommt halt sehr darauf an, mit wem man spielt. Wenn das Leute sind, die aufeinander eingehen können, kann immer gültige Musik herauskommen. Bei manchen Mitspielern ging man allerdings unbefriedigt von der Bühne. Wenn Partner nur ihren Stiefel abspielen, und dann, wenn man etwas von sich selber geben will, alles, was man an Ideen gibt, nicht ankommt, dann hat man aneinander vorbeigespielt.

Attila Zoller Mit Albert habe ich mich im Duo immer sehr wohl gefühlt, denn mit ihm war es nie so, daß einer spielt und der andere begleitet. Es war immer ein kollektives Spiel, bei dem einer dem anderen auch zugehört hat. An ein Stück, das wir für die Platte »Albert And His Friends« aufgenommen haben, erinnere ich mich besonders gern. Das Stück heißt »Outox«. Albert spielte ein ganz kurzes Thema an, damit war auch schon das Arrangement zuende und wir haben es zusammen weitergesponnen. Wir hätten an diesem Tag eine ganze Duo-Platte alleine machen können. Nachdem wir mit »Outox« fertig waren, sind wir rausgegangen in die Pause und haben einen dicken Joint geraucht. Wir wollten jetzt das gleiche wiederholen: »Intox«. Diese Aufnahme ist aber in die Hose gegangen. Der Albert hörte plötzlich zu spielen auf. Also die Konzentration war im Eimer – »no shit!«. Ich erinnere mich, daß ich einfach so dahingeschwommen bin und zwischendurch immer mal gedacht habe: Wo ist der Albert? Warum spielt er nicht? Als ich irgendwann meine Augen aufmachte und ihn fragte: Warum spielst du nicht?, sagte er: Na ja, du hast so schön gespielt, daß ich dir halt zugehört habe. Wahrscheinlich habe ich aber Scheiße gespielt.

Das letzte Mal, daß wir miteinander gespielt haben, war vor fünf, sechs Jahren in Tübingen. Joachim Ernst Berendt brachte uns zusammen, Albert, Hans Koller und mich. Es war Joes letzte Produktion für den Süd-

Mit Buschi Niebergall und Peter Kowald, Quartier Latin, Berlin, Mitte der 70er Jahre

Attila Zoller

westfunk. Er hatte wohl gedacht: Es wird genauso sein wie vor dreißig Jahren. Es war aber nicht so. Albert spielte in diese Richtung und Hans in jene Richtung, und ich hing dazwischen. ■

Die unangenehmste Form des Aneinander-Vorbeispielens ist das, was man in Amerika »battle« nennt und auch hierzulande von Produzenten und Kritikern nicht ungern gesehen wird. Ich habe das immer sehr verabscheut. Es wäre mir nie in den Sinn gekommen, mich als Konkurrent eines Mitspielers zu empfinden. Zusammenspielen sollte immer das Ziel haben, durch gegenseitiges Inspirieren etwas Gemeinsames entstehen zu lassen. In den USA werden die Musiker zum Teil richtiggehend aufeinander gehetzt. Mit der Zeit unterliegen dann viele der Vorstellung, den anderen runterspielen zu müssen. Ich habe erlebt, daß man, speziell in Formen, in denen viel Freiheit herrscht, versucht hat, den anderen nicht richtig zum Spielen kommen zu lassen. Mir ist es einige Male passiert, daß Mitspieler gar zu stören versuchten, selbst da, wo ich als Solist im Vordergrund stand. Ich glaube nicht, daß dieses unfruchtbare Konkurrieren, das meistens auf technische Wichtigtuerei hinausläuft, dem Publikum besonders imponiert. Und selbst wenn es die Erwartungshaltung des Publikums wäre, sich gegenseitig niederzuspielen, muß man dem nicht entsprechen. Man kann doch versuchen, die Erwartungshaltung zu verändern, indem man zusammen etwas musikalisch Überzeugendes macht.

Viele Begegnungen sind auch insofern unbefriedigend verlaufen, als es nicht geswingt hat. Der swing ist nun mal ein Wesenselement des Jazz, und diesbezüglich hat es beim Free Jazz sehr oft gehapert. Vielleicht hatte ich mich auch ein bißchen zu tief in dieses Feld hineingewagt. Es kam denn auch immer öfter vor, daß ich von sogenannten E-Komponisten engagiert worden bin, um in einer Musik mitzumachen, die zwar improvisiert wurde, die aber kein bißchen mehr swingte. Irgendwann sagte ich mir: Also wenn Free Jazz, dann muß er swingen. Diese Haltung habe ich auch innerhalb des Globe Unity Orchestra, und zwar nicht nur auf der Bühne sondern in Diskussionen, immer wieder vertreten. Ich denke da nicht an 1-2-3-4, ich denke an rhythmische Spannungen innerhalb von Abläufen.

Für mich war und ist der Free Jazz die logische Konsequenz in der Entwicklung des Jazz. Frei, freier, am freiesten. Frei auch von Dogmen, er kann atonal sein, tonal, harmonisch, nicht harmonisch. Auch Kakophonie ist ein musikalisches Ausrucksmittel. Ich denke, erst wenn man spontan alle Möglichkeiten nutzen kann, ist man wirklich frei. Ich möchte den Free Jazz auch heute nicht missen. Nur möchte ich mich nicht in ein Ghetto begeben, sondern alle Möglichkeiten, die heutzutage der Jazz bietet, nutzen.

»Street Of Loneliness«
Mehrstimmigkeit und Solospiel

Nachdem ich einmal angefangen hatte, mich ernsthaft mit dem mehrstimmigen Spiel auf der Posaune zu beschäftigen, war mir sehr schnell klar, welche neuen Möglichkeiten das dem Horn eröffnet, was es bedeutet, ein Instrument, das an sich Linien spielt, zu einem Instrument zu erweitern, auf dem sich Harmonien spielen lassen. Damals ahnte ich noch nicht, ich hätte es wahrscheinlich auch gar nicht für möglich gehalten, wie sich das noch explorieren ließe. Daß es sogar möglich sein würde, polyphon zu spielen, also gegenläufige Linien von geblasenem und gesungenem Ton, hätte ich mir nun mal gar nicht vorstellen können. Wohl ist im polyphonen Bereich nicht alles, aber doch sehr vieles möglich.

Aber schon die ersten Stücke wie »Yellowhammer«, das 1972 auf meiner ersten Soloplatte »Trombirds« erschien, waren eine riesige Erweiterung. Das läßt sich nun mal nicht bestreiten. Also ich war meiner Sache sehr sicher. Niemand hätte mich da beirren können.

Es gab schon Stimmen, die sich nicht gerade zuträglich geäußert haben. So hat Kai Winding im »Down Beat« auf die Frage, was er von meinem mehrstimmigen Spiel halte, geantwortet, das sei ein *gimmick.* Wie wir zusammen die Platte »Trombone Summit« gemacht haben, und ich mit Bill Watrous in dem Stück »Mississippi Mud« mehrstimmig spielte, hat er das revidiert und sich quasi entschuldigt. Er hätte nicht gedacht, daß man so schöne Dinge damit machen kann. Er hatte gemerkt, daß das ein herzhaftes Ausdrucksmittel ist und kein *gimmick.* Wahrscheinlich hatte man ihn angesprochen, bevor er mich gehört hatte. Wenn es bis dato jemand gemacht hatte, war es ja wohl auch ein *gimmick.*

Erfunden habe ich das mehrstimmige Spielen nicht. Es gibt zum Beispiel eine Stelle in einem Waldhornkonzert von Carl Maria von Weber, wo es angewendet wird. In der zeitgenössischen E-Musik taucht die Kombination Stimme und Horn auch manchmal auf, zum Beispiel bei Berio, aber wohl mehr als Klangfarbe, nicht als definierbare Akkorde. Auch mein Lehrer Fritz Stähr hat mir mal einen einfachen Choral mehrstimmig vorgespielt. Ich fand das damals ganz nett, aber ein Ausdrucksmittel für mich habe ich nicht darin gesehen. Sogar im dritten Band meiner Posaunen-Schule war es als Technik aufgeführt. Nun hatte ich aber schon Mitte des zweiten Bands mit dem Unterricht aufgehört. Ich hatte also weder eine Anleitung noch ein Vorbild, sondern habe das mehrstimmige Spiel, wenn man so will, für mich neu erfunden. Bis dahin war die Mehrstimmigkeit ja auch keineswegs exploriert. Das was bekannt ist, zum Beispiel diese Stelle in dem Weberschen Waldhornkonzert, ist doch sehr einfach und weit entfernt von dem, was ich dazugebracht habe.

Emil Mangelsdorff Daß Albert die Mehrstimmigkeit entwickelt hat, hat sicher auch damit zu tun, daß der Jazz dem Instrumentalisten weit mehr Chancen gibt, sich als musikalisches Individuum zu entwikkeln, als jede andere Musik. Ich kann mir nicht vorstellen, daß das einer vor hundert Jahren hätte machen können, oder anders gesagt: So etwas ist nur da möglich, wo es die Musik erlaubt, frei von Noten improvisatorisch tätig zu sein. ■

Es war natürlich sehr viel Kleinarbeit zu leisten. Die Stimme war zu trainieren, um sie zu kräftigen, auch die Intonation mußte und muß noch heute täglich geübt werden, ich war ja nie ein Sänger. Schon von daher mußte sehr viel getan werden; ganz abgesehen von der Koordination des gesungenen Tons mit dem geblasenen Ton, was nicht gerade ein einfacher Vorgang ist. Der geblasene Ton wird dadurch erzeugt, daß die Luft die Oberlippe zum Vibrieren bringt, wobei durch den Luftdruck eine winzige Öffnung zwischen den Lippen entsteht. Gleichzeitig muß der gesungene Ton durch diese Öffnung ins Mundstück hinein. Geht der gesungene Ton durch die Nase, wie es manche Posaunisten machen, klingt das nie wirklich kompakt, und es entstehen auch kaum Obertöne.

Ganz kurz nachdem ich damit begonnen hatte, waren wir 1971 für das Goethe-Institut mit den »German All Stars« auf einer Asien-Tournee.

Da Wolfgang Dauner ein Tonbandgerät dabei hatte, bat ich ihn, mich doch mal aufzunehmen. Zuvor hatte ich mich mehrstimmig noch nicht auf Band gehört. Ich habe ein paar ganz einfache Akkorde gespielt, Quinten, Sexten, Septimen, ich war ja wirklich noch ganz am Anfang. Nachdem ich das aber vom Band gehört hatte, wußte ich: Da kannst du was mit machen.

Beim nächsten Frankfurter Jazzfestival begegnete ich Joachim Ernst Berendt, der mir erzählte, daß er im Rahmenprogramm der Olympischen Spiele in München ein Konzert ausschließlich mit Solisten plane. Obwohl es gar nicht meiner Art entspricht, da ich normalerweise alles meinem Manager überlasse, habe ich spontan gesagt: Da möchte ich mitmachen. Er hat mir auch gleich zugesagt. Das wurde mein erster Auftritt als Solospieler. Unter anderen waren Gary Burton und Chick Corea dabei, aber als Hornspieler war ich der einzige.

H. Werner Wunderlich Wahrscheinlich habe ich auf Alberts Solospiel reagiert wie die meisten Kritiker oder Konsumenten – erstaunt. Denn es war ja damals keineswegs alltäglich, daß sich ein Musiker allein hinstellt und Solo spielt. Das fing um diese Zeit an, und Albert hat da eine wesentliche Starthilfe geleistet. Wir waren alle sicherlich skeptisch. Gut, Solo-Piano, Solo-Gitarre, also Akkordinstrumente, das konnte man sich vorstellen, aber Saxophon oder gar Posaune, und das nicht nur für ein einziges Stück, sondern für ein ganzes Programm, das war schon etwas Ungewöhnliches. Aber ich glaube, jeder von uns ist sehr schnell von Albert überzeugt worden, daß das zwar ungewöhnlich ist, aber dennoch etwas, das künstlerisch sehr, sehr viel in sich haben kann und ausbaufähig ist. Albert ist für mich, seit ich ihn zum ersten Mal Solo gehört habe, und das war in München, der kompetenteste Solist. ■

Innerhalb der Band mehrstimmig zu spielen, sah ich anfangs überhaupt keine Möglichkeit. Ich war noch nicht in der Lage, mich selber hören und kontrollieren zu können. Das kam erst ein paar Jahre später, als wir die Platte »Birth Of Underground« machten, was allerdings noch relativ primitiv war. Ich spiele da einfache Akkorde, über die die Improvisationen der anderen laufen. Wo ich die Mehrstimmigkeit zum ersten Mal richtig ins Bandspiel einbringe, ist auf der Trio-Platte »Wide Point«, mit Elvin Jones und Palle Danielsson. Von da an ging es konsequent weiter. Ich kam dann auch dahinter, daß ich innerhalb der Band eine erheblich bessere Kontrolle habe, wenn ich mir ein Stück Watte ins Ohr stopfe. Ich konnte mich erinnern, daß Ella Fitzgerald sich während des Singens öfter mal ein Ohr zuhielt. Dadurch schirmt man das Ohr ein bißchen nach außen ab und man hört gleichzeitig seine Stimme sozusagen im Kopf. Mit der Watte konnte ich den gleichen Effekt erzielen. Das war sehr hilfreich. So kamen immer mehr Erfahrungen dazu, nicht zuletzt wurde die Stimme kräftiger und die Koordination des gesungenen mit dem geblasenen Ton verbesserte sich. Die Entwicklung wird auf »A Jazz Tune I Hope« deutlich nachvollziehbar. Von da an konnte ich ganz zwanglos mit der Band mehrstimmige Stücke spielen. Mittlerweile ist das überhaupt kein Problem mehr, obwohl es natürlich Stücke gibt, die eigentlich nur Solo gehen.

Mit den Solokonzerten fing es an, nachdem ich »Trombirds« herausgebracht hatte. Anfänglich waren es einzelne Auftritte, erst viel später, ab 1979, weitete sich das zu ganzen Tourneen aus. Oft war ich vierzehn Tage unterwegs und hatte jeden Abend einen Auftritt. Eine so lange Tour ist schon eine ziemliche Anstrengung, wobei weniger der Ansatz das Problem ist als die physische Kraft, die man sich jeden Abend abverlangt. Man steht das nur durch, wenn man sich tagsüber schonend vorbereitet. Üben kann ich dann nicht in dem Maße, wie ich es mir wünsche und wie ich es gewohnt bin, aber ganz ohne geht auch nicht. Das übliche Maß, um gut vorbereitet zu sein, ist eine Stunde.

Es kam allerdings schon in den Anfängen vor, daß ich mehrere Abende hintereinander aufgetreten bin, zum Beispiel im »Domicile« in München, und pro Abend vier oder sogar fünf Sets spielte. Zwar waren die Sets etwas kürzer als heute, in der Regel spiele ich heute zwei Sets à 50 Minuten, aber das ging doch ganz schön an die Substanz. Damals kam noch das Problem hinzu: Habe ich genug Stücke? Denn das Repertoire war im Vergleich zu heute noch relativ klein.

Heute gibt es nicht wenige Posaunisten und auch andere Blechbläser, die mehrstimmig spielen können. Das hat also schon Kreise gezogen, nicht allein durch die Platten, die vorliegen, sondern auch durch die Workshops, die ich im Lauf der Jahre gemacht habe. Gerade in Amerika ist das Interesse sehr groß. Ich war allein dreimal nach Nashville eingeladen, 1975, 1980 und 1988, zum »Trombone Workshop«, um junge Posaunisten damit vertraut zu machen. Der Workshop in Nashville geht über zwei Wochen, in denen jeder einzelne Lehrer täglich circa dreißig Studenten seine Sache demonstriert. Das sind immerhin 250 bis 300 Teilnehmer pro Workshop, was natürlich nicht heißt, daß jeder, der daran teilnimmt, die Mehrstimmigkeit auszuführen lernt. Man muß sich schon sehr konsequent damit beschäftigen und täglich daran arbeiten. Mancher hat auch nicht genug Stimme oder nicht ausreichend Kontrolle über seine Stimme, und was es da noch für Probleme gibt. Hinzu kommt natürlich, und das ist wohl das Wesentliche, daß die Mehrstimmigkeit nur dann einen Sinn macht, wenn man etwas Kreatives damit anzustellen weiß. Ich kenne schon einige, die es technisch durchaus können, und trotzdem, in Konzerten hört man so gut wie nie, daß einer es anwendet.

Vielleicht scheut man sich auch, mit meinem Namen in Verbindung gebracht zu werden, obwohl ich allen, denen ich das demonstriere, immer wieder sage, daß ich nur einen Bruchteil dessen gemacht habe oder mache, was noch möglich ist. Es gibt wirklich noch sehr viel zu erweitern. Insofern wundert es mich eigentlich, daß es von so wenigen aufgenommen wird.

In den USA ist es mir öfter passiert, daß junge Posaunisten zu mir gekommen sind und mir Stücke gezeigt haben, die sie von meinen Solo-Platten abgeschrieben hatten. Es gibt auch Kollegen, die mich um Noten meiner Stücke baten und sie jetzt aufführen. Sogar auf dem E-Sektor gibt es einen Kollegen, Niels Humpfield, der mehrstimmige Stücke von mir spielt. Hin und wieder erhalte ich sogar Briefe von Kollegen, und das sind zum Teil namhafte Leute, die mir mitteilen, daß sie mehrstimmig spielen und gerne mit mir auftreten möchten. Gegriffen hat es wohl auch bei anderen Blechblasinstrumenten, zum Beispiel bei Tubaspielern wie Howard Johnson und Bob Stewart, mit dem ich mal einen Auftritt hatte, bei dem wir beide mehrstimmig spielten. Ich denke, daß ich da schon ein bißchen was angestoßen habe.

Attila Zoller Es ist eigentlich schade, daß Albert nicht öfter in New York gespielt hat, denn New York ist der wichtigste Platz. Nun ist das aber gar nicht so einfach, denn das hat leider sehr viel mit Business zu tun. In New York denkt man: Wir haben genug Schwierigkeiten, unsere Musiker mit Jobs zu versorgen, was brauchen wir da noch Ausländer?! Nur wenn einer ein großer Publikumserfolg ist, ist es kein Problem. Wenn Friedrich Gulda sich heute entschließen würde, ein Jazzkonzert zu spielen, kann er morgen in der Carnegie Hall spielen, denn es wird jeden Abend voll sein. Kreativer Jazz aber muß subventioniert werden, und da gehen die Probleme schon los. Trotzdem ist Albert, obwohl er nie in den USA gelebt und nur selten dort gespielt hat, musikalisch angekommen. Es gibt heute in Amerika nicht wenige junge Posaunisten, bei denen man sehr deutlich hört, daß sie von ihm inspiriert sind. Nicht nur, daß sie mehrstimmig spielen, auch seine Linien kopieren sie. Ich komme sehr viel in Amerika herum und kann das immer wieder beobachten. Er hat sich wirklich durchgesetzt, auch bei schwarzen Posaunisten. Ich betone das, weil es eine gewisse Eifersucht bei den Schwarzen gibt, was damit zu tun hat, daß die Weißen ihre Musik stehlen, wie sie sagen. Da Albert eine Musik macht, die sehr eigen ist und keinen kopiert, wird er anerkannt.
Was er mehrstimmig geleistet hat, ist immens. Auch was er rhythmisch dabei macht, ist sehr interessant. Einmal habe ich »Mood Indigo« von ihm gehört. Was er da an Akkorden spielte, hat mich sehr beeindruckt. Als ich meine Platte »Conjunction« aufnahm, sagte ich mir: Albert hat ein einstimmiges Instrument und spielt paradoxerweise Akkorde, also werde ich, der ich ein Harmonieinstrument habe, einstimmig spielen. So habe ich es auch gemacht. Alle vier Titel auf der Platte sind einstimmig, von ein paar Akkorden abgesehen, die ich zwischendurch mal und am Schluß der Stücke spiele. Albert war die ganze Zeit durch in meinem Kopf. Es gibt sogar einige Quotings, die ich auf der Gitarre so ähnlich spiele wie er auf der Posaune. ■

Ralf Hübner Der Albert hat sich durch sein Solospielen in eine Situation gebracht, in der er einen sehr einsamen Weg geht. Auf der einen Seite ist seine Entscheidung verständlich, weil ein lautes Schlagzeug und ein voller Baß bei der Mehrstimmigkeit die Stimme untergehen lassen, auf der anderen Seite aber ist Jazz eine Musik, deren Grundgedanke das Kollektive ist. Ich bedauere es, daß der Albert in seiner heutigen Position keine ständige feste Band hat. Leider fehlen heute etablierte Bands in Deutschland, in denen junge Leute eine Art Lehrzeit durchmachen, in denen sie sich formen können, bis sie ihr eigenes musikalisches Profil haben. Heute machen siebzehn-, achtzehnjährige Leute Musik, technisch viel besser als wir mit siebzehn, achtzehn, und meinen, es sei ihre eigene Musik. Es ist aber keine eigene Musik, es kann gar nicht eigen sein, das ist unmöglich. Dadurch verflacht die ganze Szene, und das Vorbild wird in immer stärkerem Maße Amerika. Was wir damals der amerikanischen Szene entgegengesetzt haben, verblaßt in unserem Land immer mehr. Es ist wirklich schade, daß der Albert als musikalisches Vorbild keine ständige Band hat. Das betrifft uns natürlich alle, ob das Manfred Schoof ist oder Wolfgang Dauner oder andere. Die Amerikaner kommen eingespielt nach Europa, bringen eine kompakte Leistung, und die Leute sind fasziniert. Die waren bei uns auch fasziniert, wenn da aus einem völlig freien, wilden Gehupe ein Blues herauskam, und keiner wußte: Wie haben die das denn gemacht, wo kommt das denn her? Das erreicht man aber nur mit einer wirklich gut eingespielten Band. ■

Günter Lenz Durch die Mehrstimmigkeit hat er einen Punkt gefunden, den amerikanische Posaunisten, soweit ich das sehe, nicht versucht haben. Man darf allerdings nicht vergessen, daß Albert schon vor seinem mehrstimmigen Spielen ein eigenständiger Posaunist war. Während andere J. J. Johnson nachgespielt haben, hat er das nie gemacht, sondern eine ganz eigene Melodik entwickelt, die sich am Anfang vielleicht an Lee Konitz, Warne Marsh oder Tristano selber orientiert hat. Die Frankfurter Musiker haben sich ja sehr mit der Tristano-Schule beschäftigt. Darüber weiß ich allerdings wenig, das war vor meiner Zeit. Dadurch, daß er eine eigene Melodik hatte, ist er den Amerikanern niemals auf die Füße getreten, so könnte man das vielleicht sehen, er hat sie nie verletzt. Damit war eigentlich der Weg offen, sich in Amerika als europäischer Exote einen gewissen Status zu schaffen, ganz anders als zum Beispiel Leute wie Gulda, die das Amerikanische nachgespielt haben. Albert ist eben ein eigenständiger Stilist. Daß er oft zu Festivals nach Amerika eingeladen wurde, war für seinen späteren Status sicher sehr wichtig. ■

Carlo Bohländer Hätte er weiter normal gespielt, wäre er also nicht andere Wege gegangen, hätte er nie den Namen bekommen, den er hat. Wohl haben schon andere vor ihm Solo ohne Begleitung gespielt, so hat zum Beispiel Coleman Hawkins ein Stück Solo gespielt, aber es war halt keiner so konsequent und erfindungsreich wie er. Daß er den harten Weg gegangen ist, hat vielleicht auch damit zu tun, daß er als Solospieler mit niemandem Probleme und nur mit sich zu tun hat. (Anm.: Coleman Hawkins, »Picasso«, 1949) ■

Emil Mangelsdorff Albert war in Deutschland, schon bevor er mit dem mehrstimmigen Spielen anfing, die unbestrittene Nummer eins. Er hatte eine wirklich sehr, sehr gute Technik. Ich führe das neben der Begabung überwiegend auf seine Beharrlichkeit zurück. Andere würden es vielleicht Ehrgeiz nennen. Mir ist das Wort Ehrgeiz nicht so sympathisch; ich meine, daß er, um es ganz einfach zu sagen, Lust hatte, das vollbringen zu wollen, was er heute kann. Hätte er in das Single-Line-Spiel dieselbe Arbeit investiert wie in die Mehrstimmigkeit, wäre er natürlich immer noch besser geworden. Er hätte heute, davon bin ich überzeugt, auch hier einen unerreichbaren Status geschafft. Andererseits macht ihn das mehrstimmige Spiel, ich möchte sagen: zu einem Phänomen. Er leistet damit etwas, das auch von Posaunisten noch immer ungeheuer bestaunt wird. Man kommt ja auch wirklich nicht umhin, die Kraft zu bewundern, die er einsetzt, damit ihm das in so perfektem Maße gelingt. Damals, als Albert damit anfing, habe ich mir die Frage gestellt, ob man das nicht auch auf dem Alto versuchen sollte. Nun war es aber so, daß dem nichts vorausging, wenn man davon absieht, daß Coltrane einige Versuche gemacht hat, zweistimmig zu spielen. Es ist ihm aber nur bei ein paar ganz kurzen Melodiestücken gelungen. Ich weiß auch nicht, ob das auf dem Saxophon überhaupt möglich ist. Auf der Posaune soll es ja schon vor Albert einen gegeben haben, der das einigermaßen gut konnte. Zum anderen habe ich mir überlegt, ob ich das überhaupt will, und ich bin zu dem Ergebnis gekommen, daß ich ein Mensch bin, der gerne im Kollektiv arbeitet, der die Kommunikation mit den Kollegen braucht. Alleine herumzureisen, wie Albert das macht, kann ich mir für meine Person gar nicht vorstellen. Das wäre mir zu einsam. Ich denke also, daß das auch eine Frage der Persönlichkeitsstruktur ist. ■

Joki Freund Der Albert hatte ja schon vor seinem mehrstimmigen Spiel seinen Rang. Mit der Art, in der zum Beispiel J. J. Johnson spielt, hatte er noch nie etwas zu tun gehabt. Das ist der typische Posaunenstil, wie ihn die breite Masse der Posaunisten halt spielt. Er aber hatte schon von Anfang an seine eigene Richtung eingeschlagen. Die Mehrstimmigkeit hat sich nur noch dazugesellt, aber es hätte auch so gereicht, ein weltbekannter Posaunist zu werden. Was seine Mehrstimmigkeit angeht, so ist das interessant und auch schön, aber ich persönlich brauche es nicht. Es ist meines Erachtens auch nur dann interessant, wenn er allein spielt oder wenn ein Arrangement so gebaut ist, daß er in der Band zum Zug kommt. Schon beim Funk, wenn die Technik es nicht sehr gut aufnimmt, kommen die Feinheiten des akkordischen Spiels gar nicht zum Tragen. So gut er es auch macht, und es ist ja nun mal wirklich nicht leicht, in der Band ist technisch doch nicht allzu viel damit anzufangen. Er kann nur Schwerpunkte damit setzen, muß aber dann wieder normal spielen. Mehrstimmig schnellere Linien zu spielen ist wohl nicht möglich. Ich kenne gute Posaunisten, die mehrstimmig spielen können, die aber sagen, daß sie eben deshalb keinen Wert darauf legen. Also ich würde sagen: Wenn er alleine spielt, wird es erst richtig interessant. Im übrigen meine ich, daß es spannender ist, es im Konzert mitzuerleben, als es auf Schallplatte zu hören. ■

Dieter Glawischnig Der Albert ist, was ich mit ihm erlebt habe, ein toller Mitspieler im Konzept. Er kann alles mitvollziehen und zum musikalischen Gesamtfluß in einer Weise beitragen, daß man das Gefühl hat: Genauso muß es sein. Ich denke, daß es sogar einen gewissen Reiz für ihn hat, auf das einzugehen, was ihm konzipiert vorliegt. Ohne das Mitvollziehenkönnen der musikalischen Notwendigkeiten würde ja auch das freie Spiel gar nicht funktionieren. Und das hat er ja im Globe Unity Orchestra und allen möglichen freien Kontexten praktiziert, und immer wieder in einer Mischung von allem. Er kann halt alles. Das Solistische wird ihm allerdings wohl am meisten am Herzen liegen, weil er sich da sein Eigentliches abgewinnen kann. Sonst hätte er sich sicher nicht die Arbeit angetan, seinen Soloapparat zu entwickeln. Sein mehrstimmiges Spiel erfordert ja ein unheimlich konsequentes Training, allein schon, damit das physiologisch funktioniert. Es ist ganz enorm, auf welchen Status er das gebracht hat. Wir haben vor kurzem wieder zusammengespielt, mit der Bigband des NDR. Es war einfach frappant, wie er Ellingtons »Mood Indigo« gespielt hat. Das ist wirklich dreistimmig, was er da macht, und jeder Akkord stimmt. ■

Heinz Sauer Ich konnte mir zunächst gar nicht vorstellen, daß er das schafft. Wenn einer ein Harmonieinstrument spielt, Klavier oder Gitarre, ist es natürlich viel leichter, einen Soloabend zu machen. Aber mit einem Instrument wie der Posaune, das war schon etwas ganz Neues. Daß er einen zweiten Ton dazugesungen hat, hat die Sache interessanter gemacht, und natürlich, daß er das weiter ausgebaut und zusätzliche Farben eingebracht hat. Heute, nachdem er es vorgemacht hat, gibt es noch andere Leute, die mit Blasinstrumenten ähnliches versuchen. Aber was machen sie? Sie arbeiten mit Hallgeräten und ähnlichen Mitteln. Ich kann das nicht als befriedigend empfinden. Die Farben aus dem Instrument herauszuholen, das ist es, was die Sache hochinteressant macht und was das Unternehmen letztlich rechtfertigt.
Die Leistung, die damit verbunden ist, geht sicher an die Substanz. Ganz gewiß ist man nach einem Solokonzert von zwei Stunden ausgelaugter als nach zwei Stunden im Quartett, wobei ich zunächst einmal die psychische Leistung meine. Es muß einem ja was einfallen, ungeachtet mißlicher Faktoren, die einem die Kreativität rauben, zumindest die Inspiration einengen. Die physische Leistung kriegt man unter starkem psychischen Druck immer hin. Meist merkt man die physische Anstrengung erst nach dem Konzert.
Es sicher auch ein bißchen Mentalitätssache, daß Albert sich für diesen Weg entschieden hat. Mich selbst fasziniert sehr viel mehr das Spielen in der Gruppe. Wahrscheinlich bin ich auch mit mir nicht so im Reinen wie er. Schon die Vorstellung, was den praktischen Teil des Unternehmens angeht, alleine durch die Gegend zu reisen, ist etwas, mit dem ich mich kaum anfreunden könnte.
Im Jazz, und da sind wir vermutlich nicht ganz der gleichen Meinung, ist die Interaktion das eigentlich Faszinierende. Ich bin ein Freund davon, das zu nutzen, das heißt, ich will dieses oder jenes darstellen, wozu ich andere brauche. Natürlich kann ich nicht verlangen, daß sich die anderen hundertprozentig mit meiner Vorstellung identifizieren. Das führt irgendwann dazu, wie auch zwischen Albert und mir, als meine Wege doch zu weit von den seinen abgewichen sind, daß man sagt:

jetzt nicht mehr. Das halte ich im Jazz für sehr normal. Heute, da es im Jazz immer mehr Musiker gibt, führt das natürlich dazu, daß in jedem Quartett nicht nur eine Zellteilung, sondern eine Zell-Viertelung stattfindet. Einmal gibt der den Ton an, dann dieser und jener. Das heißt: Es entstehen sehr viele Gruppen, die sich aber, und das ist die Kehrseite der Medaille, kaum voneinander unterscheiden. Dessen ungeachtet ist es ein ungeschriebenes Gesetz, und so sollte es auch sein, wenn jemand eine Idee hat, die er ausführen will, daß er andere fragt, ob sie sich daran beteiligen wollen. ■

Nachdem ich einmal mit dem Solospielen angefangen hatte, stellte sich fast zwangsläufig die Frage: Wie wird das Publikum darauf reagieren? Es gab ja keine Erfahrungen, auf die ich hätte zurückgreifen können, denn auf dem Horn ein ganzes Konzert zu bestreiten, war ja Neuland. Ich merkte aber schon sehr bald, daß ich damit überzeugen konnte, für viele sogar überzeugender war als mit der Gruppe, was natürlich auch damit zusammenhing, daß ich damals mit dem Quartett eine Musik gemacht habe, die man als äußerst herb bezeichnen kann. Es kamen jedenfalls immer wieder Leute auf mich zu und sagten: Allein gefällst Du mir besser. Ich will damit natürlich nichts gegen die Gruppe sagen, ich spiele ja nicht nur Solo, und denke, daß ich auch in der Gruppe überzeugend sein kann, aber die Resonanz der Leute war doch eine Ermutigung für mich, das Solospielen weiterzuführen.

Ich denke, daß die positive Resonanz auch etwas mit der unmittelbaren Korrespondenz zwischen Interpret und Publikum zu tun hat. Es ist wirklich eine total andere Erfahrung, ein Konzert allein zu spielen. Im Ensemblespiel ist das erste Medium zunächst einmal die Gruppe selber. Selbst dann, wenn man sich als Spieler solistisch ausdrückt, wird man doch von den anderen mitgetragen. Alles was man tut, geht immer über die Gruppe zum Publikum. Als Solospieler ist dieser Zwischenträger Gruppe nicht mehr da, man korrespondiert ohne Umwege, was zu einer ganz spezifischen Einheit »Interpret/Publikum« führt, eine Kommunikation, die viel unmittelbarer ist und spannender sein kann als mit Gruppe. Die Atmosphäre, die dabei entsteht, ist ganz eigenartig und diffizil. Man spürt nicht nur am Applaus wie das, was man ausdrückt, ankommt. Es ist auch, ich möchte sagen: das Stillesein des Publikums, das eine eigenartige Vibration erzeugt. Ich würde das Solospielen ja nicht machen, wenn es nicht mit ganz anderen Erfahrungen verbunden wäre als in der Gruppe. Natürlich bedarf es besonderer Konzentration, sowohl für den Interpreten wie für die Zuhörer. Wenn die gestört wird, wird die Situation äußerst prekär. Zum Glück kommt das sehr selten vor. Meistens sorgt das Publikum selber dafür, daß die, die sich nicht auf die Musik konzentrieren wollen, schweigen oder auch gehen.

Natürlich gibt es Situationen, wo man von der Einsamkeit des Solospielers sprechen könnte. Eine solche Situation, an die ich mich nur sehr ungern erinnere, war auf der »Jazz Yatra« in Bombay. Ich hatte zwei Soloauftritte, wobei der erste mitten im Programm war und bestens lief. Der zweite war einen Abend später als erster Programmpunkt um 19 Uhr vorgesehen. Willis Conover, der als Moderator der »Voice of America Jazz Hour« vielen seit Jahrzehnten bekannt ist, sagte mich an. Ich gehe also auf die Bühne und stehe vor einer riesigen Arena mit einem Fassungsvermögen von circa 5000 bis 6000 Leuten, nur war fast noch niemand da. Erst während ich meinen Set spielte, kamen die Leute so ganz allmählich herein und setzten sich hin. Außer ein paar, die sich an die Bühne stellten und mir applaudierten, gab es kaum Aufmerksamkeit für mich. Ich bin danach wie ein begossener Pudel von der Bühne. Es war der peinlichste Auftritt, den ich als Solospieler je hatte. Am nächsten Tag flogen alle Musiker wieder nach Hause. Ich bin im Flugzeug mal aufgestanden, um mir die Füße zu vertreten, als mich plötzlich eine Hand am Arm packte. Es war Sonny Rollins, der mir sagen wollte, daß es ihm sehr, sehr gut gefallen hatte. Ein willkommener Trost, denn ich war noch ziemlich deprimiert.

Ich habe beim Solospielen immer wieder die Erfahrung gemacht, wie wichtig das Ambiente ist. Wenn ich ein Konzert alleine bestreite, bin ich eigentlich immer in der Lage, alles so hinzukriegen, wie ich es von mir erwarte, daß meine Inspiration rüberkommt und im Rückfluß Inspiration vom Publikum zu mir kommt. Wenn ich auf einem Festival spiele, wo mehrere *acts* hintereinander ablaufen, hängt es sehr stark davon ab, an welcher Stelle ich eingesetzt werde. Gleich am Anfang zu spielen, wie damals in Bombay, ist fast immer ungünstig. Wenn dann hinterher noch drei oder vier Gruppen kommen, ist man als Solist am Ende vergessen. Einen ganz anderen Eindruck kann man machen, wenn man zwischendrin ist. Da kann ein Solist eine interessante Abwechslung sein, eventuell ein Ruhepunkt innerhalb eines sehr lauten Programms.

Bei einer gemischten Veranstaltung wie »Lieder im Park«, die jeden im Sommer in Frankfurt stattfindet, sind die Bedingungen wieder ganz andere als bei einer reinen Jazzveranstaltung. Ich bin mir auch immer bewußt, wenn ich mich darauf einlasse, daß das höchst gefährlich ist. Das breit gefächerte Programm einer Veranstaltung, die Rock, Kabarett und Lieder anbietet, kommt dem Solospiel nun mal nicht sehr entgegen. Eigentlich ist man hier deplaciert. Daß ich mich dennoch immer wieder darauf einlasse, hängt mit einer gewissen Eigenschaft von mir zusammen, Herausforderungen nicht aus dem Weg zu gehen. Ich möchte halt wissen, ob ich es nicht doch hinkriege, etwas zu vermitteln. Oft endet es enttäuschend, aber oft genug habe ich es auch gepackt. Nun würde ich lügen, wenn ich sagte, daß ich es einfach so wegstecke, wenn ein Auftritt schiefgegangen ist. Ich habe mir auch oft genug gesagt: Nie mehr. Und trotzdem habe ich es immer wieder riskiert. Der nächste Gig, der gut läuft, versöhnt einen dann wieder.

Wenn ich heute im Abstand der Jahre zurückblicke, erscheint mir die Entwicklung des Solospielens eigentlich als eine ganz logische Folge aus unterschiedlichen Umständen. Schon in den frühen Jahren, wenn ich in den »Jazzkeller« kam und spielen wollte, aber kein Mitspieler da war, wünschte ich mir oft sehnlich, alleine spielen zu können, wie das einem Pianisten oder Gitarristen möglich ist. Später, als ich mit der Mehrstimmigkeit angefangen hatte, dachte ich mir schon ab und zu mal: Vielleicht kannst du da etwas alleine mit machen. Zu dem Zeitpunkt war ich noch weit entfernt von dem, was sich später daraus entwickelte, aber der Gedanke war schon da und hat mich sehr gereizt. Einen ganzen Konzertabend Solo zu bestreiten, wäre mir schon mal gar nicht in den Sinn gekommen. Nun war es ja anfangs auch so, daß das mehrstimmige Spielen in der Band nur schwer möglich war. Man hätte schon die Mitspieler zum totalen Pianissimo verdonnern müssen, was ich aber nie gewollt und auch gar nicht gekonnt hätte. Aus diesem Umstand hat sich das Solospielen, ich möchte sagen: fast zwangsläufig entwickelt.

»My Kind Of Beauty«
Über das Improvisieren

Man hat mir schon sehr früh nachgesagt, ich sei ein »Meister der Form«, was meine Soli anbelangt. Nun war es aber nie so, daß ich die Form geplant hätte. Höchstens, daß ich die Akkorde mal durchgespielt oder sie auswendig gelernt habe. Ansonsten aber entsteht der Chorus aus dem Augenblick heraus. Ich kann mir das auch gar nicht anders vorstellen, denn es gibt ja Mitspieler, die beteiligt sind an dem was entsteht. Wie reagieren die auf einen, wie und was spielt der Schlagzeuger oder der Pianist in das Solo hinein? Diese und andere Momente sind es, die Einfluß nehmen auf die Gestaltung einer Improvisation.

Wichtig ist natürlich auch der Rahmen, in dem ein Solo stattfindet, ob ich in einer größeren Formation wie dem United Jazz + Rock Ensemble oder in einem Quartett oder im Duo spiele, ob ich zeitlich unbegrenzt spiele oder ob eine genaue Anzahl von Durchgängen, eventuell markiert durch backgrounds, vorgegeben ist. Auch das nimmt Einfluß auf die Form.

Wenn alles gut abgeht und der Schlagzeuger mich nicht hängen läßt, sind meine Soli von Haus aus rund. Ich brauche mir da weiters keine Mühe zu geben. Das kommt sozusagen aus dem Bauch raus. Ich lasse es fließen, und was sich ergibt, das ergibt sich halt. Der Idealzustand ist für mich, daß ich beim Improvisieren nicht mehr nachdenken muß, in welcher Harmonie ich mich gerade bewege und was ich damit anstellen kann. Das muß so verinnerlicht sein, daß es von alleine läuft.

Auch für den Einstieg habe ich keine Konzeption, daß ich mir sagen würde, ich fange so oder so an. Es gibt da viele Möglichkeiten. Man kann auf das einsteigen, womit der andere aufgehört hat, oder es fällt einem ein Ton oder eine kleine Phrase ein, die man weiterentwikkelt. Natürlich hängt auch von der Stimmung, in der man gerade ist, viel ab.

Ganz gleich, welches Tempo, welche Art von Komposition oder welche harmonischen Verbindungen, wenn mir ein Stück und das Zusammenspiel mit anderen es erlaubt kreativ zu sein, ist mir alles recht. Es geht eigentlich nur darum, daß ich nicht gezwungen sein möchte, irgendwelche Patterns abzulassen. Ich hasse es, sei es durch ein besonders schnelles Tempo oder durch zu starr festgelegte Harmonien gezwungen zu werden, nicht mehr erfinden zu können, sondern nur noch Bewährtes abspulen zu lassen. Andererseits muß einen ein schnelles Tempo nicht dazu zwingen, unbedingt Achtelläufe abzulassen, schließlich kann man auch getragen darüber spielen. Heute bin ich so autonom, daß ich praktisch spielen kann, wie ich will. Ich möchte beim Spielen immer komponieren können.

Erfinden ist, und das war immer meine Haltung, die eigentliche Herausforderung eines Jazzmusikers. Auch in der Zeit, als ich noch Standards spielte, habe ich stets versucht, sie ein bißchen zu verfremden. Sie brav nach den vorgegebenen Hamonien zu spielen, hatte ich irgendwann aufgegeben. In dem Zusammenhang wurde ich mal gefragt, ob meine Spielweise nicht doch sehr experimentell sei. Ich antwortete: Das ist kein Experiment, das ist es. Gemeint habe ich damit, daß das, so wie ich es spiele, das Ergebnis ist, das natürlich all die Ausdrucksformen, über die ich verfüge, beinhaltet. Das Wort »Experiment« deutet ja immer das Moment des Unfertigen an, das aber ist es nicht. Ich spiele sehr riskant, wage also etwas, jedenfalls gehe ich nicht auf Nummer Sicher, selbst auf die Gefahr hin, daß auch mal ein Fehler passieren kann, aber ich experimentiere nicht. Wenn ich die *changes* eines Standards anders spiele, als man es zu hören gewohnt ist, dann entspricht das genau so meiner Auffassung. Weshalb sollte ich ein Stück so spielen wie es das Gros der Spieler spielt?! Davon habe ich mich weit entfernt. Damit will ich gar nichts gegen Leute wie Dizzy Gillespie sagen. Dizzy hat schon ziemlich von Anfang an einen prägnanten Stil gespielt und ist, wie man sagen könnte, immer seiner Sache treu geblieben. Ich habe auch nie für Dizzy die Notwendigkeit gesehen, etwas anderes zu machen. Andererseits muß es doch nicht für einen selber gelten, wenn man irgendwann einen Weg gefunden hat, bei mir in den 60er Jahren, unbedingt dabeibleiben zu müssen. Ich habe das irgendwann abgehakt, um was Neues zu machen. Ich hätte genauso gut dabeibleiben können, hatte aber irgendwie den Drang, mir neue Welten zu erschließen, und bin dem auch immer gefolgt. Noch heute ist es so, daß mir beim Spielen Dinge einfallen, die ich früher nicht gemacht habe. Wobei ich jemand wie Dizzy oder Lee Konitz, die ihr Leben lang bei ihrer Spielweise geblieben sind, überhaupt nicht negativ sehe. Ich erkenne das voll und ganz an.

Dieter Glawischnig hat mal ein Solo von mir analysiert und unter anderem dargestellt, wie sich bei mir aus einer kleinen Phrase das Ganze entwickelt. Er sprach von »motivischer Arbeit«. Für mich war das eine interessante Erkenntnis. Ich habe mir selber über diese Dinge nie Gedanken gemacht.

Dieter Glawischnig Wir hatten in Graz schon bald nach dem Krieg eine sehr lebendige Jazzszene, aus der 1965, unter der Ägide von Friedrich Körner, einem Trompeter und vor allem Organisator, an der Musikhochschule ein Institut für Jazz entstanden ist. Das war eine bescheidene Unternehmung mit ein paar kleinen Lehraufträgen, noch weit entfernt von der Jazzabteilung, die 1971 geschaffen wurde, aber der Anfang in Österreich. In Deutschland ging es ja mit Jazz an der Musikhochschule erst in den 80er Jahren los. Da es bis dahin fast nichts im Bereich der Jazzforschung gab, dachten wir, wir sollten nicht nur Praxis machen sondern auch das Analytische einbeziehen. So haben wir, Friedrich Körner und ich, die wir beide auch Musikwissenschaftler waren, 1969 den »1. Jazz-wissenschaftlichen Kongreß« einberufen. Ein Ergebnis dieses Kongresses war auch die Gründung eines Instituts und einer »Internationalen Gesellschaft für Jazzforschung«. Das Referat, das ich hielt, behandelte unter dem Titel »Motivische Arbeit im Jazz« ein Mangelsdorff-Solo. Untersuchungsmaterial war Alberts Solo aus dem Blues »Domicile du Jazz« auf der »Tension«-Platte. Wenn ich mir dieses Thema ausgesucht habe, dann hatte das den Grund, daß Alberts Art zu spielen in eine ähnliche Richtung geht wie das, was ich so machen will beim Improvisieren. Insofern war es mir ein richtiges Bedürfnis, mehr über seine improvisatorische Vorgehensweise zu erfahren. Ich will das ganz kurz zu skizzieren versuchen: Bei »Domicile du Jazz« endet das Tenor-Solo von Heinz Sauer mit einer kleinen Sekunde. Albert schnappt nun diese kleine Sekunde von seinem Mitspieler auf und macht sie zur substanziellen Grundlage der Gestaltung seiner Improvisation. Das heißt, die Improvisation entsteht aus einem einzigen motivischen Kern, eben dieser kleinen Sekunde. Ich nannte das »motivische Arbeit«.

Um das Spezifische daran darzustellen, muß ich etwas weiter ausholen: Im funktionsharmonischen Spiel gibt es ein gewisses Formelwesen. Wenn man auf kürzestem Raum eine Harmonie ausdrücken will, muß man gewisse melodische Führungen machen. Man betont die Akkordtöne oder »tensions«, umspielt sie mit benachbarten Tönen, was man »approach note system« genannt hat, oder man überlegt sich eine Reihe von Tönen, eine »scale«, die prinzipiell zur Harmonie passen. Das war ein allgemein übliches, relativ starres Hantierungsmuster. Albert gewinnt nun diesem »Materialstil« etwas Individuelles ab. Ich meine die Art seiner motivischen Arbeit, wie er eine musikalische Idee über eine längere Strecke entwickelt und dabei bleibt. Sicher hat das etwas mit dem Entwicklungs-»drive« in der klassichen Sonatenform zu tun, und man findet diese Gestaltungsart auch bei vielen anderen großen Spielern, etwa bei Tristano, Konitz, Monk, Rollins, Coltrane, Braxton, so auch bei Albert auf eine nur ihm gehörende Weise. So zu spielen geht nicht von heute auf morgen, das muß geübt werden, um nicht wieder in das allgemeine Vokabular zurückzufallen. Das schafft man nur, wenn man sozusagen seine ganze Lebensarbeit in diese Richtung einbringt, sich ständig damit beschäftigt, was dann in den paar Minuten, in denen man spielt, herauskommt. Ich bin sicher, daß man diesen Entwicklungsdrive überall bei Albert finden kann, ob es jetzt freie Stücke sind oder solche mit einer melodischen oder harmonischen Basis. Das hebt seine Spielweise so sehr vom konventionellen Vokabular ab. Das setzt auch voraus, daß man die Tradition kennt. Das heißt nicht, daß man sich musikalisch in den verschiedenen Stilbereichen bewegen können muß, aber man muß wissen, was es alles gibt. Nur dann kann man sich weiterentwickeln und irgendwo eine Ecke entdecken, wo man anbauen kann. Und das ist dem Albert toll gelungen. Ich möchte sagen, Albert ist einer, der fest in der Tradition steht, aber sehr viel Neues dazugebracht hat. Er ist nicht so sehr der revolutionäre Neuerer. Warum gibt es im normalen Sprachgebrauch eigentlich nicht den Begriff »Evolutionär«? Das ist er, ein meisterhafter Evoluzzer. ■

Mein Bestreben war es immer, dem Stück gerecht zu werden. Ein Thema nur gespielt zu haben und dann zu improvisieren, ohne noch einen Bezug zu dem zu haben, was vorher gewesen ist, war nie das was ich anstrebte. Leider hört man das aber sehr oft. Viele spielen einfach sich selbst und vergessen dabei den Ausgangspunkt. Mein Grundgedanke ist, daß Thema und Chorus etwas miteinander zu tun haben müssen. Es gibt so schöne Bluesthemen, zum Beispiel von Parker oder Monk, an die sich beim Chorusspielen keiner mehr erinnert. Ein eklatantes Beispiel war für mich immer »Straight, No Chaser«, ein Blues von Thelonious Monk, der auf Sessions oft gespielt wurde. Ich habe mich immer ein bißchen geärgert, wenn die Kollegen einfach nur drauflosspielten, ohne die Chance wahrzunehmen, die ein Stück wie dieses bietet, das von seiner Melodik her etwas ganz Eigenartiges hat im Vergleich zu vielen Bluesthemen, die man so kennt. Wenn man also von Improvisationsformen spricht, dann habe ich darauf vielleicht ein bißchen mehr Wert gelegt als mancher andere. Das ist vielleicht nicht immer zu hören gewesen, aber es war zumindest ein Grundsatz von mir. Allerdings sind Grundsätze auch dazu da, daß man gegen sie verstößt. Ich will mich also nicht freisprechen und mich andererseits auch nicht entschuldigen müssen, wenn ich mal einfach nur losgespielt habe.

Mancher Kritiker nimmt daran Anstoß, daß im Jazz ein Thema vorgestellt wird und nacheinander die Soli ablaufen. Diese Kritik kann ich nicht teilen, schließlich ist das die klassische Jam-Session-Form, also eine ureigene Jazzform und insofern legitim. Entscheidend ist doch letztlich, was in den einzelnen Soli passiert, wie originell und persönlich einer spielt. Wenn ein Kritiker sagt, es wird einfach nur abgespult, dann fehlt ihm vielleicht das eine oder andere Zwischenspiel, oder was auch immer, aber als notwendig kann ich das nicht empfinden. Vielleicht ist es auch so, daß er nicht in der Lage ist, richtig zu beurteilen, was in den Soli musikalisch passiert. Ich möchte das allerdings nicht zum Prinzip erheben. Wenn es sich um Standards handelt, also sehr bekannte Stücke, würde ich sagen: Je eher die Improvisation beginnt, umso besser.

Zu etwas Außermusikalischem einen greifbaren Bezug herzustellen, ist meines Erachtens kaum möglich. Letztlich sind es doch musikalische Vorgaben, nach denen man spielt. Mir zum Beispiel visuelle Dinge vorzustellen, und die auf dem Horn zu interpretieren, und das noch spontan, erscheint mir fragwürdig. Früher habe ich mal versucht, mich beim Üben auf bestimmte Dinge im Raum improvisatorisch einzulassen. Ich glaube, wenn ich die Augen zugemacht und einfach nur gespielt hätte, wäre auch nichts anderes dabei herausgekommen.

Vielleicht gibt es außermusikalische Bezüge, wenn man ein Stück komponiert hat, dem ein visuelles Programm zugrunde liegt, auf das man sich beim Improvisieren bezieht. Aber auch das erscheint mir fragwürdig. Gerade im Jazz sind es doch ganz andere Dinge, die von Bedeutung sind – ein guter swing, eine gute Rhythmusgruppe oder, ganz einfach gesagt, die eigene Inspiration. Das treibt die Dinge raus, bringt sie zum Vorschein, und zwar mehr, als wenn man sich ein Gemälde oder sonst etwas Visuelles vorstellt. Ich habe doch beim Improvisieren gar keine Zeit, mir noch andere Sachen durch den Kopf gehen zu lassen, es sei denn, und das nur bedingt, in gewissen Free-Jazz-Konstellationen. Aber auch da ist es eigentlich nur das unmittelbare Ambiente, das einen gewissen Einfluß nehmen könnte.

Mit Attila Zoller im Duo

Daß sich ein Maler durch Musik inspirieren läßt, kann ich mir schon eher vorstellen. Man weiß ja auch von Malern, die das tun. Ich kann mir auch vorstellen, daß einen dieses oder jenes Bild zu einem Stück inspirieren kann. Was mir aber fragwürdig erscheint, ist, daß ein Maler eine Musik malt und ein Improvisator ein Bild spielt. Auch bei »Lyrik und Jazz« hatte ich oft meine Bedenken. Da liest einer und ich spiele dazu, das ist die Situation. Ich kann mich natürlich darauf einlassen, auf die Rhythmik des Vorgetragenen oder auf das Emotionale, das in den Texten mitschwingt. Ich muß mich aber nicht darauf einlassen. Genauso gut kann ich weghören und spielen. Es ist sogar wahrscheinlich, daß ich den Worten gar nicht folgen kann, weil ich viel zu sehr auf die musikalischen Abläufe konzentriert bin.

Als »Lyrik und Jazz« hierzulande aufkam, hat man Texte lesen lassen, sie aufgenommen, anschließend von Schallplatten Musik ausgesucht und sie unterlegt. Das hat meistens sehr gut gepaßt, was allerdings nicht heißt, daß eine andere Musik nicht gepaßt hätte. Ich meine, »Lyrik und Jazz« hat von der Musik her etwas Beliebiges. Nicht wenige Musiker, die sich in diesem Bereich bewegen, und einen gewissen Erfolg damit haben, sind nicht zuletzt deshalb erfolgreich, weil sie anschließend ein paar philosophische Sätze dazu abliefern. Das macht die Musik interessant für so manche Kritiker, auch wenn sie vielleicht gar nicht so interessant ist.

Wenn man schon Jazz und Lyrik zusammenbringen will, müßte meines Erachtens eine gewisse Gleichwertigkeit hergestellt werden. Das wäre der Fall, wenn der Sprecher ad hoc dichtet, also spontan erfindet. Solange aber diese Gleichberechtigung nicht gegeben ist, ist der Spieler immer nur Illustrator einer Sache, die rezitiert wird, die also als Form schon vorher existierte. Mittlerweile gibt es Beispiele, wenn auch selten, daß durch die Zusammenarbeit von Dichter und Komponist etwas Gültiges entstehen kann, wenn man an Leute wie Michael Naura und Peter Rühmkorf denkt oder Dieter Glawischnig und Ernst Jandl.

Daß manche Kritiker es interessant finden, wenn Musiker zu ihrer Musik eine Art philosophischen Unterbau abliefern, gilt natürlich nicht ausschließlich für »Jazz und Lyrik«. Es hat mich oft gewundert, wie Leute, bei denen ich an musikalischer Qualität gar nicht soviel erkennen konnte, nur auf Grund dessen, daß sie ihre Musik verbal gut verkaufen können, von Kritikern herausgehoben werden. Dabei geht es oft gar nicht um die Musik selber. Manchmal sind es sogar pure Selbstverständlichkeiten, die ein anderer gar nicht der Erwähnung wert findet, die aber in einen Schwall von Worten verpackt werden, um den Kritiker und das Publikum zu beeindrucken. Das hilft natürlich, die Popularität eines Musikers zu steigern. In meinen jungen Jahren war ich manchmal sogar ein bißchen neidisch auf diese Leute, zumal ich nie einer war, der besonders gut reden konnte. Wenn ich zu meiner eigenen Sache gefragt wurde, hatte ich immer gewisse Schwierigkeiten, mich erklären zu können. Ich weiß auch gar nicht, inwieweit es überhaupt möglich ist, dieses komplexe Phänomen Jazz in Sprache zu übersetzen. Ich denke, man kommt da sehr schnell an eine Grenze, besonders als Musiker, der aus der Intuition heraus die Dinge entwickelt.

»Changes«
Über das Komponieren

Das erste Mal, daß ich mit Harmonielehre in Berührung gekommen bin, war zu der Zeit als ich Geige lernte und zusätzlich in Harmonielehre unterrichtet wurde, was aber eher damit zu tun hatte, einen perfekten vierstimmigen Satz zu schreiben, als mit dem, was ein Jazzmusiker in der Improvisation braucht.

Als ich einmal angefangen hatte, Gitarre zu spielen, lernte ich natürlich viele Harmonieverbindungen kennen, also *changes,* die in den verschiedensten Stücken wiederkehren. Ganz wesentlich war der Unterricht, den ich bei Carlo Bohländer hatte. Carlo hatte sich schon während des Krieges intensiv mit der Jazzharmonik beschäftigt und eine Methodik entwickelt, die Harmonien nach ihren Funktionen mit Zahlen zu benennen. Der Unterricht fand in dem Keller eines ausgebombten Hauses in der Kleinen Bockenheimer Straße statt, den er ausräumte, um einen Jazzclub daraus zu machen. Während ich ihm dabei half, den Schutt mit dem Schubkarren rauszufahren, brachte er mir ganz nebenbei die Grundlagen der Harmonielehre und speziell seine Methode bei. Zuhause versuchte ich das Gelernte auf der Gitarre nachzuvollziehen, was auch überraschenderweise sehr gut ging. Ich glaube, daß ich für solche theoretischen Dinge eine ganz gute Auffassungsgabe habe.

In den zwei Jahren, in denen ich als Rhythmusgitarrist in der Otto-Laufner-Bigband spielte, entwickelte sich mein Gehör immens weiter. Denn dadurch, daß ich nach Harmoniesymbolen zu spielen hatte, gewöhnte sich das Ohr an die *changes,* so daß ich mit der Zeit nicht mehr lange überlegen mußte, welchen Akkord ich als nächsten zu greifen hatte. In der Band des Geigers Weglinsky mußte ich mich schließlich ganz auf das Gehör verlassen, da wir alle Jazzstücke auswendig spielten. Noch heute greife ich, wenn ich auf der Posaune eine raffinierte Linie erfunden habe und sie harmonisieren will, zur Gitarre und treffe fast automatisch die richtigen Akkorde, was mir viel leichter gelingt als auf dem Klavier.

In den 60er Jahren setzte ich mich noch einmal sehr intensiv mit Harmonien auseinander, nachdem mir Attila Zoller aus Amerika das Buch »The Lydian Concept Of Tonal Organization« von George Russell mitgebracht hatte. Russell war mir durch seine Komposition »Ezz-Thetic« bekannt, die 1951 auf einer Platte von Lee Konitz erschienen war. Bei diesem Titel spielt auch Miles Davis mit. Dieses Stück entsprach sehr meiner melodischen Vorstellung und bestätigte meine Art zu komponieren. Viele meiner Kompositionen gehen ja auch in diese Richtung.

George Russell ist der, von dem sie alle abschreiben, die jazztheoretische Werke veröffentlichen. Im Grunde nahm er alles schon vorweg, was später kam. Bei ihm habe ich vieles theoretisch bestätigt gefunden, was ich nach Gehör gespielt hatte, was einem einfach reingelaufen ist, weil es gut klang. Er hat vieles erhellt, was nur vom Gefühl her richtig war.

Dieter Glawischnig Was mich an Albert auch sehr beeindruckt, ist, daß er in der letzten Zeit große Orchesterstücke schreibt, wie unlängst für die NDR-Bigband, wo er auch als Solist dabei war. Daraus spricht wohl das Bedürfnis nach großer Form und die Lust, sich mit Problemen der Gliederung und des Ablaufs im Detail auseinanderzusetzen. Ich nehme an, daß da noch einiges kommen wird. Früher hat er ja nie soviel für den orchestralen Apparat geschrieben. Charakteristisch ist dabei, daß er materialmäßig nicht eingeschränkt ist. Er kann sich sowohl im klassisch-harmonischen wie im freien Rahmen bewegen. Es steht ihm sozusagen das ganze Vokabular zur Verfügung, um aus einer Mischung der verschiedensten Materialien eine Musik zu machen, die nicht epigonal oder eklektizistisch, sondern eigenständig ist. Jazz war ja immer Fusion, immer Europa und afroamerikanische »roots«, oft auch gewürzt mit außereuropäischem Ethno-Kolorit. Die Erweiterung des musikalischen Materials fing damit an, daß man Ende der 50er Jahre aus dem (funktions)harmonischen Raster auszubrechen begann. Viele haben das damals als »falsch« empfunden, wenn zum Beispiel Eric Dolphy aus der Harmonie rausgezackt ist. Ich glaube, daß zu dieser Zeit in New York George Russell mit seinem »Lydian Concept« so manches evolutionsfördernde Ei gelegt hat, so mit seinen »outgoing melodies«, wenn die melodische Fortspinnung die Harmoniebasis verläßt. Man kam auch drauf, daß es sich auch ohne Harmoniegerüst ganz gut jazzen läßt, nur mit einem tonalen Zentrum, oder auch ohne, daß man sogar ohne regelmäßigen Puls improvisieren und dieses emotionale Klima erzeugen kann. Seither wird das Spektrum immer breiter, die Rockrhythmen in der Folge von »Bitches Brew«, der modale Wohlklang Marke ECM, und, für mich ganz wichtig, die vielen eigenständigen Formen einer *improvised music* in Europa schon seit der Mitte der 60er Jahre in ihrer deutschen, englischen, niederländischen, französischen und sonstigen Ausprägung, auch als die der als solche apostrophierten »Jazzdissidenten« mit ihrer teils bewußten Abkehr von den *roots.* Der Albert hat nun diese ganze Entwicklung in allen möglichen Kontexten aktiv mitgemacht und hat deshalb einen immensen Erfahrungsbackground. Er mischt das alles auf seine ganz persönliche Art, wobei immer das Jazzfeeling da ist. Das ist auch mein Anliegen, und deswegen interessiert es mich, wie er so auf seine Art dran ist. ■

Auf unseren Reisen in Asien kamen wir natürlich auch mit indischer Musik in Berührung. Eine sehr interessante Begegnung hatte ich mit einem indischen Musikwissenschaftler, der zwar kein Musiker war, sich aber ausgezeichnet auskannte. Er erklärte mir die wesentlichen Skalen, die sogenannten Ragas, wobei ich erkennen konnte, daß es da einige Parallelen zum Jazz gibt, zum Beispiel Ragas, die mit Skalen des Jazz identisch sind. Trotz dieser Berührungspunkte hatte ich immer gewisse Bedenken, wenn man Jazzmusiker, in der Regel waren es Free-Musiker, mit indischen Musikern zusammenbrachte. Denn meist war es so, daß die indischen Musiker sich streng an ihre klassischen Ragas hielten, während die Free-Musiker spielten, was ihnen gerade einfiel. Ich fand immer, daß das nicht so recht zusammenpaßt, denn wenn man diese Begegnung mit indischer Musik sucht, sollte man sich auch an ihre Regeln halten, damit eine gewisse Verbindlichkeit entstehen kann. Auch hatte ich oft das Gefühl, daß der Versuch, als europäischer oder amerikanischer Musiker indische Musik zu machen, ein bißchen aufgesetzt wirkt, wobei es mittlerweile Beispiele gibt, die zeigen, daß auch etwas sehr Gültiges entstehen kann. Man muß nur an John McLaughlin denken oder an Charlie Mariano, der allerdings auch einige Jahre in Indien gelebt und bei Meistern der indischen Musik studiert hat. Charlie hat zum Beispiel neben »South Indian Line« ein Stück ins United Jazz+Rock En-

semble eingebracht, das auf einem bestimmten Raga basiert, »Raga Yagapriya« auf der Platte »Round Seven«. Das Stück fordert, daß man sich in der Improvisation streng an diese Skala hält. Ich spiele da auch ein Solo.

Ich durfte selber mal eine Erfahrung machen, die umso interessanter ist, als ich, wie gesagt, immer eine gewisse Skepsis hegte gegenüber diesen Versuchen. Ich hatte die Idee für eine Melodie gefunden und war daran, sie auszuarbeiten. Während des Arbeitens entdeckte ich, daß diese Melodie, die sich im übrigen auf einen ausgehaltenen Ton bezieht, eine Skala ergibt, und zwar eine 8tönige: G, Bb, B, Cis, D, Es, F, Fis und wieder G. Alle Improvisationsversuche zeigten, daß nur diese sich aus der Melodie ergebende Tonleiter richtig und gut klingt, alles andere klingt verkehrt, obwohl nur, wie gesagt, ein einzelner Ton, das G, dieser Melodie unterliegt. So hat sich also von hinten etwas eingeschlichen, ohne daß mir das bewußt gewesen wäre. Von diesem Stück existiert eine Plattenaufnahme mit Wolfgang Dauner: »Wheat Song« auf »Two Is Company«. Eine andere Version spiele ich in meinen Solokonzerten, und zwar in der Weise, daß ich das Publikum auffordere, ein G zu summen, was den Leuten übrigens großen Spaß macht und eine interessante Abwechselung in einem Solokonzert ist. Auch da halte ich mich in der Improvisation ganz strikt an diese Skala.

Wohl die meisten meiner Stücke, wie der eben genannte »Wheat Song« auch, sind mir beim täglichen Üben eingefallen, das ich gerne mit freiem Improvisieren beginne, also unbelastet von technischen Übungen. Das sind dann keine fertigen Stücke, eher eine Idee oder eine kleine Phrase, die ich, wenn sie gut ist, aufschreibe und später ausarbeite. Wenn mir zum Beispiel jetzt nichts einfiele, ich aber ein Stück bräuchte, könnte ich auf Stöße Papier zurückgreifen, auf denen solche Ideen notiert sind. Und wenn man schon mal eine interessante Phrase oder einen Anfang hat, läßt sich eigentlich immer etwas daraus machen. Es ist aber nicht so, daß das die einzige Art ist, Stücke zu erfinden. Auch beim Gitarrespielen oder am Klavier können Einfälle kommen, oder wenn ich spazierengehe oder im Zug sitze, also die Beschränkung auf ein Medium gibt es nicht. Ich nehme allerdings an, daß man unbewußt doch immer ans Horn dabei denkt. Manchmal sind es auch nur *changes,* die mir einfallen, über die ich nachträglich eine Linie schreibe.

Während ich früher die mehrstimmigen Stücke auf der Posaune erarbeitet habe, bin ich heute auch am Klavier dazu in der Lage, denn ich kenne ja meinen Stimmumfang und weiß mittlerweile, mit welchen Kombinationen ich arbeiten kann und will.

»Mississippi Mud« ist zum Beispiel ein Stück, bei dem nur das Harmoniegerüst festliegt, das also keine Melodie hat. Die *changes* haben sich aus den Harmonien von »A Jazz Tune I Hope« entwickelt. Der Titel geht übrigens auf ein Erlebnis in Memphis, Tennessee, zurück, wo ich vor Jahren auf dem »Beale Street Festival« eingeladen war. Die Beale Street war in den 20er Jahren die Vergnügungsmeile in Memphis, mit vielen Etablissements, in denen auch Jazzgeschichte geschrieben wurde. Die

Straße existiert noch, während die Clubs und Bars mittlerweile längst verfallen sind. Das Hotel, in dem ich wohnte, liegt an einem Hang gegenüber dem Mississippi. Wenn ich aus dem Fenster guckte, sah ich diesen riesigen, breiten Fluß, diese rotbraun dahinfließende Masse, auf der mächtige Schleppkähne fahren. Das hat einen so starken Eindruck auf mich gemacht, daß ich den Drang verspürte, mal meine Hand hineinzuhalten. Meine Schuhe waren anschließend voll von diesem braunen Lehm. Dieser *mud* gab den Titel für das Stück ab. Heute sage ich es auch auf Deutsch an – »Mississippi Lehm am Schuh«, was man über die Reminiszenz hinaus als Metapher für Jazzfeeling verstehen kann. Dieses gewisse Feeling, das an einem klebt, in einem ist, wenn man sich seit seiner Kindheit immer mit Jazz beschäftigt hat. Das sitzt tief.

Auch »Multicultiphonia« gehört zu den Titeln, die eine zweite Ebene haben. Das Stück erschien auf einer Platte, die vom Multikulturellen Dezernat der Stadt Frankfurt initiiert wurde. Die Absicht war, und so ist es auch verwirklicht worden, einen Einblick zu geben in die vielfältige multikulturelle Szene in Frankfurt, indem man Gruppen verschiedenster Nationalitäten auf der Platte vorstellte. Mein Beitrag war ein Solostück, das ich »Multicultiphonia« nannte. Der Titel beinhaltet neben dem Bekenntnis zur sich immer stärker abzeichnenden multikulturellen Entwicklung unserer Gesellschaft das Wort »multiphonia«, die englische Bezeichnung für »mehrstimmiges Spiel«

Man hat nicht allzu oft Glück damit, einen Titel zu finden, der die Stimmung eines Stücks wirklich trifft und es außerdem noch attraktiv macht. Man denkt ja beim Komponieren nicht an einen Titel, zumindest ich nicht. »Ant Steps On An Elephant's Toe« ist so ein glücklicher Fall. Es ist mit das wichtigste Stück auf der Liveplatte »Trilogue« mit Jaco Pastorius und Alphonse Mouzon. Vielleicht ist es für viele Leute aber nur wegen des Titels das wichtigste Stück, daran gemessen, daß ich eine ganze Menge Zeichnungen und Fotos von Elefanten zugeschickt bekam. Der Zuspruch war ganz erstaunlich. Nun hat der Anfang des Stücks ja auch etwas Stampfendes, das an Elefanten denken läßt.

Joki Freund Albert hat im Komponieren eine ganz eigene Richtung. So schreibt eigentlich kein anderer, muß ich sagen. Wie er die Zusammenhänge der Läufe oder die Akkordfolgen schreibt, ist sehr eigensinnig und unwahrscheinlich interessant. Ich möchte sagen, er hat die Art, wie er Posaune spielt, direkt auf die Komposition übertragen. Wer mit seiner Art zu schreiben nicht vertraut ist, der hat schon seine Probleme damit, weil sehr viele Quarten und Quinten in seinen Stücken vorkommen, was von der Tonfolge her, ich möchte sagen: ungewohnte Sprünge sind. Glatt laufende, einfache Melodien, was man gemeinhin vielleicht schöne Melodien nennt, hat er nie geschrieben. Da ist er kein Freund von. Was noch charakteristisch für seine Stücke ist, so empfinde ich das, ist die Betonung der oberen Töne. Darauf hat er schon immer großen Wert gelegt, schon vor der Zeit seines Quintetts. Das kann inspiriert sein von Tristano, der wohl als erster die Art hatte, einer Linie die Richtung nach oben zu geben. ■

Manfred Schoof Jedes Stück ist in gewisser Weise doch immer Teil einer gedachten oder nicht ausgeführten Improvisation, insofern besteht ein starker Zusammenhang zwischen Spielweise und Komposition. In Alberts Spielweise wie in seinen Stücken sind die Quinten und Quarten die Hauptintervalle. Daraus hat er eine ihm eigene Melodik entwickelt. Das Titelstück der Platte »Reflections«, das auf Quinten basiert und auf reinen Dur-Akkorden, die seinem Spiel sehr entgegenkommen, habe ich als eine Art Verbeugung für ihn geschrieben. Quinten und Quarten, die ja reine Intervalle sind, haben etwas Signalhaftes. Jetzt, da ich gerade darüber nachdenke, wird mir klar: Seine Stücke haben etwas Signalhaft-Aufbruchhaftes, etwas Beginnendes, aber nicht chaotisch, sondern klar und nach oben treibend. Ich denke, daß es das sein könnte, was Alberts Stücke ausmacht. Das liegt einmal in der Art der reinen Intervalle und natürlich in seiner eigenen Art der Auffassung. ■

Günter Lenz Er hat immer, schon von Anfang an versucht, seinen kompositorischen Horizont zu erweitern und neue Klänge zu schaffen. Ich habe gerade eben auf der Fahrt hierher eine Cassette gehört, Mitschnitte vom Jazzensemble aus den letzten fünf, sechs Jahren. Da ist mir wieder bewußt geworden, daß wir uns eigentlich immer bemüht haben, in die Avantgarde zu gehen, nichts unversucht zu lassen, um neue Klänge zu schaffen, die eben nicht der Erwartung des allgemeinen Jazzpublikums entsprechen. Ich merke immer wieder, daß meistens nur die Musiker mitkommen, wenn es ein bißchen weitergeht. Mittlerweile ist das Publikum immerhin beim Bebop angekommen, was natürlich eine Wahnsinnsmusik war, ich stehe immer noch drauf, es sind eigentlich die *roots,* unsere *roots,* auf die wir seit eh und je aufgebaut haben. Aber durch das Bewußtsein, das sich in unserer Band geformt hatte, sind wir rausgetreten aus dem *stream* und haben ganz andere Klänge gewagt, die eigentlich der zeitgenössischen Musik zuzuschreiben sind. Ganz sicher hat sich das auch über Hörgewohnheiten entwickelt, die durch Klänge entstanden sind, die Albert damals kreierte. Ich glaube, daß wir Frankfurter Musiker eine ziemlich eigene Stilistik haben. ■

Es ist mir nie darum gegangen, leicht eingehende Melodien zu schreiben. Ich will gar nicht sagen, daß ich das nicht könnte, aber Dinge zu schreiben, die schon tausendfach da sind, ist nicht meine Sache.

Für größere Ensembles zu schreiben hat mich früher nicht sonderlich interessiert, erst in den letzten Jahren, was vielleicht damit zusammenhängt, daß ich die Leitung des Deutsch-Französischen Jazzensembles übernommen hatte, und nun solche Musik brauchte und auch Spaß daran fand, das konkret auszuprobieren. Es besteht sogar ein Zusammenhang mit dem mehrstimmigen Spiel auf der Posaune, durch das ich auf Klänge gekommen bin, die ich vorher gar nicht kannte und die ich nun auf größere Ensembles umzusetzen versuchte. Ein Jazzmusiker lernt ja nie aus. Allein um das auszuspielen, was auf dem Horn möglich sein könnte, brauchte man drei Leben und nicht nur eins.

Sehr wichtig für mich, was das Schreiben für einen großen Orchesterapparat anbelangt, ist die Bigband des Norddeutschen Rundfunks. Ab Mitte der 70er Jahre war ich immer mal wieder als Solist eingeladen, nachdem Wolfgang Kunert zu Beginn der 70er Jahre die Abteilung am NDR übernommen hatte, die auch für die Bigband zuständig ist. Kunerts großes Verdienst ist es, daß er die Bigband total umformte, sie zu einer Kulturinstitution machte, die in ihrer Wertigkeit heute einem Sinfonieorchester vergleichbar ist. Schon von Anfang an beauftragte er Arrangeure und Komponisten, die eine interessantere Musik schrieben als die bis dahin gängige Tanzmusik. Nicht zuletzt verpflichtete er für besondere Projekte immer wieder Dieter Glawischnig, der mittlerweile schon seit vielen Jahren der ständige Leiter der Bigband ist. Irgendwann fragte man mich, ob ich nicht selber was schreiben wollte. Die größte Besetzung, für die ich bis dahin geschrieben hatte, war, vom Deutsch-Französischen Jazzensemble abgesehen, das United Jazz+Rock Ensemble. Nun ging es hier gleich um ein Werk von 45 bis 60 Minuten. Ich habe mich halt drangesetzt und geschrieben. Als wir es gespielt hatten, war ich doch erstaunt, wie gut mir das, zum größten Teil zumindest, gelungen war. Das hat mir natürlich ganz neue Erkenntnisse gebracht und neue Möglichkeiten der Kreativität eröffnet. Vorher hatte mich das eigentlich gar nicht so interessiert, und, um ehrlich zu sein, ich hätte es mir auch nicht zugetraut. Vor anderthalb Jahren habe ich nochmal zwei Stücke für die Band geschrieben, wobei mir die gewonnenen Erkenntnisse natürlich zugute kamen. Ich bin Dieter Glawischnig schon dankbar dafür, daß er mir zutraute, das zu können und daß er sich ganz auf meinen Geschmack verlassen hat. Nun ist er allerdings auch ein sehr versierter Bandleader und Dirigent, der dazu in der Lage ist, das was man geschrieben hat, sehr gut einzustudieren und zu interpretieren.

Was mich schon sehr früh fasziniert und später dann musikalisch inspiriert hat, ist die Natur. Schon als Junge bin ich auch bei schlechtem Wetter viel lieber draußen im Feld und im Wald gewesen, als in der Wohnung zu sitzen. Dadurch habe ich mir viele Kenntnisse über die Natur angeeignet, die der durchschnittliche Stadtbewohner wahrscheinlich nicht hat. Besonders der Vogelwelt war ich immer zugetan. Irgendwann begann ich, Vogelstimmen aufzunehmen und mich damit zu beschäftigen. Ich habe sie auf langsamen Geschwindigkeiten abgehört und dabei sehr viele Inspirationen bekommen, gerade in der Zeit, in der ich vorwiegend Free Jazz gespielt habe. Es tauchte, wenn auch nicht bewußt gewollt, vieles in meiner Spielweise auf, das von dort herkommt. Ziel war auch immer, ich bin nur noch nicht so recht dazu gekommen, einige dieser Vogelrufe oder Vogellinien, wie ich es nennen möchte, kompositorisch zu verwerten, denn unter den Aufnahmen, die ich habe, sind einige dabei, die sich sehr gut eignen könnten. Vor ein paar Jahren ist ein Stück entstanden, dem ein ganz simpler und nur durch seine Rhythmik interessanter Vogelruf zugrundeliegt. Das Stück ist fast gezwungenermaßen entstanden, denn ein ganzes Frühjahr lang, jeden Morgen in der Früh, wenn unsereiner sich ausschlafen will, hat mich eine Meise, die vor unserem Schlafzimmer am Fenster saß, richtiggehend genervt. Immer wieder dieser gleiche Ruf aus zwei Tönen, ab und zu mal durch einen dritten Ton ausgewechselt, so daß aus einer Quinte eine kleine Sexte wurde. Ich habe diesen Ruf, ungefähr in der Rhythmik, wie ihn die Meise gesungen hat, aufgeschrieben und verschiedene Harmonien darunter gelegt. Das daraus entstandene 32-taktige Stück mit dem Titel »Meise vorm Fenster« habe ich in der Sendung »Trombirds«, die mir der Norddeutsche Rundfunk anläßlich meines 60. Geburtstags widmete, mit Wolfgang Dauner, Mathias Schubert und Wolfgang Haffner uraufgeführt. Später habe ich es für das Jazzensemble des Hessischen Rundfunks bearbeitet, für das United Jazz + Rock Ensemble und auch für die NDR-Bigband, mit der ich es aufgenommen und in Konzerten aufgeführt habe. So ist aus dem schlichten Vogelruf ein ziemlich umfangreiches Werk geworden. Das war das bis jetzt einzige Mal, daß ich mich kompositorisch ganz konkret mit Vogelrufen auseinandergesetzt habe. Ich beabsichtige aber nach wie vor, einiges, das ich auf Band habe, zu bearbeiten. Da geht es allerdings nicht um simple Rufe wie den der Meise, sondern um ganz diffizile, komplexe Linien.

Was mich auf ganz besondere Weise bewegt, sind Walgesänge. Ob man von Gesängen sprechen kann, weiß ich nicht, wahrscheinlich ist es ihre Art der Kommunikation, aber man könnte es so hören. Irgendwann sprach mich der Autor der Fernsehsendung »Wunder der Erde«, Professor Waldemar Bauer an, mit der Frage an mich herantrat, ob ich mir vorstellen könnte, über Walgesänge, die als Tonbandaufnahmen vorlagen, zu spielen. Da ich von dem ernsthaften Anliegen der Sendung überzeugt war, habe ich mich mit Freude darauf eingelassen. Entstanden ist ein kleines Stück von ein bis zwei Minuten, was wohl vielen Leuten, die die Sendung gesehen hatten, positiv aufgefallen ist, denn ich wurde noch lange danach immer wieder darauf angesprochen. Später, als ich die Soloplatte »Purity« machte, dachte ich, daß ich ein längeres Stück daraus machen sollte und nahm vier, fünf Minuten auf. Es war aber so, daß mir der Anfang derart eindringlich erschien, daß ich es bei etwa zwei Minuten beließ. Ich glaube, daß es ein sehr anrührendes Stück ist, das mein Gefühl der Scham, angesichts der Ausrottung der Wale und unseres unverantwortlichen Umgangs mit der Natur, ausdrückt. Deshalb der Titel »Shame«.

»Between Chops And Bells«
Kritiker

Der Jazz ist eine Kunstform, die immer noch um Anerkennung ringen muß, wenn auch nicht mehr in dem Maß wie in den ersten zwanzig Jahren nach dem Krieg. Von daher ist es verständlich, daß die Jazzkritiker im Allgemeinen recht wohlwollend schreiben. Sie wollen nichts kaputtmachen, schließlich ist die Situation des Jazz schon schwierig genug. Obwohl es immer mal welche gibt, die ganz schön ins Zeug hauen, zuweilen auch, um sich selber zu profilieren.

Manchmal wünscht man sich allerdings, daß die eine oder andere Kritik nicht so allgemein wäre, sondern etwas tiefer einsteigen würde, damit man merkt: Hier versteht dich einer. In diesem Zusammenhang möchte ich eine Kritik ansprechen, die vor kurzem in einer großen Tageszeitung erschien. Als Ganzes gesehen eine sehr positive Kritik. Wenn ich aber lese, ich phrasierte »im Idiom von J. J. Johnson«, dann fühle ich mich ziemlich mißverstanden. Ich frage mich: Wieso kommt ein Kritiker, von dem ich doch erwarte, daß er weiß, was er schreibt, zu dieser Aussage? Gewiß, es gibt auf den ganz frühen Platten vielleicht Ähnlichkeiten, die sich aber in einer ganz anderen Weise verstehen lassen. Er wie ich haben damals eine ganz normale Posaunentechnik gespielt, im Sinne dessen, was das Horn von sich aus hergibt, wenn auch auf einem technisch hohen Niveau und ohne jegliche Tricks. Ansonsten kann ich zwischen J. J. Johnson und mir keine Ähnlichkeit entdecken, weder in der Phrasierung noch in den musikalischen Linien. Gegen solche Vergleiche möchte ich mich wirklich verwahren. Ich kenne eine ganze Menge namhafter Leute, die genau in seinem Idiom spielen, was soweit geht, daß mancher sogar seine Phrasen klaut.

In der Kritik heißt es dann weiter: »Nur vor den Songschlüssen legt er noch einmal den ganzen Albert Mangelsdorff hinein, dann grunzt und singt er plötzlich auch farbig und mehrstimmig auf seinem Instrument«. Nun, ich denke, daß ich Akkorde spiele und nicht grunze. Davon abgesehen: Ich führe die Mehrstimmigkeit seit über zwanzig Jahren

Mit J. J. Johnson, Fabrik, Hamburg, 1990

aus, aber man kann deshalb nicht sagen, daß ich nicht schon vorher ein eigenständiger Posaunist gewesen wäre.

Lee Konitz J. J. Johnson war die Inspiration für alle Posaunisten, deshalb ist es verständlich, wenn von ihm immer wieder gesprochen wird. Aber er war es ganz gewiß nicht, von dem Albert inspiriert war. Das waren wohl doch die Linien der Tristano-Musik. Daß er ganz zu Anfang, das vermute ich mal, denn die frühen Jahre Alberts kenne ich nicht, vom sound J. J. Johnsons beeinflußt war, erscheint mir nur natürlich, denn kein Posaunist konnte sich dem entziehen, das war nun mal *the greatest sound.* Wenn aber heute jemand Alberts Idiom mit J. J. Johnson vergleicht, dann muß man sich fragen: Was weiß dieser Mann eigentlich? Über mich hat man auch schon geschrieben, ich käme von Paul Desmond, obwohl es gerade umgekehrt ist. Auch daß ich von Art Pepper beeinflußt sei, habe ich schon gelesen. Diese Leute wissen wirklich nichts. Sie sagen: Du hast gefälligst von dort zu kommen und damit Schluß. ■

Fritz Rau Es gab und gibt große Posaunisten, J. J. Johnson, Jimmy Knepper, Eje Thelin oder Curtis Fuller. Albert hat mit keinem von ihnen etwas zu tun, er ist *the one and only* Albert Mangelsdorff, und das wird einem jeder, der sich mit ihm beschäftigt hat, bestätigen. Selbst für einen Nichtjazzer aber Blues-inspirierten Musiker wie Carlos Santana ist er eine Inspirationsquelle. Carlos hat mir mehr als einmal gesagt: *Albert Mangelsdorff is my master of improvisation.* Wer Alberts Spielweise mit J. J. Johnson oder sonstwem vergleicht, ist ein kleines Licht, das keine Ohren hat. ■

Auch mit der Interpretation, meine Musik klinge »deutsch«, was ich einmal in einer Zeitung gelesen habe, kann ich nicht einverstanden sein. Es liegt mir fern zu leugnen, daß ich Deutscher bin, obwohl es mittlerweile wieder so weit ist, wenn man an den wachsenden Ausländerhaß denkt, daß man sich fast schämen muß. Ich muß mich aber schon insofern gegen eine Qualifizierung dieser Art wehren, als es früher einen ziemlich abwertenden Beigeschmack hatte, wenn man über einen sagte: Der klingt typisch deutsch. Das war nämlich einer, der Jazz spielen wollte aber nicht konnte, weil er zickig spielte, das heißt: der konnte nicht swingen, und swing ist nun mal ein Wesenselement des Jazz. Mir wäre es angenehm, wenn man sagte: Das ist typisch Albert Mangelsdorff.

Ulrich Olshausen Er reagiert ungeheuer empfindlich, wenn ihm einer reinredet, wie er spielen soll. Bei seinen Kompositionen kann man schon mal sagen: Das ist ein bißchen zu lang, oder: Es sollte vielleicht jeder einen Chorus weniger spielen. Was aber seine Spielweise angeht, da ist er äußerst empfindlich. Bei Christof Lauer oder Heinz Sauer kann man durchaus mal sagen: Ich finde deinen ersten Chorus viel besser als den zweiten, oder: Dein Chorus ging nicht so richtig los. Das dürfte man dem Albert absolut nicht sagen. Er hat da so einen gewissen Einsiedlerstolz. Er hat mich mal, das war ziemlich am Anfang meiner »Jazzensemble«-Zeit, ungeheuer angefahren: Ich bin doch nicht aus irgendwelchen Bands ausgestiegen, um mir von dir sagen zu lassen, wie ich zu spielen habe. Der Albert beurteilt alles selbst. Oft kommt er zu den gleichen Einschätzungen, die man selber hatte, aber er will sich das nicht sagen lassen. Das ist ja auch sein gutes Recht, das sehe ich durchaus, schon weil er nie Kompromisse gemacht hat wie viele andere, die irgendwelche Studiogigs annehmen, nur um Geld zu verdienen. ■

Jazz ist nach meiner Auffassung eine individuelle, eine sehr persönliche Musik. Das soll nicht heißen, daß der Künstler sich neben seine Lebensumstände stellen könnte. Er lebt wie jeder andere mittendrin, und wie bei jedem anderen wirken sie in seine Arbeit hinein. Ein Musiker in New York oder Chicago hat andere Probleme als ein Musiker in Frankfurt oder Mailand. Da aber Jazz eine Kunstform ist, die ein Höchstmaß an Freiheit gewährt, hat er die Chance, auf sehr persönliche Weise darauf zu reagieren, also einen Ausdruck zu finden, der typisch für ihn ist und nicht typisch für Amerika oder Deutschland oder Italien.

Lee Konitz Ein nicht geringer Teil amerikanischer Musik ist von Schwarzen geschaffene Musik. Davon lernte ich, so wie auch Lennie Tristano von Art Tatum lernte, von Nat Cole, Earl Hines oder Bud Powell. Das ist ein ganz wichtiger Gesichtspunkt, der es schwer gemacht hat für mich, als einen weißen Spieler, Jazzmusiker zu sein. So habe ich mich natürlicherweise nie als einen Bluesspieler angesehen, denn der Blues ist inspiriert durch die Schwarzen, ja, ich habe mein Leben lang gedacht, daß ich mich entschuldigen müßte, Jazz zu spielen. Europäische Musiker waren noch einen weiteren Schritt dahinter, aber über die Jahre absorbierten sie die Techniken überragender amerikanischer Musiker. Und jetzt gibt es auch in Europa außergewöhnliche Leute wie Albert Mangelsdorff oder Martial Solal. Ich denke allerdings, daß die Europäer im Mainstream, also der eher traditionellen Spielweise, zurück sind, im freien Improvisieren aber die Dinge weiterentwickelt haben. In dieser Richtung gibt es führende Leute in Europa. ■

Heinz Sauer Es ist eine alte Leier, aber ungeachtet dessen ein Tatbestand, daß der Jazz es noch immer nicht geschafft hat, die ihm angemessene öffentliche Anerkennung zu finden. Man muß sich doch mal vor Augen führen, wie andere kulturelle Bereiche subventioniert werden. Und warum ist das so? Weil noch immer Einstellungen zum Jazz in den Köpfen herumschwirren, die, ich möchte mal sagen: Relikte aus der Hitlerzeit sind. In jedem Fall kann man von einer noch immer verbreiteten Einstellung sprechen, die die Ernsthaftigkeit dieser Musikform in Frage stellt. Und leider geistert das auch in den Köpfen derer herum, die über die Mittel zu befinden haben. Insofern hat es ein Jazzmusiker wirtschaftlich ungleich schwerer als ein Maler, Schriftsteller, Bildhauer oder ein sogenannter E-Komponist. Hinzu kommt, daß es heute sehr viel mehr Jazzmusiker gibt als zu der Zeit, als wir anfingen, was zwangsläufig zu einer immer stärkeren Konkurrenz führt. Ob das dem Jazz gut tut, wage ich allerdings zu bezweifeln. Ich habe manchmal das ungute Gefühl, daß die Konkurrenz nicht unbedingt auf dem Terrain der Kreativität ausgetragen wird, sondern nach dem Motto: Wer ist der Schnellste im ganzen Land? ■

Ich habe nicht erst seit heute den Eindruck, daß manche unserer Kritiker die Angst haben, einen europäischen Musiker zu groß werden zu lassen. Vielleicht hat das mit einer gewissen Amerika-Gläubigkeit zu tun, als könnte aus Europa nichts Originelles kommen. Auch was mich angeht, stelle ich manchmal fest, daß sie in einer Weise schreiben, als ob sie befürchteten, sie würden mich zu sehr aufwerten. Ich will mich nicht beschweren, aber hin und wieder habe ich schon den Eindruck, daß meine Mehrstimmigkeit als etwas ganz Selbstverständliches hingenommen wird. Das ist sie aber nicht. Sie ist eine sehr außergewöhnliche Sache. Nicht daß ich mich mißverstanden fühle, aber ich meine, daß man den Wert der Sache doch ab und zu mal etwas deutlicher benennen könnte. Vielleicht liegt es wirklich daran, daß ich ein europäischer Musiker bin.

Wenn ich sagte, daß ich mir manchmal eine etwas differenziertere Auseinandersetzung seitens der Kritiker wünsche, dann gilt das auch für negative Kritiken. Zum Beispiel damals, als der Free Jazz aufkam, glaubten so manche Kritiker, die sich in dieser Richtung angesiedelt hatten, jeden anderen Jazz als Opajazz abqualifizieren zu müssen. Da wurden hin und wieder Meinungen aufs Papier gebracht, die einer Ideologie näher standen als dem, was sie zu sein vorgaben, womit sie dem Free Jazz überhaupt keinen Gefallen getan haben. Um mitzuhelfen, daß anerkannt wird, was er an Wert besitzt, hätten sie ihn nicht gegen das andere absetzen dürfen, sondern als etwas Eigenes herausarbeiten müssen. Ich bin da mal reingeraten und ziemlich sauergekocht worden. Es hieß, ich würde wohl eigenwillig spielen, aber von der Syntax her mit normalen Mitteln arbeiten. Die wollten, daß man so spielt, wie sie es erwarteten.

An und für sich habe ich zu Kritikern ein gutes Verhältnis, zum Teil kennt man sich schon lange und bringt sich auch eine gegenseitige Wertschätzung entgegen. Ich mußte allerdings mal eine Erfahrung machen, das war Anfang der 50er Jahre, aus der ich die Konsequenz zog, mich bedeckt zu halten. Es war nach einem Auftritt, als ein Kritiker auf mich zu kam und mir sagte, ich hätte toll gespielt. Ich war aber gar nicht so zufrieden mit mir und sagte ihm das auch. Am nächsten Tag konnte ich in der Zeitung lesen, daß ich schlecht gespielt hätte. Seitdem sage ich nur noch »danke«, wenn mich ein Kritiker lobt.

Selbstverständlich kann man nicht alle über einen Kamm scheren. Es gab sehr gute Kritiker und es gibt sie auch heute. Wenn man sich aber daran erinnert, wie meinungsbildende Presseorgane beispielsweise auf den Tod von Miles Davis reagierten haben, kommt man nicht umhin festzustellen, daß es nicht allzu wenige Jazzkritiker gibt, die man als sehr inkompetent bezeichnen muß. Denn nach allem, was zu lesen war, muß der Eindruck bleiben, daß so mancher wenig interessiert ist an Jazz und an Miles Davis nur insoweit, als es sich um Randerscheinungen seines Lebens handelt, die mit seiner Musik im eigentlichen Sinne nichts zu tun haben. Miles Davis, der wie kaum ein anderer, Parker und Coltrane ausgenommen, sein ganzes Leben lang so viele Musiker inspiriert hat, hätte wirklich bessere Kritiker verdient gehabt. Mancher scheute nicht einmal davor zurück, ihm statt eines respektvollen Nachrufs einen Schmähruf nachzuschicken.

»Extemporary«

Jazzmusiker und E-Musiker

Es gab und gibt immer noch Vorbehalte, wenn nicht gar eine Arroganz, seitens klassischer Musiker gegenüber Jazzmusikern, wohl nicht in dem Maße wie in den 50er Jahren, aber es wäre da noch allerhand auszuräumen. Viele dieser Leute sind ganz einfach ignorant, weil sie nicht anerkennen wollen, was im Jazz geleistet wird. Ich habe zu diesem Thema einige unerfreuliche Erfahrungen gemacht. Ein vergleichsweise harmloses Beispiel, das aber die Haltung von E-Musikern illustriert, ist dies: In den 80er Jahren hatte Wolfgang Dauner ein Werk für großes Orchester geschrieben, das in Hannover mit dem Radio-Sinfonieorchester, unter der Leitung von Dieter Glawischnig, aufgenommen wurde. Wolfgang und ich wirkten als Solisten mit. Einmal, als Dieter Glawischnig mit dem Orchester etwas besprach, hörte ich, wie einer der Cellisten zu seinem Kollegen sagte: Also, wenn so etwas im Radio kommt, schalte ich sowieso ab. Anstatt sich zu freuen, daß er einmal etwas anderes spielen darf.

Das Schlimmste, was ich in diesem Zusammenhang erlebte, war mit der Rheinischen Symphonie in Mönchengladbach. Wir studierten ein Werk für Sinfonieorchester und Jazz-Combo ein, das von dem jungen E-Komponisten Mathias Spahlinger geschrieben war. Ich kannte Spahlinger schon, als er 15, 16 Jahre alt war. Er kam sehr oft in den Jazzkeller zum Zuhören. Seine Komposition war ziemlich experimentell angelegt, wobei die Musiker Dinge zu tun hatten, die sie nicht zu tun gewohnt waren. So hatten die Geiger mit der Rückseite des Bogens in einer bestimmten Rhythmik auf die Saiten zu schlagen. Das haben die aber abgelehnt. Schließlich hat man Stöcke gekauft, mit denen sie statt des Bogens schlagen sollten. Dazu waren sie nun bereit. Das aber war schwierig, denn vom Ablauf her war kaum Zeit, den Bogen abzulegen und den Stock aufzunehmen. Das Ganze war ziemlich lächerlich. Doch das Schlimmste kam noch. Die Uraufführung klappte sehr gut und das Publikum applaudierte einhellig. Plötzlich kamen Buhrufe. Aber nicht aus dem Publikum, nein, die kamen aus dem Orchester. Das muß man sich

einmal vorstellen. Mal davon abgesehen, daß man damit sein eigenes Publikum ausbuhte, buhte man ein Werk aus, das man eben gerade selbst gespielt hatte. Das ging wohl in erster Linie gegen den Komponisten, aber natürlich auch gegen den Jazz, denn die Musik, die wir, die Jazz-Combo, spielten, war kein unwesentliches Moment in diesem Werk.

Nun war die Zusammenarbeit mit klassischen Orchestern nicht immer so negativ, es gab auch durchaus erfreuliche Erfahrungen. Ein Beispiel ist die Zusammenarbeit mit dem Hamburger Opernorchester, mit dem wir, ein Jazz-Septett, die Oper »The Visitation« von Gunther Schuller aufführten. Nun war die Leistung, die wir hier zu erbringen hatten, so außerordentlich, daß die Orchestermusiker einfach nicht umhin konnten, uns das anzuerkennen.

In den 60er und 70er Jahren wurde ich auch relativ oft von E-Komponisten geholt, und zwar immer dann, wenn sie Improvisatoren brauchten. In diesen Werken stand für meinen Part weiters nichts drin als die Angabe, soundso lange zu improvisieren. Irgendwann habe ich das abgelehnt, einmal weil die Musik nicht losgeht wie im Jazz, was unbefriedigend für mich ist, und zum anderen kam ich mir oft ganz schön ausgenutzt vor. Denn wenn ich sozusagen spontan komponiere und der, der die Angabe »Improvisieren« gemacht hat, die Tantiemen bekommt, ist das einfach nicht in Ordnung.

Neuerdings, durch meine Tätigkeit als Leiter des Deutsch-Französischen Jazzensembles, habe ich den E-Bereich wieder aufgenommen. Irgendwann kam die Idee auf, etwas zusammen mit der Deutsch-Französischen Jungen Philharmonie, die von Justus von Websky geleitet wird, zu machen. Wir spielten Werke von Wolfgang Dauner, Martial Solal, François Jeanneau, Patrice Mestral, Alex von Schlippenbach, Reiner Brüninghaus und George Gruntz, und ich muß sagen, daß das großen Spaß gemacht hat und eine sehr fruchtbare Zusammenarbeit war. Nun liegt das wohl daran, daß junge E-Musiker noch mit echtem Elan und wirklichem Interesse an die Sache herangehen, mit größerer Offenheit als knöcherne Beamte.

Übrigens hat mir letzthin jemand zugetragen, ein klassischer Musiker habe gesagt, diese Jazzmusiker hätten eigentlich nichts anderes im Sinn, als mit ihrem Können zu brillieren. Das ist eine ganz neue Variante, denn früher hat es immer geheißen, die Jazzmusiker könnten kaum ihr Instrument halten.

Wolfgang Dauner Die E-Musiker, die E-Komponisten vielleicht noch mehr, haben ein ziemlich gestörtes Verhältnis zu improvisierenden Musikern. Was ich allerdings immer bemerkt habe, ist, daß die Leute aus dem Orchester, speziell die Posaunisten, fast ehrfürchtig wurden, wenn Albert seine Mehrstimmigkeit gespielt hat. Das war etwas, wo sie, frei von allen stilistischen Überlegungen, bewerten konnten wie schwer das zu machen ist. Ansonsten kommt man als freier Künstler mit diesem organisierten Orchesterapparat kaum zurecht. Einmal, wir hatten gerade ein Stück geprobt, das graphisch notiert war, das heißt, die Tonhöhe war nur angedeutet und die Streicher mußten sich ihre Töne entsprechend suchen. Das war ungewohnt und deshalb schwierig für sie. Nach etwa einer Stunde Probe waren wir soweit, aufnehmen zu können. Da steht der Orchestervorstand auf und sagt: 20 Minuten Kaffeepause. Die haben den Bogen hingelegt und sind rausgelaufen. Man kann sich das einfach nicht vorstellen. Wie will man mit dieser Haltung Kunst machen? ■

Martin Göss Als Student habe ich Albert Mangelsdorff das erste Mal in Würzburg gehört. Von dem Moment an war ich fasziniert, nicht nur von seinem Ton und seiner Stilistik, sondern auch davon, wie er dazu in der Lage ist, stundenlang zu spielen, ohne zu ermüden. Normalerweise ist ein Posaunist, wenn er ein längeres Stück gespielt hat, abgeblasen, er aber nicht, und manche seiner Stücke dauern ja bis zu zwanzig Minuten. Das ist phänomenal. Um herauszufinden, wie er das macht, habe ich ihn beobachtet und kopiert. Da ich in Frankfurt lebte und über zwanzig Jahre Soloposaunist im Sinfonieorchester des Hessischen Rundfunks war, bevor ich die Professur in Würzburg annahm, ergab sich natürlich auch da und dort die Gelegenheit, mit ihm darüber zu sprechen. Ich habe von ihm gelernt, daß die Musik schon durch die Lippen vorgeformt sein muß. Sie muß sozusagen erst im Körper sein, bevor sie durch das Mundstück in die Posaune kommt. Das kann man

an der Art, wie er sich einbläst, beobachten, wenn er nur mit den Lippen bestimmte Phrasen spielt, also ohne Mundstück und Instrument. Man kann das mit einem E-Baß vergleichen, der nicht ans Netz angeschlossen ist. Ich praktiziere das auch mit meinen Studenten. Dabei muß alles über die Stütze laufen, wie bei einem Sänger. Viele machen den Fehler, daß sie, besonders in den hohen Registern, zu sehr mit Druck auf das Mundstück spielen. Dadurch ermüden die Lippen sehr schnell. Um vom Ansatz her locker zu bleiben, muß der Körper angespannt sein wie bei einem Sportler, aber ohne viel Druck der Lippen auf das Mundstück. Diese schwierige Balance zwischen Druck und Lockerheit hat er im Lauf von vierzig Jahren perfektioniert. Uns sogenannte klassische Posaunisten hat er das gelehrt.
Ich habe dreißig Jahre lang überall mitgemischt, von Palermo bis Helsinki, vom Avantgarde-Festival in Donaueschingen bis zu den Bayreuther Festspielen, und wo sonst noch; ich kann auch mehrstimmig spielen, was ja in vielen modernen Stücken verlangt wird. Deshalb glaube ich sagen zu dürfen, daß Albert Mangelsdorff einer der größten Posaunisten ist und bleibt, nicht nur im Jazzbereich, die Klassik eingeschlossen. Wohl gibt es Posaunisten, die technisch genauso gut spielen wie er, aber er ist der seriöseste von allen. Ich meine damit: er arbeitet ohne Netz und doppelten Boden, ohne irgendwelche Tricks, ehrlich und sauber. Eine wirklich kreative Figur, an der kein Weg vorbeiführt, ich möchte sagen: eine Institution. Als Mensch mag ich ihn sowieso. In meinem Musikzimmer hängt ein Bild von ihm. ■

»It Helps«
Ehrungen

Natürlich freut man sich, öffentlich anerkannt zu werden. Aber daß ich jemals sportlichen Ehrgeiz entwickelt hätte, diesen oder jenen Preis zu bekommen, kann ich nicht von mir sagen. Schließlich geht es um Musik und nicht um Trophäen. Eine Auszeichnung allerdings, die mir eine ganz besondere Freude gemacht hat, war die »Bird Trophy«, ein Preis, der 1985 in Holland ins Leben gerufen wurde und von einer Jury aus internationalen Jazzkritikern vergeben wird.

Natürlich hat dieser Preis einen höheren Stellenwert als beispielsweise das Bundesverdienstkreuz, das man mir 1982 verliehen hat. Die Entscheidung, es anzunehmen, ist mir im Übrigen nicht gerade leicht gefallen, denn es gab genug Leute, die es aus gewichtigen Gründen abgelehnt hatten, was mir auch immer einsichtig war. Daß ich mich dennoch entschied, es anzunehmen, hatte den Grund, daß ich mir sagte: Das bin nicht nur ich, der hier geehrt wird, sondern, und nicht zuletzt, diese Musik Jazz, die dadurch eine öffentliche Aufwertung erfährt. Ob nun ein Bundesverdienstkreuz tatsächlich dazu beiträgt, dem Jazz ein bißchen mehr Anerkennung abzugewinnen, sei dahingestellt, jedenfalls war es der Beweggrund für meine Entscheidung. Die Verleihung fällt übrigens noch in die Zeit der sozial-liberalen Koalition.

Es gab allerdings Leute, die mich deswegen sehr kritisierten. So sagte ein Fersehkommentator anläßlich einer Aufzeichnung von mir, er könnte nicht verstehen, daß ich das Bundesverdienstkreuz nicht abgelehnt hätte. Ein Frankfurter Schriftsteller kündigte mir gar die Freundschaft und schickte mir eine Postkarte mit ziemlich üblen Beschimpfungen.

In dem Zusammenhang fällt mir eine Begebenheit ein. Ich hatte zu der Zeit beim Norddeutschen Rundfunk eine Aufnahme und saß danach in der Kantine, um etwas zu essen. An einem Tisch hinter mir saßen ein paar Musiker des Sinfonieorchesters, die sich miteinander unterhielten.

Mit Friedrich Gulda, 1976

Plötzlich hörte ich wie einer sagte: Habt ihr eigentlich gehört, daß der Mangelsdorff das Bundesverdienstkreuz bekommen hat? Worauf ein anderer sagte: Also, daß man so einem das Bundesverdienstkreuz verleiht... Die haben das als einen wirklichen Skandal empfunden, daß ein Jazzmusiker eine solche Auszeichnung bekommt. Mir jedenfalls war es eine Genugtuung, denn nun wußte ich, daß meine Entscheidung doch nicht ganz verkehrt war.

»The Very Human Factor«

Kollegen

Ich bin oft gefragt worden: Was sind deine Vorbilder, oder, wieso spielst du so, wie du spielst? Ich meine, man sollte dabei in erster Linie an die Kollegen denken, mit denen man lange gespielt hat, denn es bleibt wohl nicht aus, daß die einen Einfluß auf einen genommen haben. Die waren wahrscheinlich doch prägender als Leute, mit denen man halt mal gespielt hat oder die man nur gehört hat, sei es im Konzert oder auf Schallplatte. Und auch prägender als die, von denen man sagt, daß sie vielleicht in den Anfängen Vorbilder waren.

Der Jazz ist eine Musik, die subjektiv und zugleich kommunikativ ist. Das heißt, man steht mit seinen Mitspielern in einem wechselseitigen Zusammenhang des Agierens und Reagierens. Man nimmt einen Gedanken des anderen auf, entwickelt ihn weiter, bringt einen neuen Gedanken ins Spiel, der wieder von den Mitspielern aufgenommen wird und so weiter. Diese Erfahrungen, die man da macht, lassen sich nicht so leicht benennen, sie laufen weitgehend über das Musikalisch-Emotionale. Wenn ich zum Beispiel bei Jam Sessions mit einem Posaunisten auf der Bühne stand, habe ich mich öfter mal dabei ertappt, daß ich, ohne daß ich das wollte, nach einiger Zeit gespielt habe wie der. Es gehen da unbewußt Dinge in einen ein, die man schlecht greifen kann. Das passiert einfach. Von daher versteht es sich von selber, daß die Kollegen, mit denen man über zehn Jahre gespielt hat, einen ziemlich mitgeprägt haben. Nehmen wir einen Mann wie Heinz Sauer, der in all den Jahren eine unwahrscheinliche Entwicklung durchgemacht hat. Gerade auch durch ihn gab es immer eine Weiterentwicklung in der Gruppe. Das war natürlich auch für mich inspirierend, obwohl wir in der Ausdrucksweise wirklich nicht sehr ähnlich sind. Trotzdem war diese gewisse Gegensätzlichkeit ohne Zweifel fruchtbar. Das betrifft die anderen Kollegen aus dem Quintett genauso.

Man wird nicht allzu viele Bands finden, die über einen so langen Zeitraum zusammen waren. Ich bin aber immer für Kontinuität gewesen, andererseits hätte ich keinen Grund gehabt zu sagen, ich möchte auch mal mit anderen spielen, denn diese Gelegenheiten gab es ja zwischendurch immer wieder. Der Zusammenhalt war mir schon sehr wichtig. Und schließlich waren wir ja nicht nur Kollegen, sondern auch Freunde. Man hatte doch vieles miteinander erlebt. Auch das hält zusammen. Natürlich war keiner der Kollegen einfach, aber man hat sich gegenseitig toleriert. Ich denke auch, daß ich die Toleranz habe, jedes Menschen Persönlichkeit zu akzeptieren, wie immer sie sein mag, es sei denn, es handelte sich um gravierende Mängel, mit denen man nicht zurechtkommen kann.

Wenn ich sagte, daß man vieles miteinander erlebt hat, fällt mir eine Begebenheit ein, die vielleicht die peinlichste in meiner langen Karriere war. Wir waren 1965 in London auf dem Richmond Festival engagiert. Da Günter Kronberg krank war, spielten wir in Quartett-Besetzung. Nachdem bereits einige Bands dran waren, kam unser Auftritt. Wir gehen also auf die Bühne, wo uns ein professioneller Ansager namentlich vorstellte. Nach dem Vorstellungsapplaus kündigte er plötzlich an: »And now, the Albert Mangelsdorff Quartet with – Auschwitz Blues.« Wir wären am liebsten in den Boden versunken. Das kam so überraschend, daß ich gar nicht reagieren konnte. Was hätte ich auch sagen können? Man muß sich das vorstellen – Auschwitz Blues. Was das für ein Anspruch bedeutet hätte, ausdrücken zu wollen, was da auszudrükken wäre. So gut kann man gar nicht spielen. Ich bin also ans Mikrophon und habe den wirklichen Titel unseres ersten Stücks genannt. Wir haben unser Programm gespielt, aber ich war die ganze Zeit durch noch schockiert. Hinterher erkundigte ich mich, wie dieser Mann dazu kam, eine derartige Ansage zu machen. Es stellte sich heraus, daß er in der Garderobe mit ein paar englischen Musikern über das Programm gesprochen hatte und dabei fragte: *Albert Mangelsdorff Quartet, I wonder what they are going to play.* Worauf einer der Musiker, Ian Hamer, der Bruder des Trompeters Stu Hamer, etwas salopp dahersagte: *Auschwitz Blues.* Die haben das noch als einen Witz empfunden.

Irgendwie empfinde ich schon ein bißchen Stolz, wenn das der richtige Ausdruck ist, daß diese Kollegen, mit denen ich so lange gearbeitet habe, alle, auch wenn sie schon damals tolle Musiker waren, ihren ganz

Mit Stu Martin und John Surman, 1976

eigenen Weg gegangen sind. Zum Beispiel Heinz Sauer, den ich immer, aber heute ganz speziell, für einen der allergrößten Saxophonisten halte. Auch was er als Komponist leistet, diese Originalität ist einfach großartig. Oder Ralf Hübner, der sich eigentlich erst nach unserer gemeinsamen Zeit intensiv mit dem Komponieren beschäftigt hat, auch wenn er damals schon ab und zu mal für das Quartett etwas schrieb. Dieser Mensch ist so was von kreativ, ich kann manchmal gar nicht fassen, was er so alles an Stücken anbringt, wieviel dem einfällt und wie gut er das instrumentieren kann, mal abgesehen davon, daß er natürlich ein toller Schlagzeuger ist. Nicht zu vergessen die großartigen Plattenaufnahmen von Heinz und Ralf. Oder Günter Lenz, der sich ebenfalls zu einem herausragenden Stückeschreiber entwickelt hat. Er schreibt nicht soviel für das Jazzensemble des Hessischen Rundfunks wie Ralf, dafür aber für Bigbands, unter anderem für die NDR-Bigband. Wenn ich Wolfgang Kunert oder Dieter Glawischnig zitieren darf, die halten ihn für den derzeit wichtigsten Arrangeur hierzulande. Nicht zu vergessen Günter Kronberg. Er war weniger Komponist, aber ein sehr origineller Alt- und Baritonsaxophonist mit einem wunderschönen Ton und einer sehr seelenvollen Aussage. Durch seine Spielweise brachte er das Moment des Gefühlsbetonten in die Band, das, ich möchte sagen: hörbarer war als bei uns anderen. Wenn ich eben vom »Jazzensemble« sprach, darf ich Joki Freund nicht unerwähnt lassen, auch wenn er nicht in unserer Band war. Er war und ist noch heute einer der kreativsten Stückeschreiber, die ich kenne. In diesen vielen Jahren, seit das Jazzensemble besteht, hat er eine Unmenge toller Stücke abgeliefert. Ich habe sehr viel von ihm gelernt.

Etwa ein Jahr lang, zwischen 1972 und 1973, war auch der Pianist Bob Degen Mitglied des Quintetts. Leider gibt es aus jener Zeit keine Aufnahmen; später hat Bob Degen mit Ralf Hübners »Voices« und mit Heinz Sauer großartige Aufnahmen gemacht, nicht zu vergessen seine Mitarbeit im Jazzensemble, dem er seit langer Zeit angehört. Ein wunderbarer Musiker.

Ulrich Olshausen Ich finde, daß wir im Jazzensemble gerade in der letzten Zeit die besten Chorusse von Albert bekommen. Er macht Dinge, die ich von seinen Soloauftritten nicht kenne. Einschränkend muß ich sagen, daß ich ihn in der letzten Zeit nicht so oft als Solospieler gehört habe. Ich denke, daß das damit zu tun hat, daß er auch angetrieben wird durch die anderen, nicht zuletzt durch die eigenwilligen Kompositionen von Joki Freund, Ralf Hübner oder Heinz Sauer. Es ist ja so, vielleicht ist das ein Spezifikum des Jazzensembles, daß die Musiker in Felder geschoben werden, auf denen sie unter Umständen gar nicht so gerne spielen wollen, dann aber umso besser spielen, weil sie es als eine Herausforderung erleben. Unlängst habe ich mit Lee Konitz so etwas erlebt. Es war bei einem Stück von Ralf Hübner, das gar nicht so seine Sache war. Danach meinte er fast selbstzerstörerisch: Das ist das einzig moderne Stück, das ich in den letzten zehn Jahren gespielt habe. Gerade bei solchen Stücken spielt der Lee so toll, daß es einen umhaut.
Ich glaube, daß Albert sich im Ambiente des Jazzensembles einfach wohl fühlt, schon weil Musiker dabei sind, die er seit Jahrzehnten kennt, wie Joki Freund, Emil, Heinz Sauer, Ralf Hübner oder Günter

Lenz. Über das Menschliche hinaus sind das natürlich kreative und versierte Kollegen, mit denen er seine harmonisch und rhythmisch sehr anspruchsvollen Kompositionen einstudieren kann. Diese Möglichkeit hat er ja, vermute ich mal, nicht allzu oft, da er doch meist als Solist unterwegs ist, wenn man mal vom Deutsch-Französischen Ensemble absieht, mit dem er ja auch in einer gewissen Regelmäßigkeit arbeitet. ■

Heinz Sauer Es werden heute sogenannte Projekte vorgestellt, die in zwei, drei Tagen erarbeitet werden. Nun ist das ja ganz schön, sich in zwei, drei Tagen etwas auszudenken, andererseits aber sind die Varianten, die Möglichkeiten, die der Jazz bietet, sehr viel größer, wenn man über Jahre kontinuierlich etwas miteinander erarbeitet. Gerade beim Albert-Mangelsdorff-Quartett wird das besonders deutlich, das ja am Ende eine völlig andere Musik gemacht hat als zu Anfang, eine Entwicklung, an der natürlich jeder einzelne beteiligt war. Das führte mit der Zeit dazu, daß es auf der Bühne keiner Worte oder Noten bedurfte, aber jeder im Publikum das Gefühl hatte, einem Kunstwerk als Ganzem beizuwohnen. Anders geht das auch nicht. Das Ergebnis, wenn man ein paar Leute für ein Konzert auf die Bühne stellt, ist meistens nicht so erfreulich, denn es ist doch sehr selten, daß Leute zusammenkommen, die sich ähnlich sind. Gewiß, Albert und ich waren auch sehr gegensätzliche Leute. Aber wir haben ja über Jahre gemeinsam an etwas gearbeitet. Wenn man es auf einen großen Nenner bringen will, würde ich sagen: Wir haben gemeinsam daran gearbeitet, auf der Bühne möglichst kreativ und eigenständig zu agieren. Und ich denke, daß uns das auch gelungen ist. ■

Auch John Surman war für mich ein wichtiger Kollege. Ich hatte ihn in Stockholm kennengelernt, wo wir bei einer Rundfunkveranstaltung in einer Bigband und anschließend in einer kleinen Besetzung gespielt haben. Später, als er mit Stu Martin und Barre Phillips die Gruppe »The Trio« gegründet hatte, war ich, wann immer es möglich war, Gast bei ihnen. Wenn ich bei einem ihrer Konzerte auftauchte, war das selbstverständlich, daß sie mich aufforderten, hochzukommen und mitzuspielen. Wenn es vorkam, daß wir mit dem Quintett im gleichen Konzert auftraten, haben wir beide Gruppen zusammengeworfen und von Anfang bis Ende als eine Band miteinander gespielt. In den 70er Jahren führte es dann zur Gründung von »MUMPS«. Der Bandname ergab sich aus der Zusammensetzung aus M(artin) U(nd) M(angelsdorff) P(hillips) S(urman). Auch bei diesen Kollegen kann ich nicht so recht benennen, was es ausmacht, daß ich sie als wichtig für mich empfinde. Ganz bestimmt aber war es das tolle Duospiel mit John Surman und der Drive von Stu Martin, und nicht zuletzt das swingende Baßspiel Barre Phillips, den ich in New York kennengelernt hatte, wo wir in seiner Wohnung zusammen mit Attila Zoller eine Session machten.

Zbigniew Seiffert war auch ein ganz wichtiger Partner, mit dem ich einige Male Duo gespielt habe. Er war in den 70er Jahren sehr oft mit im Quartett, wenn Heinz Sauer verhindert war, zum Beispiel als Heinz für einige Zeit ausfiel, nachdem er sich einen Finger gebrochen hatte. Er war *der* Geiger im Jazz, meiner Ansicht nach am allerweitesten, und vom Geigenspiel her sicher der versierteste.

Nicht zu vergessen Dieter Glawischnig und seine Gruppe »Neighbours«, mit John Preininger und Ewald Oberleitner, bei denen ich oft Gast war. Auch das war eine sehr dankbare Tätigkeit.

Dieter Glawischnig Bevor ich Albert zum ersten Mal begegnet bin, das war Ende der 60er Jahre, bei einem Konzert in Linz, war er mir natürlich von seiner Musik her längst vertraut, spätestens seit der »Tension«-Platte, die mich sehr beeindruckt hatte. Später sind wir dann öfter zusammen aufgetreten, in einer Sextett-Besetzung mit Manfred Schoof, Gerd Dudek und meinem Trio »Neighbours« mit John Preininger und Ewald Oberleitner. So ist mit der Zeit ein persönlicher Kontakt gereift. Seit ich Leiter der Bigband des Norddeutschen Rundfunks bin, ist Albert immer wieder als Solist bei uns gewesen, zum Beispiel bei einer Produktion mit Werken des in New York lebenden Hamburger Komponisten Heiner Stadler, bei der auch Wolfgang Dauner, Manfred Schoof und Gerd Dudek mitgewirkt haben und die auch auf CD erschienen ist. Aber auch vorher schon, als ich seit 1973 einer der Gastdirigenten der NDR-Bigband war, hat er in einem meiner etwas vertrackten 12-Ton-Bebopstücke »Lines« als wirklich mitgestaltender Solist mitgespielt. Überhaupt war Albert einer der wichtigsten renommierten Musiker, die Wolfgang Kunert, der Redakteur der Bigband, der mich nach

Mit Günter Kronberg, Südostasien-Tournee, 1964

Hamburg geholt hatte, unterstützt haben, aus dem »Tanzorchester« eine Bigband zu machen, die sich auch auf zeitgenössischen Jazz einläßt.
An einen Auftritt mit Albert im Duo beim Musikforum in Breitenbrunn 1975 kann ich mich noch besonders gut erinnern, weil da eine ganz witzige Geschichte passiert ist. Der Albert sollte Solo spielen, fragte mich aber kurz vor seinem Auftritt, ob wir nicht was zusammen machen wollten. Vor uns spielte George Gruntz. Im Programmblatt hatte George Gruntz eine »Welturaufführung« angekündigt. Nun ja, er hatte das Werk ein bissl arg dick angekündigt: Für rechte Hand, linke Hand, für Diskant, ich weiß nicht für was sonst noch alles. Jedenfalls, als wir auf der Bühne waren, ging Albert ans Mikrofon und machte eine Ansage, eine ziemlich lange Ansage, und toternst: Auch wir, mein Kollege Dieter Glawischnig und ich, spielen heute eine Welturaufführung. Und dann, ich kriege das nicht mehr ganz zusammen, ging es in etwa so weiter: Für zwei Daumen, für zwei Zeigefinger, für Mundstück – er nahm das Mundstück vom Instrument ab und zeigte es – für Zug, für Stürze... Ich weiß nicht, was er noch alles genannt hat, aber es war sehr witzig und die Leute sind gut darauf eingegangen. Ich erzähle das, weil es heißt, daß der Albert immer so ernst ist. ■

In guter Erinnerung ist mir auch die fast alljährliche Zusammenarbeit mit dem Freiburger Pianisten Waldi Heidepriem, ein guter Bebop-Spieler, der immer wieder für kleinere Tourneen oder auch Einzelkonzerte in Südbaden, im Elsaß und der Schweiz Quartett- oder Quintett-Besetzungen zusammenstellte. Meist mit Günter Lenz und dem Schlagzeuger Peter Baumeister, der über Jahre Stammspieler im Jazzkeller war und lange mit Volker Kriegel in verschiedenen Besetzungen gespielt hat; manchmal waren auch der Saxophonist Barney Wilen oder der Schweizer Trompeter Raymond Cour dabei. Der Waldi hat dann nicht nur seine Gage, sondern noch einiges mehr ausgegeben, um uns in die allerbesten Feinschmeckerrestaurants einzuladen. Es war immer eine ganze tolle Stimmung.

Ziemlich oft habe ich auch mit Volker Kriegel in Jam Sessions und als Gast in seinen verschiedenen Formationen im Konzert gespielt. Auch gibt es mit ihm die Platte »Missing Link« und noch zwei weitere, auf denen ich jeweils einen Titel mitspiele. Einer dieser Titel, den er »Hallo Albert« genannt hatte, war wohl sehr einprägsam: Jahre später, ich hatte gerade eine kleine Baßfigur in Quinten gefunden und ein Stück in Bluesform daraus gemacht. Als ich dabei war, es als Solostück zu üben, kam mir diese Baßfigur doch sehr bekannt vor. Nach einiger Zeit fiel mir ein, daß sie aus dem Stück »Hallo Albert« stammte. Klar, daß ich mein Stück »Hallo Volker« nannte. Es ist auf der »Purity«-Platte.

Mit Manfred Schoof verbindet mich neben einer persönlichen eine lange musikalische Freundschaft. Durch ihn habe ich sehr viel an Inspiration und Bestätigung gefunden. Wir haben sehr, sehr oft miteinander gespielt, im Duo und in den unterschiedlichsten Besetzungen. Eine Besetzung, die sich als Workshop-Band beim NDR in Hamburg formiert hatte, ein Quartett mit Dave Holland und Billy Higgins, wäre eine sehr zukunftsträchtige und originelle Sache geworden. Leider kam es, bedingt durch die Umstände, zu keiner weiteren Zusammenarbeit. Es ist halt sehr schwierig, alle unter einen Hut zu kriegen, wenn der eine die meiste Zeit in New York lebt, nämlich Dave Holland, und der andere, Billy Higgins, in Los Angeles.

Natürlich Elvin Jones. Ihn hatte ich 1957, lange bevor er bei Coltrane spielte, kennengelernt. Er war damals mit dem J. J. Johnson Quintet für längere Zeit im »Storyville« engagiert und kam jeden Abend, nach seinem Auftritt, mit dem Tenoristen Bobby Jaspar in den Jazzkeller zum Jammen. Da ich zu der Zeit sozusagen Stammspieler im Jazzkeller war, haben wir nächtelang miteinander gespielt, woraus sich sehr schnell auch eine wirkliche Freundschaft zwischen uns entwickelte.

Ein Jahr später, als ich mit der »Newport International Youth Band« in New York war, sind wir uns wiederbegegnet. Damals spielte er im Sonny Rollins Trio im »Birdland«. Ich bin fast jeden Abend hingegangen, um ihn zu hören. Unsere nächste Begegnung war 1959 in Complain-la-Tour, das im übrigen das erste Freiluftfestival in Europa war. Bis Ende der 60er Jahre, solange es dieses Festival gab, war ich jedes Jahr mit dem Quintett eingeladen. Elvin war fast jedes Jahr mit Coltrane da. Ich weiß nicht mehr genau wann, es muß zwischen '64 und '67 gewesen sein, als er plötzlich zu mir sagte: Was meinst du, wenn ich mit-

Zuckerfabrik Stuttgart, 1978, nach der Produktion von »A Jazz Tune I Hope«: mit Wolfgang Dauner, Eddie Gomez, J. E. Berendt, Elvin Jones

komme und wir in Frankfurt eine Platte machen? Ich erinnere mich heute noch, wie sich Coltrane von ihm verabschiedete, mit welch einer Wärme er ihn in den Arm nahm und sagte, er möge zusehen, daß er gut untergebracht ist und aufpassen, daß er sich nicht in irgendwelche Abenteuer begebe. »Take care« ist eine Floskel, die bei Amerikanern nicht viel bedeutet, aber die Art wie Coltrane »take care« sagte, das war viel mehr. Leider kam eine Platte nicht zustande. Statt dessen haben wir halt jeden Abend im »Jazzkeller« miteinander gespielt, bis er nach einer Woche abreisen mußte.

Es dauerte noch eine ganze Zeit, bis es zur ersten gemeinsamen Platte kam. 1967, als ich »Albert Mangelsdorff And His Friends« machte, auf der ich jedes Stück mit einem anderen Duo-Partner spiele, bat ich auch Elvin dazu. Er trat damals auf dem Berliner Jazzfestival auf, und da auch ich dort spielte, mit »Don Cherry's Eternal Rythm«, bot es sich an, die

Aufnahme in Berlin zu machen. Nach einer total durchzechten Nacht trafen wir uns morgens im Studio, um »My Kind Of Time«, ein frei improvisiertes Stück, aufzunehmen.

Nachdem ich 1973 von MPS einen Exklusivvertrag bekommen hatte und nun Wünsche äußern konnte, ist »The Wide Point« mit Elvin und Palle Danielsson entstanden. Irgendwann danach, ich weiß nicht mehr wo wir uns begegnet sind, sagte Elvin: Wann machen wir die nächste Platte? Es war eigentlich immer so, daß er auf mich zukam. Auch hatte ich immer den Eindruck, daß Elvin meine Stücke gerne spielt. »A Jazz Tune I Hope« war die nächste Platte mit ihm, Eddie Gomez und Wolfgang Dauner. Im Anschluß hatten wir noch zehn Konzerte, unter anderem in Willisau (Schweiz).

Auch gab es immer mal wieder Auftritte, zu denen uns Festivalveranstalter holten, besonders in Italien, aber auch in England, einmal im Quartett mit Dave Holland und John Surman, ein anderes Mal mit Dave Liebman als zweitem Bläser. Auch bei anderen Gelegenheiten spielten wir miteinander, zum Beispiel bei einem Konzert im NDR, wo ich in seiner Band mitspielte. Dabei lernte ich ein paar seiner Stücke kennen, die ich dann mit ihm auf zwei unserer gemeinsamen Platten aufnahm: »Three Card Molly« auf »A Jazz Tune I Hope« und »E. J. Blues« auf »Hot Hut«.

Einmal, auf einem Jazzfestival in der Dortmunder Westfalenhalle, war ich engagiert, um in seiner Gruppe mitzuspielen. Es war abgemacht, daß ich nach dem dritten Stück einsteige. Da aber die ersten Bands kräftig überzogen hatten und um 23 Uhr eine Liveübertragung von Gershwin-Musik mit einem großen Orchester stattfinden sollte, ergab es sich, daß ich gerade noch das erste gemeinsame Stück beginnen konnte. Es gab einen ziemlichen Tumult im Publikum, der noch im Gange war, als das Fernsehen schon zugeschaltet war. Die Gershwin-Übertragung konnte erst anfangen, nachdem der Ansager die Ankündigung gemacht hatte, daß ich später in einem anderen Raum des Hauses nochmal spielen würde. Das fand auch statt, allerdings nicht mehr mit Elvin, sondern mit Alphonse Mouzon, mit dem ich eine ausgiebige Session machte. Seinerseits auch eine Art Wiedergutmachung, denn seine Gruppe war es, die ihren Auftritt zeitlich weit überzogen hatte.

Mit Alphonse hatte ich in jener Zeit und danach sehr oft zusammengespielt, öfter im Duo, auch als Gast in seiner Gruppe und nicht zuletzt im Trio mit ihm und Jaco Pastorius bei den Berliner Jazztagen 1976. Leider ist das Fernsehband unseres Berliner Auftritts, das beim NDR lag, gelöscht worden, wobei ich zur Ehrenrettung Michael Nauras sagen muß, daß nicht er dafür verantwortlich ist. Das war wohl Sache des Archivs. Ein bißchen ärgert einen das schon.

Die letzte gemeinsame Platte mit Elvin war »Hot Hut«, mit Wolfgang Dauner und Anders Jormin am Baß. Jormin hatte ich in Schweden kennengelernt, wo ich mit ihm und Rune Carlsson, der 1962 im Quintett Schlagzeuger war, auf Tournee war. Seltsamerweise hat mich Anders Jormin in seinem Aussehen und auch in seiner Spielweise sehr an Peter Trunk erinnert. Er ist ein unheimlich guter Bassist, mit dem es sich gerade in einer kleinen Besetzung ganz toll spielen läßt.

Man hat Elvin oft nachgesagt, er sei nicht besonders Willens, komplizierte Dinge nach Noten zu spielen, er wolle einfach drauflosspielen. Das hat sich im Zusammenhang mit meiner Arbeit überhaupt nicht bestätigt. Nun hatte ich ja zum Teil ziemlich komplizierte Stücke, in denen Taktwechsel vorkamen oder vom Schlagzeug bestimmte Phrasierungen mitzuspielen waren. Und da war er es, der in den Proben die Initiative ergriff und die schwierigen Stellen mit uns einstudierte. Also genau das Gegenteil von dem, was man ihm nachsagt. Oder daß er gar schwach auf Noten sei. Das ist überhaupt nicht wahr.

Natürlich gehört Wolfgang Dauner zu den Kollegen, die ganz wichtig für mich sind. Kennengelernt habe ich ihn, als wir 1962 im »Atlantik« spielten. Das war einer der Clubs, in denen man unter Barbedingungen spielte, von abends 8 Uhr bis morgens um 4, mit insgesamt zwei Pausen. Wir nannten das »Bergwerk«.

Wolfgang kam fast jeden Abend, um uns zu hören. Irgendwann ist er dann regelmäßig eingestiegen. 1963 spielten wir wieder für längere Zeit im »Atlantik«, und da war sein Einstieg schon selbstverständlich. In der darauffolgenden Zeit sind wir uns öfter bei Workshops oder den New Jazz Meetings in Baden-Baden begegnet. Für die Duo-Platte »Al-

Free-Jazz-Meeting in Baden-Baden, 1970: Manfred Schoof, Albert Mangelsdorff, Trevor Watts, John Surman, Steve Lacy

bert And His Friends« habe ich auch ihn dazugeholt. Als ich die Band für die große Südamerika-Tournee zusammenzustellen hatte, war für mich ganz klar, daß er das Piano spielt, denn er war und ist für mich der allerwichtigste Pianist, abgesehen davon, daß er ein äußerst kreativer Komponist ist.

Wolfgang Dauner Im »Atlantik« waren die Bands für einen Monat engagiert. Anschließend sind sie weitergezogen, nach München ins »Domizil« oder ins »Barrett« nach Hamburg. Viele Jazzclubs gab es ja zu der Zeit nicht. Nun lief das »Atlantik« wohl unter »Jazzclub«, allerdings wurde auch getanzt. Ich kann mich noch gut erinnern, daß der Wirt uns öfter mal bat, wenn ich mit Eberhard Weber und Fred Braceful Aushilfe spielte, etwas Tanzbares zu bringen. Irgendwann spielte auch Albert mit seinem Quintett im »Atlantik«, mit Heinz Sauer, Günter Kronberg, Günter Lenz und Rune Carlsson, später mit Ralf Hübner. Wir wa-

ren sofort begeistert von dieser geschlossenen Formation und ihrem tollen Repertoire. Es war genau die Musik, die wir gerne gemacht hätten. Ihnen einen ganzen Abend zuzuhören, war schon sehr inspirierend.
Hinzu kam, daß Albert einen einsteigen ließ, wann immer es möglich war. Einsteigen war damals angesagt. Viele Bands ließen das nicht zu, denn das kann ja auch ziemlich danebengehen. Es gab gefürchtete Einsteiger, bei denen man, schon wenn sie die Tür reinkamen, dachte: Um Gottes willen. Albert aber war immer sehr kulant, er hat jedem, wie auch mir, eine Chance gegeben. Nun war das »Atlantik« schon dadurch eine Art Probebühne, daß die Bands nicht ein Konzert von zwei Stunden gaben, sondern ganze acht Stunden spielten. Nachts kamen sehr oft Musiker, die in der »Liederhalle« oder sonstwo ein Konzert hatten, noch zum Jammen vorbei, nicht selten namhafte amerikanische Musiker, Ellington-Leute, auch an Coltrane oder Don Cherry kann ich mich erinnern. Das war natürlich eine willkommene Gelegenheit, Musiker kennenzulernen und mit ihnen zu spielen. So habe ich im »Atlantik« das erste Mal mit Don Cherry gespielt. Man kann nur bedauern, daß es heute für die jungen Musiker nichts Vergleichbares mehr gibt.
Nachdem ich 1969 zum Leiter der »Stuttgart Radio Jazz Group« berufen worden war, habe ich Albert immer wieder eingeladen. Anfangs war das eine relativ feste Formation, was allerdings nicht so recht meiner Vorstellung entsprach, denn ich befürchtete, daß das auf die Dauer erlahmen würde. Dadurch, daß ich später Musiker der verschiedensten Couleur holte, hat das immer mehr einen Workshop-Charakter angenommen. Chick Corea, Randy Brecker, Larry Coryell und Albert natürlich, wer immer erreichbar war, habe ich eingeladen und mit den unterschiedlichsten Leuten kombiniert. Nicht zu vergessen Zbigniew Seiffert, mit dem ich sehr viel gemacht habe. Und natürlich die Free-Jazz-Abteilung: Brötzmann, von Schlippenbach, Han Bennink, Irène Schweizer. Ich glaube, daß die »Radio Jazz Group« gegen Ende noch die einzige Produktion war, die Free Jazz aufgenommen hat.
Ein engerer Kontakt mit Albert kam erst bei den zwei großen Tourneen mit den »German All Stars« zustande, Südamerika, 1968, und Asien, 1971. In Asien sind wir von Konzert zu Konzert geflogen, drei Monate lang, von Land zu Land, Indien, Philippinen, Pakistan, Japan und so weiter, fast jeden Tag ein Auftritt. Da lernt man sich zwangsläufig besser kennen. ■

Abgesehen vom United Jazz+Rock Ensemble hat sich in den 80er Jahren unsere Zusammenarbeit zusätzlich intensiviert. Ich erinnere mich noch sehr genau an unseren allerersten Duo-Auftritt 1980, in der Olympiahalle in München, einer Großveranstaltung mit über 8000 Zuhörern, der einen höchst ungewöhnlichen Verlauf nahm.

Wir hatten am Nachmittag unseren Soundcheck gemacht, und alles schien in bester Ordnung für den Abend. Doch kaum, daß wir zu spielen angefangen hatten, mußten wir feststellen, daß die Posaune nicht zu hören war. Wir brachen also ab. Kurze Zeit später war der Schaden behoben und wir fingen wieder an. Jetzt hatte ich das Gefühl, daß es besser wäre, mit einem anderen Stück zu beginnen. Wir brachen nach ein paar Takten wieder ab, was aber insofern nicht problematisch war, als der Sound immer noch nicht ganz stimmte. Beim dritten Ansatz war endlich alles so, wie es sein sollte. Nun muß man sich diese riesige Bühne vorstellen und nur wir beide drauf. Plötzlich, im Verlauf des ersten Stücks, kamen aus drei verschiedenen Richtungen Fernsehkameras auf uns zugefahren, immer näher, bis sie schließlich direkt vor uns standen, so daß die Leute uns nicht mehr sehen konnten. Das Publikum fing an zu pfeifen, und uns blieb nichts anderes übrig, als abzubrechen, mit dem Erfolg, daß die Kameraleute sich zurückzogen. Wir begannen von Neuem. Als wir mitten im Stück waren, kamen sie schon wieder angefahren und bauten sich direkt vor uns auf. Die gleiche Situation wie zuvor, ein Pfeifkonzert setzte ein und wir brachen erneut ab. Wenn ich mich nicht täusche, ist das sogar noch ein drittes Mal so gelaufen, bis wir von uns aus sagten: Bitte bleibt uns mit diesen Kameras vom Leib. Endlich konnten wir das Konzert durchspielen. Als wir zuende waren, kam George Wein, der das Festival veranstaltet und die meisten Musiker engagiert hatte, auf die Bühne, um die nächste Gruppe anzusagen. Die Leute wollten aber noch eine Zugabe von uns. Unbeeindruckt kündigte George Wein »The World's Greatest Jazzband« an, eine auf traditionellen Mainstream ausgerichtete Gruppe, und stellte die Musiker namentlich vor. Die Musiker nahmen auf der Bühne Platz und George Wein ging. Aber die Leute gaben sich nicht damit zufrieden und forderten weiter eine Zugabe von uns. Wir sind also wieder raus, verbeugten uns und verließen die Bühne. Die Leute hörten nicht auf zu applaudieren. Jetzt fing George Wein an, mit dem Publikum zu schimpfen, er

Im Duo mit Wolfgang Dauner, 1982

wäre hier der, der bestimmt wer spielt. Umso mehr hat das den Protest des Publikums herausgefordert. Das Ganze hat mindestens eine Viertelstunde gedauert. Die Leute haben keine Ruhe gegeben, bis wir endlich unsere Zugabe spielen konnten. Die Kollegen, die die ganze Zeit über auf der Bühne herumsaßen und das alles über sich ergehen lassen mußten, haben mir wirklich leid getan. Das alles nur wegen der Verbohrtheit des Veranstalters. Übrigens waren wir bei diesem großen Konzert, einer ZDF-Veranstaltung, die bis tief in die Nacht hinein ging, die einzigen europäischen Musiker, worüber sich Wolfgang ziemlich verärgert bei den Reportern ausgelassen hat.

Seit diesem denkwürdigen Abend haben wir viele Duo-Engagements gehabt. Das war und ist auch heute noch eine ziemlich wichtige Sache für uns beide. Nun macht es mit Wolfgang auch wirklich Spaß, denn er spielt immer gut. Bei unsereinem gibt es schon mal ein Auf und Ab, was auch mit der Kondition zu tun hat, aber ich könnte nie sagen, daß er mal nicht inspiriert gespielt hätte. Er ist ein wirklich kreativer Typ und ein toller Partner, der unheimlich auf einen eingehen kann. Er hat riesige Ohren.

Wolfgang Dauner Das Duospiel ist eine relativ intime Angelegenheit, bei der der menschliche Faktor eine ganz wichtige Rolle spielt. Denn komme ich mit meinem Partner menschlich nicht zurecht, kommt auch keine musikalische Kommunikation, kein Interplay zustande. Statt sich die Bälle zuzuwerfen, kann es auf einen Wettbewerb hinauslaufen, was ich schon erfahren habe, wenn man geschwind mal mit jemand zusammenspielte, ohne daß man sich kannte. Das ist nicht weiter tragisch, aber auf längere Sicht, zumindest für mich, nicht tragbar. Bei Albert und mir hat es eine Wettbewerbssituation noch nie gegeben, es ging und geht immer nur um Musik. Daß wir eine gemeinsame musikalische Basis haben, ist selbstverständlich. Wir würden bestimmt nicht schon so lange miteinander spielen, wenn dem nicht so wäre. Ich denke, man muß sich musikalisch zusammenraufen können, also auch konstruktive Kritik ertragen können, was letztlich nur funktionieren kann, wenn man sich auf menschlicher Ebene akzeptiert und respektiert. Ich verstehe Albert auch deshalb sehr gut, weil ich selber Trompete gespielt habe, und mich insofern in die spezifischen musikalischen Überlegungen eines Bläsers einfühlen kann, die ja auch etwas mit Ansatz und der Physis zu tun haben. ■

Die intensivsten und beständigsten Duos, wenn ich von Wolfgang mal absehe, waren wohl mit Lee Konitz und Attila Zoller. Daneben gab es aber auch interessante Duos mit anderen Partnern, die meistens auf Wunsch von Festival- oder Konzertveranstaltern zustandekamen, zum Beispiel mit Steve Lacy in Italien und Frankreich, mit Aladar Pege oder mit John Surman, mit dem ich eine Europatournee machte, oder mit George Lewis, mit dem ich in Dortmund auf dem Jazzfestival spielte. Weitere Duo-Partner waren Martial Solal, Anthony Braxton, Dieter Glawischnig, auch Gary Burton. Ein Duo mit Burton ist während einer Tournee mit der Peter-Herbolzheimer-Bigband Anfang der 80er Jahre entstanden und auf der Platte »Jazz Gala« aufgezeichnet worden. Auch mit Ronald Shannon Jackson habe ich immer mal wieder im Duo gespielt. Zum ersten Mal 1981 auf dem Jazzfestival in der Olympiahalle in München. Neuerdings spiele ich sehr häufig mit Reto Weber. Es wären noch eine ganze Reihe an Duo-Partnern zu nennen.

Attila Zoller Man hat mich schon den Duo-Gitarristen genannt. Ich habe unter anderem drei Platten mit Jimmy Raney gemacht, eine Platte mit dem Bassisten Mike Formanek und natürlich sehr, sehr viele Duo-Konzerte mit den verschiedensten Kollegen. Wenn man mich aber fragte, mit wem ich am besten gespielt habe, müßte ich sagen: Mit Albert. Er ist der flexibelste von allen. Mit ihm war es immer ein kollektives Spiel. Kollektiv heißt, daß sich das Zusammenspiel nicht im gegenseitigen Begleiten erschöpft, sondern daß man zusammen die Musik aufbaut, und das war mit Albert einfach optimal.
Als junge Musiker standen wir beide auf Lee Konitz und Billy Bauer, die das erste Duo spielten. Das hat uns sehr inspiriert. Von da an versuchten wir, auch so etwas zu bringen. Daß ich Duo spiele, begann also eigentlich mit Albert. Wohl habe ich mit Albert im Lauf der vielen Jahre auch in anderen Formationen viele gute Aufnahmen gemacht, viele gute Konzerte gespielt und viele, viele Nächte im »Keller« gejammt, ich denke aber, daß die beste Musik, die wir miteinander gemacht haben, im Duo war. Mir fällt jetzt gerade ein Konzert ein, das wir am 19. März 1982 in Homburg-Einöd (Saar) im »Oppossum« gespielt haben. Ich habe es mir vor kurzem wieder mal angehört. Was der Albert da für Sachen macht, ist nicht zu glauben. Diese Aufnahmen sollte mal jemand auf CD rausbringen. ■

Ulrich Olshausen Was mich an seinem Spiel im Jazzensemble immer fasziniert hat, ist sein ungeheueres Reaktionsvermögen, das ich im übrigen als ein spezielles Feature der Frankfurter Schule ansehe, und das sicherlich wesentlich von Albert herkommt. Er kann wirklich phantastisch auf andere reagieren und ein Solo so aufbauen, daß andere darauf reagieren können. Es gibt Aufnahmen des Jazzensemble, zum Beispiel mit Heinz Sauer, die das auf grandiose Weise bestätigen. Das Interplay und die Dialogbereitschaft Alberts vergißt man ja manchmal, weil man ihn in den letzten Jahren doch meistens als Solospieler auf der Bühne erlebt hat. Im Jazzensemble aber kommt das groß zum Tragen. ■

Mit Peter Brötzmann, Mitte der 70er Jahre

Den Traum, mit dem oder jenem zu spielen, gibt es eigentlich nicht, allerdings würde ich schon gerne mit ein paar guten Rhythmusleuten Triobesetzungen machen, mit einem Schlagzeuger wie Jack DeJohnette und einem Bassisten wie Eddie Gomez. Das müßten nicht unbedingt die sein, aber Leute aus dieser Kategorie würden mich schon reizen. Trio zu spielen empfinde ich als eine sehr befriedigende Art des Musizierens, wobei ich Baß und Schlagzeug nicht im üblichen Sinn als Rhythmusinstrumente sehe. Leute wie Gomez oder DeJohnette sind so großartige Spieler, daß sie mit jedem Bläser, der vorne steht, mindestens gleichbedeutend sind.

Leider kam das Trio mit Alphonse Mouzon und Jaco Pastorius nach dem Berliner Jazzfestival nie wieder zustande, obwohl ich es immer wieder versucht habe und auch die Agentur, die den Festivalauftritt arrangiert hatte. Mit Alphonse war es kein Problem, mit ihm habe ich auch in der

Folgezeit immer wieder mal zusammengespielt, sei es als Gast in seiner Gruppe, im Duo und auch im Quartett beim Frankfurter Jazzfestival, aber mit Jaco Pastorius hat es leider nie geklappt. Nicht etwa, weil er nicht gewollt oder keine Zeit gehabt hätte. Er war entweder nicht zu erreichen oder hat auf Anfragen nicht geantwortet. Er hatte halt ziemliche persönliche Probleme.

Auch mit Elvin würde ich gerne noch mal spielen. Eigentlich würde ich mit Elvin immer gerne spielen. Es müßte sich halt jemand finden, der das produziert, was nicht zuletzt auch eine Frage des Geldes ist. Die Besetzung von »A Jazz Tune I Hope« noch einmal hinzukriegen, mit Elvin, Wolfgang Dauner und Eddie Gomez, und eine längere Tournee zu machen, das wäre so etwas wie ein Traum. Damals, als wir die Platte gemacht hatten, spielten wir im Anschluß noch circa zehn Konzerte. Es hätten ruhig ein paar Monate sein können, denn je länger man zusammenspielt, umso besser wird alles. Mit Elvin zu spielen ist ja nicht leicht, man muß sehr viel selber dazu beitragen, damit eine kompakte Musik daraus wird. Auch für einen Bassisten ist es nicht einfach, mit einem Schlagzeuger wie Elvin zu spielen. Mit Eddie Gomez ist das toll gelaufen. Nun ist er aber auch ein unheimlich virtuoser und kreativer Solist und ein genauso toller Ensemblespieler, was man nicht von vielen Bassisten sagen kann. Es gibt sehr virtuose Leute, die aber im Ensemble, speziell im Zusammenspiel mit dem Schlagzeuger, weniger stark sind, während Eddie Gomez in ganz großartiger Weise beides in sich vereint. Wenn man mich nach einer Traumbesetzung fragt, kann ich eigentlich antworten: Es gab sie.

Eine von mir sehr verehrte Persönlichkeit möchte ich nicht vergessen zu nennen, von der ich sehr viele emotionale Impulse bekommen habe, nämlich Billie Holiday. Ich kann mich noch erinnern, als ich sie zum ersten Mal im Radio, im AFN, gehört habe, kurz nach dem Krieg. Es ging mir wirklich das Rückgrat runter, wie jemand einen solchen Ausdruck in der Stimme haben kann. Seitdem verehre ich sie, bis auf den heutigen Tag.

»Bone Blue«

Plattenfirmen und Rundfunk

Wenn es ernsthaft an mich herangetragen worden wäre, hätte ich es bestimmt nicht abgelehnt, eine Balladen-Platte zu machen. So weit ist es aber nie gekommen. Ich weiß, daß Horst Lippmann und auch Fritz Rau oft davon gesprochen haben, schon 1963, seit der »Tension«-Platte, als ich noch bei Lippmann unter Vertrag war, aber gemacht worden ist sie halt nicht. Abgesehen davon war ja eine ganz große Lücke zwischen »Now Jazz Ramwong«, 1964, und »Folk Mond & Flower Dream«, 1967, obwohl von Anfang an die Rede davon war, jedes Jahr eine Platte herauszubringen.

Wohl stand bei Lippmann wie bei Rau ein Wunsch im Raum, den ich aber nicht realisieren wollte oder konnte. Inspiriert von »Es sungen drei Engel«, einem Volkslied aus dem 13. Jahrhundert, das auf der »Ramwong«-Platte erschienen war, wollten sie eine Platte mit ähnlichen Stükken machen, also alten Volks- oder geistlichen Liedern. Ich habe mich auch damit beschäftigt, mir Stücke besorgt und eventuell geeignete ausgesucht, bin aber nie weit genug gekommen, weil ich es vom Inneren her doch nicht wollte. Andererseits gab es ja eigene Stücke, die das Quintett damals spielte, die ich hätte aufnehmen wollen. Ich konnte das aber Lippmann und Rau gegenüber nicht energisch genug vertreten.

Das Thema Balladen-Platte ist auch später noch, in den 70er Jahren, aktuell gewesen. Ich hatte sogar mal Gil Evans gefragt, ob er für mich arrangieren würde, wozu er auch gerne bereit war, wie er mir sagte. Natürlich wäre das ein sehr aufwendiges Unternehmen gewesen, mit einem Haufen Arbeit für Gil Evans und den entsprechenden Kosten. Eine Band zusammenzustellen, ich dachte an eine Besetzung zwischen zehn und zwanzig Mann, hätte zudem eine Menge Geld gekostet. Ich glaube, daß ich mal kurz mit Horst Lippmann darüber gesprochen habe. Er und Rau waren aber damals sehr beschäftigt mit ihrer Konzertagentur und hatten dementsprechend nicht mehr soviel Zeit für mich,

Mit Aladar Pege (b)

und auch nicht die Muße, um sich damit auseinandersetzen zu können. Das sage ich ganz ohne Vorwurf.

Horst Lippmann Auf dem Frankfurter Jazzfestival, 1954 oder 1955, ich weiß das nicht mehr so genau, habe ich Albert und Attila Zoller im Duo spielen lassen. Die Idee basierte auf Duoaufnahmen von Lee Konitz und Billy Bauer, die zu der Zeit erschienen sind und mir sehr gefallen haben. Ich dachte mir, so wie Lee Konitz Balladen spielt, kann der Albert das auch. Und es war phantastisch, wie Albert und Attila gespielt haben. Seit der Zeit sage ich: Albert muß Balladen spielen. Ich wollte auch immer eine Balladen-Platte mit ihm machen, aber er wollte nicht. Vielleicht war ich auch nicht energisch genug. Jedenfalls war mir schon sehr früh klar, daß er einer der ganz großen Balladenerzähler ist. Bei jeder Platte, die ich mit ihm produziert habe, »Tension«, »Now Jazz Ramwong«, »Folk Moon & Flower Dream«, habe ich darauf bestanden, daß wenigstens eine Ballade dabei ist, zum Beispiel auf »Tension« die Ballade »Jessica Rose«, die er nach meiner Tochter benannt hat. Die Aufnahme ist übrigens *first take.* Es gibt, großzügig bemessen, vielleicht ein Dutzend Balladenerzähler, die wirklich etwas zu sagen haben. Albert Mangelsdorff rangiert für mich mit an vorderster Stelle. ■

Fritz Rau Wenn ich auf eine Insel müßte und man fragte mich »Was nimmst du mit, zehn Platten oder zehn Bücher?«, so würde ich zehn Platten mitnehmen, obwohl ich sehr gerne lese. Eine davon wäre »Now Jazz Ramwong«. Als LP eigentlich eher »Tension«, aber dieses eine Stück auf »Now Jazz Ramwong«, das von Albert bearbeitete Volkslied »Es sungen drei Engel«, gäbe den Ausschlag. Es ist meines Erachtens eines der geglücktesten Ensemblestücke von Albert und, wie ich meine, als kollektives Arrangement ein Meisterwerk. Wenn ich nur fünf Platten mitnehmen dürfte, wäre sie auch dabei. ■

Ich würde die Platte auch heute machen, auch in einer kleineren Besetzung, wenn man es mir antragen würde. Vorstellen könnte ich mir Titel wie »Lover Man«, auch ganz alte Jazzclassics wie »Body and Soul«, »Round Midnight« oder auch Ellington-Stücke wie »Sophisticated Lady« und natürlich eigene Kompositionen, ich habe ja in all den Jahren eine ganze Menge Balladen geschrieben. Allerdings mache ich heute keine Platte um der Platte wegen. Das muß auch finanziell für mich gut abgesichert sein, und da gehen die Probleme schon los. Die kleinen Labels, die sich mit Jazz beschäftigen, können das meistens nicht und die großen verlieren zu schnell die Lust daran. Das konnte ich bei »Hot Hut« und »Moon at Noon«, die ich bei EMI gemacht habe, erfahren. Deren Konzept ist es, daß eine Platte sich aus dem Stand heraus enorm verkaufen muß. Und dann ist sie fertig, uninteressant. Mit Jazzplatten läuft das aber nicht so. Die verkaufen sich über einen längeren Zeitraum. Sich darauf einzulassen, sind die großen Labels aber nicht gewillt. Anfänglich hat man für »Hot Hut« noch vergleichsweise viel Werbung gemacht, daran gemessen, was im Allgemeinen für Jazzplatten an Werbung ausgegeben wird. Als aber die Verkaufszahlen ihren Erwartungen nicht entsprachen, war Schluß, man kümmerte sich nicht mehr darum. So eine Platte wie »Hot Hut« muß aber immer mal wieder beworben werden, nicht nur in den ersten zwei, drei Monaten, sondern in den ersten zwei, drei Jahren. Den Exklusivertrag, den ich mit EMI hatte, hat man deshalb auch auslaufen lassen. Allerdings glaube ich, daß sie den Fehler gemacht haben, »Hot Hut« nicht auf CD herauszubringen. Damals fing das mit den CDs gerade an, und heute verkauft man fast nur noch CDs.

Es läge auch auf der Hand, daß Polygram, die 1982 MPS aufkauften, bei denen ich viele meiner besten Aufnahmen gemacht habe, mal einiges davon auf CD herausbringt. Aber damit ist wohl kaum zu rechnen, denn den großen Labels geht es nur um den Profit, und den können sie sich mit meinen Sachen nicht versprechen. Wenn die dreitausend bis fünftausend Stück verkaufen, wäre das schon viel, es sei denn, sie brächten es international heraus, was sie aber meistens nicht tun. Deswegen wird es leider so sein, daß vieles Gutes, das man produziert hat, nie mehr herauskommt, oder dann, wenn man gestorben ist.

Früher war es so, daß man von den Plattenfirmen eine Summe für die Aufnahme ausbezahlt bekam, und das war es denn auch. Wenn ich mir die Verträge anschaue, soweit überhaupt welche existieren, ging es dabei um Summen von vielleicht 500 Mark. Das war das Übliche. Nun sind natürlich die meisten Platten, wenn es kleine Firmen waren, nie sonderlich verbreitet gewesen, was aber nicht an den Musikern lag. Die Labels hätten ja auch ein bißchen mehr dafür tun können. Bei MPS war es denn so, daß ich von 1972 an einen Exklusivvertrag hatte. Bei der Aufnahme wurde eine gewisse Summe ausbezahlt, allerdings als Vorauszahlung auf noch zu erwartende Tantiemen, die bei 7 Prozent lagen, was übrigens auch sehr wenig ist. Denn bis da mal der *break-even-point* erreicht war, dauerte das. Meistens kam es gar nicht soweit. Andererseits war die Situation bei MPS, wenn ich das heute mit anderen Labels vergleiche, gar nicht so übel. Nur hätte auch MPS ein bißchen mehr für die Verbreitung tun können. Einige Platten waren wohl in Japan und in den USA herausgekommen, aber ein großer Teil, und zwar

Mit Eddie Gomez, 1978

der größte, nicht, unter ihnen ganz wichtige, was daran lag, daß MPS gerade mal keinen Vertreter in den USA hatte oder, wenn sie einen hatten, daß der sie nicht haben wollte. Das eklatante Beispiel dafür war meine erste Solo-Platte »Trombirds«. Als die rauskam, soll sich der MPS-Verantwortliche in New York – ich glaube es war ein Jurist, ein Deutscher – geäußert haben, was das denn soll, diese Art Posaune zu spielen. Gerade bei dieser Platte aber, auf der ich ja etwas vollkommen Neues auf der Posaune machte, hatte ich die Hoffnung, daß sie in den USA einiges Aufsehen erregen würde, was mir ja auch dadurch bewiesen wurde, daß amerikanische Posaunisten, auf welchem Weg auch immer, an diese Aufnahmen herangekommen waren und sie abgeschrieben haben.

Sich auf den Rundfunk zu verlassen, daß die mal eine Platte forcieren, damit kann unsereiner auch nicht rechnen. Das haben die nicht mal bei meinen Rock-Platten gemacht. Da macht man eine sogenannte Rundfunkreise, geht zu den Moderatoren ins Studio, und dann lassen die auch ein Stück laufen, wenn man Glück hat einen ganzen Titel, meistens wird er aber nur angespielt und wieder ausgeblendet, ein kurzes Interview und damit hat es sich, und dann läuft der alte Kram wie gehabt, und dein Stück hörst du nie mehr. Die Moderatoren sagen, es sei halt schwer, einen *instrumental* zu bringen. Bis jetzt hat mir aber noch keiner gesagt wieso. Ich will mal ein Beispiel nennen, das zeigt, daß es vielleicht doch nicht so schwer ist: Als meine erste Soloplatte »Trombirds« herauskam, hat Klaus Kieswald, ein Moderator des Hessischen Rundfunks, den Titel »Yellow Hammer« öfter in seiner Sendung gespielt, mit dem Effekt, daß immer mehr Nachfragen seitens der Zuhörer kamen. Und plötzlich war dieser *instrumental* »Das Stück der Woche«. Allem Anschein nach muß man also nur den Mut haben, sich über das hartnäckige Vorurteil, *instrumentals* seien nicht spielbar, hinwegzusetzen, dann haben auch anspruchsvollere Stücke eine Chance, akzeptiert zu werden. »Yellow Hammer« hat übrigens, wie so viele meiner Titel, mehrere Ebenen. In erster Linie ist der Vogel Goldammer gemeint, der im Englischen Yellow Hammer heißt. Man kann den Titel allerdings auch als Metapher für Posaune verstehen, »Gelber Hammer«, wie es Moderatoren öfter getan haben.

Elvin Jones

Vielleicht verbirgt sich hinter dem Argument, die Leute wollten dieses und jenes nicht hören, manchmal auch der Musikgeschmack derer, die für die Musik in den Funkhäusern zuständig sind. Jedenfalls, was man hierzulande über das Radio hört, ist wirklich sehr einseitig. Ich möchte die Hypothese wagen, daß das mit ein Grund ist, weshalb die jungen Leute in immer stärkerem Maß in Jazzkonzerte gehen. Das freut unsereinen natürlich. Andererseits ist es aber doch so, daß man sich wünschen sollte, sie würden ihr Programm stärker mischen, also ein breiteres Spektrum anbieten, schließlich sind sie ja Meinungsmacher, und was ist schon eine einseitige Meinung?

Nicht zuletzt steckt auch die Angst dahinter, sie bekämen nicht genug Einschaltquoten, wenn sie ein anspruchsvollere Musik bringen. Ich habe unlängst einen jungen Mann kennengelernt, der in Hamburg in einer Privatstation Popsendungen macht. Der getraut sich nicht, etwas Anspruchsvolleres zu spielen, weil er befürchten muß, gefeuert zu werden, wenn nach einem halben Jahr Resümé gezogen wird und seine Sendung nicht die erwartete Einschaltquote hat. Das betrifft aber nicht die öffentlich-rechtlichen Anstalten. Die könnten sich ruhig ein bißchen mehr erlauben. Ich kann mich erinnern, wenn ich früher durch Frankreich oder Belgien fuhr, daß ich im Radio zum Beispiel Mick Jagger hörte und als nächstes Coltrane und zwischendurch auch mal etwas Klassisches. Diese Mischung halte ich eigentlich für die beste Form, Rundfunk zu machen.

Unseren Jazz-Moderatoren kommt natürlich ein ganz großes Verdienst zu. Gerade in den ersten Nachkriegsjahren war es ja besonders wichtig, daß es Leute gab, die sich um die Verbreitung des Jazz gekümmert haben, was selbstverständlich auch heute noch wichtig ist. Zum Beispiel Joachim Ernst Berendt, der schon 1946 im Südwestfunk die ersten regelmäßigen Jazzsendungen machte und dem es in den folgenden Jahren gelang, diesen Bereich immer weiter auszubauen. Oder Horst Lippmann, der gleich nach dem Krieg angefangen hatte, Jazzsendungen im Hessischen Rundfunk zu machen, nicht zu vergessen Olaf Hudtwalker, der neben Lippmann maßgebliche Arbeit beim Hessischen Rundfunk leistete, Dieter Zimmerle und Gudrun Endress beim Süddeutschen Rundfunk, Michael Naura beim Norddeutschen Rundfunk, sehr wichtig auch sein Vorgänger Hans Gertberg, oder Dr. Dietrich Schulz-Köhn beim Westdeutschen Rundfunk. Natürlich Werner Wunderlich, der sich im Südwestfunk und im Hessischen Rundfunk seit Jahrzehnten für den Jazz einsetzt. Oder Uli Olshausen, der seit langem die Jazzredaktion des Hessischen Rundfunks leitet. All diesen Leuten haben wir Jazzmusiker viel zu verdanken; ohne ihre Arbeit hätten wir es sehr viel schwerer gehabt.

»Ganz schön heiß, man!«

Jazz-Rock-Grenzgänge

Mein Beweggrund, die beiden Rockplatten »Listen And Lay Back« und »Rooty Toot« zu machen, war, mal ein bißchen näher ans Publikum heranzukommen und, das will ich gar nicht verschweigen, auch mal ein bißchen mehr an einer Platte zu verdienen – ich lebe ja weitgehend von meiner Konzerttätigkeit. Jetzt, da ich mich doch langsam dem Ende meiner Karriere nähere, hat Geld natürlich an Bedeutung dazugewonnen, denn ich muß mich auf die Zeit vorbereiten, in der ich nicht mehr arbeiten kann. Ich muß schon versuchen, da ich keine nennenswerte Rente zu erwarten habe, mich ein bißchen abzusichern. Insofern spielt Geld sicherlich eine größere Rolle als in den jungen Jahren, obwohl wir damals viel weniger hatten. Glücklicherweise ist es aber heute so, daß ich verhältnismäßig ordentliche Gagen kriegen kann.

Nun waren bei den Vorgesprächen ganz andere Verkaufszahlen avisiert, als sie sich tatsächlich ergaben. Für meine Verhältnisse war es dennoch eine ganz schöne Menge, immerhin 35 000 Stück. Als Jazzer ist man diesbezüglich ja nicht sehr verwöhnt.

Die Idee, die Klaus Lage Band und mich zusammenzubringen, kam von Dieter Dehm, einem gemeinsamen Freund von Klaus und mir. Ich hatte allerdings die Vorstellung, daß auch Klaus dabei ist und nicht nur seine Band, und ich eigene Stücke einbringen kann. Dazu konnte man sich aber nicht entschließen. Man sagte: Das ist ein finanziell sehr aufwendiges Geschäft, und deshalb muß das ein Konzept sein, das sich trägt. So entstand die Idee, Rock-Evergreens aufzunehmen.

Man schickte mir ein paar Bänder zu, aus denen ich die Stücke aussuchte. Die Klaus Lage Members nahmen die ausgewählten Stücke auf, während ich meinen Part anschließend draufspielte, bis auf zwei Stücke, die wir zusammen einspielten. Allerdings, sollten wir noch einmal eine ähnliche Platte machen, und da bin ich nicht der einzige, der so denkt, dann sollten wir live im Konzert produzieren, denn die Einzelkonzerte und Tourneen, die wir gemacht haben, haben gezeigt, daß diese Musik im Konzert total anders ist. Die Members, Martin Engelien, E-Baß, Bernd Krämer, Gitarre, Danny Deutschmark – jetzt Bean Heart –, Keyboards, sind ja ganz prima Musiker, und seit Michael Küttner das Schlagzeug spielt, geht die Band besonders gut los (Anm.: Eine Live-CD, die auf der letzten Tournee 1992 aufgenommen wurde, liegt zur Veröffentlichung bereit.)

Hinzu kam die Vorgabe der Produzenten, so nah wie möglich an den Originalversionen der Stücke zu bleiben. Ich finde heute, daß es besser gewesen wäre, wenn wir eigenwilligere Bearbeitungen gemacht hätten.

Auf der ersten Platte »Listen And Lay Back« war nur ein Stück von mir dabei, auf der zweiten, »Rooty Toot«, waren es fünf. Schon dadurch ist die zweite, meines Erachtens, viel besser, eben weil sie persönlicher ist. Dennoch kann ich die Kritik, die mancherorts an »Listen And Lay Back« geäußert wurde, nicht so einfach stehenlassen. Ich habe doch beim Improvisieren nichts von mir aufgegeben. Das bin immer ich, der da spielt. Und was die Stücke anbelangt, die unterscheiden sich in nichts von dem, was man Standards nennt. Die sogenannten Standards waren auch irgendwann einmal Musicalstücke oder Tagesschlager, bevor sie von großen Jazzmusikern die Weihen bekamen. Nehmen wir mal »Bye Bye Blackbird«. Wenn ich das mit »Angie« von Mick Jagger vergleiche, wo ist da der Unterschied? Es gibt viel weniger anspruchsvolle Themen als »Angie«, die von Jazzern gespielt werden.

Wenn ich sagte, daß ich, außer bei Jam Sessions, eigentlich nie Standards gespielt habe, sondern immer meine eigenen Stücke oder die meiner Kollegen, dann ist »Listen And Lay Back«, zugegeben, eine gewisse Inkonsequenz. Wenn man aber bedenkt, daß es circa vierzig Platten unter meinem Namen gibt, die alle eine ziemlich herbe Kost sind, dann wird man mir wohl verzeihen können, wenn ich mal eine Platte mit Rock-Evergreens mache. Von Kollegen, die ich auf Festivals getroffen habe, habe ich jedenfalls nie etwas Negatives dazu gehört. Die haben sich gefreut: Da verdienst du wenigstens mal ein bißchen was.

H. Werner Wunderlich Albert ist ein Unikum im wahrsten Sinne des Wortes. Ich wüßte keinen, nehmen wir mal nur europäische Musiker, der so universal ist wie er, vielleicht noch Wolfgang Dauner. Vielleicht versteht er sich auch aus diesem Grund besonders gut mit dem Wolfgang, und spielt, wann immer er die Möglichkeit hat, mit ihm. Das sind so eine Art verwandter Seelen, denn Wolfgang Dauner ist ebenfalls hervorragend, in welcher Gruppe auch immer. Auch die Tatsache, daß Albert sich mit den Leuten von Klaus Lage zusammentut, und auch in dieser Formation überzeugend spielt, und auch überzeugt davon ist, daß er das machen kann, spricht dafür. Wer von den namhaften deutschen Jazzern käme auf eine solche Idee?! Albert ist da souverän. Er steht über den hämischen Bemerkungen der sogenannten Puristen. Seine Souveränität habe ich schon immer bewundert. Selbst als er schon – weltweit gesehen – zu den besten Posaunisten zählte, war er sich nicht zu schade, auch mal in einer Dixieland-Band Rhythmusgitarre zu spielen. ■

Kehren wir noch einmal zu den Standards zurück. Weil ich schon öfter gehört habe: der Albert spielt keine Standards, möchte ich zuerst mal vorausschicken, daß ich wahrscheinlich mehr Standards kenne, also über ihre Harmonik Bescheid weiß und die Melodien spielen kann, als mancher meiner Kollegen. Ich habe das ja viele Jahre Nacht für Nacht praktiziert. Auch mit dem Quintett haben wir in den 60er Jahren ab und zu mal einen Standard eingeschoben, um den Leuten einen Anhaltspunkt zu geben, wie improvisiert wird, denn unsere eigenen Kompositionen waren für viele doch schwer verständlich. Einem bekannten Stück in der Improvisation zu folgen, kann ja einen Zugang zu unbekannten und komplexeren Kompositionen schaffen. Irgendwann haben wir das sein gelassen, als wir dachten, daß das Publikum reif genug ist, unsere Musik zu verdauen.

Wenn man sich mal Gedanken macht über diese Standards, sich allein mal die Texte anhört, was das doch zum großen Teil für Schnulzen sind, oder wenn man sich fragt, wo die herkommen zum großen Teil kommen sie aus Musicals, und Musical kann man auch mit Operette übersetzen dann muß doch zum Beispiel die Frage erlaubt sein: Wieso haben wir eigentlich nie Franz Léhar gespielt? Davon aber mal abgesehen,

United Jazz+Rock Ensemble

irgendwann, gegen Ende der 60er Jahre, begann sich doch im Jazz vieles zu verändern. Wer wollte denn damals diese Standards noch hören?! Wir haben sie zu der Zeit noch immer im Jazzkeller gespielt, wohl möglichst viele Jazzkompositionen von Monk, Horace Silver oder Rollins, aber in der Hauptsache waren es Standards. Und der »Jazzkeller« wurde immer leerer. Das ist nun mal ein Tatbestand. Auch das gab mir zu denken. Schließlich war man auch selber der Sache müde. Damals kam der Free Jazz auf, ein neues, aufregendes Feld, das man entdeckte und auf das man sich konzentrierte. Gewiß, das hat den »Keller« auch nicht voll gemacht. Also es war schon eine eigenartige Zeit, in der alles im Umbruch schien.

Unlängst habe ich diesen tollen australischen Trompeter und Posaunisten James Morrisson gehört. Auch da habe ich mich gefragt: Warum spielt er Stücke wie »Someday My Prince Will Come«? Das ist zwar eine von der Melodie und der Harmonik her ganz annehmbare Nummer, aber durch den Titel und den Text so sehr mit Kitsch behaftet, daß ich mich in jenen Jahren immer mehr geweigert habe, das zu spielen. Wohl ist der Text nicht präsent, aber unterschwellig ist er nun mal da.

Ich will diese Standards keineswegs herabwürdigen. Es gibt musikalisch und harmonisch ganz tolle Stücke, die auch zum Improvisieren reizvoll sind, aber kann man denn solche Stücke nicht selber erfinden?! Wenn ich heute die Gelegenheit bekäme, eine Platte mit Standards zu machen, dann würde ich das nicht ablehnen. Ich würde sie natürlich anders auffassen und spielen als früher. Wenn man mich aber fragte, was möchtest du als nächstes aufnehmen, dann wären das bestimmt keine Standards, sondern eigene Stücke.

Lee Konitz Ich habe von amerikanischen Musikern immer gehört, daß sie sich sehr respektvoll über Alberts, ich nenne es mal: experimentelle Spielweise geäußert haben, aber auch, daß er kein großer *straight ahead swinger* sei, im Sinne der mehr traditionellen Spielweise eines J. J. Johnson oder Stan Getz, um nur diese beiden zu nennen. Wenn er einen Standard spielt, klingt es immer, als wenn er neue Dinge probiert. Meine Definition von Spielen ist, das zu spielen, was du gerade in diesem Augenblick weißt, empfindest, natürlich auf der Basis musikalischer Disziplin. Es geht mir bei dieser Musik nicht darum, etwas Neues zu probieren. Ich liebe diese traditionelle Spielweise auch. Ich denke, daß das nie Alberts Sache war. Deshalb klingen solche Stücke bei ihm, als ob er diese Musik nicht so oft gespielt hätte. Ich muß einschränkend sagen, daß ich nicht oft mit Albert diese Art Musik gespielt habe, und deswegen nicht sicher bin, wie sich das bei ihm entwickelt hat. Daß er swingt, darüber gibt es natürlich überhaupt keinen Zweifel, sonst würde es mir bestimmt keine Freude machen, mit ihm zu spielen. ■

Dieter Glawischnig Ich habe das Gefühl, Albert will immer, daß es swingt. Dieses emotionale Klima rhythmischer Bewegung lag ihm immer am Herzen, auch in freien Konzepten und auch in seiner Mehrstimmigkeit. Er hat die ganze Entwicklung der freien Spielpraxis im Globe Unity Orchester und mit seinen eigenen Gruppen mitgemacht. Albert swingt enorm, wenn man ihn auch nicht, Gottseidank möchte ich fast sagen, als »straight ahead«-Jazzer bezeichnen kann. Er ist eher eine »besonnenere« Komponente dieses Hotspielens »in time«, obwohl er natürlich reinfetzen kann, wenn er will. ■

Joki Freund Manche meinen ja, die Synkope wäre der eigentliche swing, was meiner Meinung nach überhaupt nicht stimmt. Es kann mit wenigen geraden Tönen mehr zum Swingen gebracht werden, wenn danach plötzlich eine Synkope kommt. Das ist viel interessanter, als wenn laufend Synkopen gespielt werden. Und ich glaube, daß der Albert das ganz phantastisch versteht. Er baut auf geraden Tönen auf und bringt es dann zum Laufen. Und da kommt ihm natürlich sein mehrstimmiges Spielen entgegen, wenn er mit Akkorden Schwerpunkte setzt und dann in leichte, fließende Linien übergeht. ■

Eine lange Zeitspanne in meinem Musikerleben ist mit dem United Jazz+Rock Ensemble verbunden, das mittlerweile im neunzehnten Jahr besteht, an heutigen Verhältnissen gemessen ein unglaublich langer Zeitraum. Ich denke, es sind zwei Gründe, die diese Band zusammenhalten: einmal das sehr gute kollegiale Verhältnis, aus dem sich auch Freundschaften entwickelt haben, und natürlich auch der Erfolg.

Initiiert wurde das »United« von Werner Schretzmeier, der Regisseur beim Süddeutschen Rundfunk ist, als Studioband für die Sendung »Elfeinhalb«, die jeden Sonntag über die ARD lief. Meist begleiteten wir Interpreten aus dem politischen Kabarett und aus dem Liedermacherbereich. Zwischendurch spielten wir auch mal ein Stück alleine. Die Besetzung, die Wolfgang zusammengestellt hatte, wechselte in der ersten Zeit öfter mal, bis sich eine feste Formation herausschälte. Allerdings waren schon von Anfang an Ian Carr, Ack van Rooyen, Charlie Mariano, Volker Kriegel und ich dabei, auch Jon Hiseman, der zu der Zeit in Wolfgangs »Etcetera«-Gruppe spielte, und Dave King, der später von Eberhard Weber abgelöst wurde und seit ein paar Jahren wieder dabei ist. Zeitweise spielten Wolfgang Engstfeld und Tony Coe mit, auch Howard Johnson an der Tuba. Etwa 1977 kam mit Kenny Wheeler ein weiterer Trompeter dazu. Um diese Zeit herum brachte Jon Hiseman, weil ein Saxophonist ausgefallen war, seine Frau Barbara Thompson mit, die seitdem fest in der Band ist. Anfangs kannte man sie nur vom »United« her, später hatte sie dann ihre eigene Band, mit der sie heute sehr erfolgreich ist.

Mit Charlie Mariano

Später wurde die Sendung abgelöst von einer Familienfolge, die sich »Goldener Sonntag« nannte. Es ging dabei jeweils um eine witzige Geschichte, die aber unterschwellig eine politische Botschaft hatte. Wir trafen uns circa alle zwei Monate, um vorzuproduzieren. Da die Sendung über längere Zeit lief, kam natürlich eine ganze Menge an Stücken zusammen, die allem Anschein nach den Leuten sehr gut gefielen, denn es kamen immer mehr Anfragen, ob man uns denn nicht mal in einem Konzert hören könnte. So kam es, daß wir ein Konzert in Stuttgart veranstalteten, das ein unheimlicher Erfolg wurde. Dadurch ermuntert beschlossen wir, eine Platte zu machen. Werner Schretzmeier und Wolfgang sind zu den großen Plattenfirmen gegangen, aber keine hat angebissen. Nun gut, wenn die das nicht machen wollen, sagten wir uns, dann machen wir das eben selber. Ein Teil der Musiker und Werner Schretzmeier haben jeweils ein paar tausend Mark zusammengelegt und das mood-Label gegründet.

»Ganz schön heiß, man!«

Die erste Plattenproduktion von mood war der Live-Mitschnitt eines Konzerts, das wir 1977 im »Schützenhaus« in Stuttgart-Heslach gaben. Diese Platte »Live im Schützenhaus« wurde ein Riesenerfolg. Bis jetzt sind allein von dieser Platte ungefähr 60 000 Stück verkauft worden. Für hiesige Verhältnisse, und wenn man dazu noch bedenkt, daß mood-Platten nur über »Zweitausendeins« erhältlich sind, ist das eine ganz immense Zahl.

Für die erste Platte lieferte Wolfgang die meisten Kompositionen, ab der nächsten verteilte sich das. Wer eine Komposition beisteuern wollte, konnte das tun. So ist von da an auch jeweils ein Stück, oder auch mal zwei, von mir dabei. Das war für mich ein neues und interessantes Betätigungsfeld, auf dem ich einiges, was das Arrangieren anbelangt, gelernt habe, andererseits konnte ich in dem Gesamtspektrum eine eigene, spezifische Farbe beimischen. Ich meine überhaupt, daß es gerade die Vielfalt der Kompositionen ist, denn die Stücke der einzelnen Mitspieler sind doch sehr unterschiedlich, was das Klangbild der Band interessant macht. Die Tournee mit Duke-Ellington-Stücken war zum Beispiel längst nicht so erfolgreich wie all die Tourneen, auf denen wir unsere eigenen Stücke spielten.

Der Ablauf ist eigentlich immer der, daß wir uns zwei, drei Tage vor einer Tournee in Stuttgart treffen, um im »Theaterhaus«, früher war es das Tonstudio »Zuckerfabrik«, die neuen Kompositionen, die die Kollegen mitbringen, einzustudieren. Danach wird das Programm zusammengestellt, mit dem wir auf Tournee gehen, wobei immer auch ältere Stücke dazugenommen werden. Das erste Konzert ist meist im »Theaterhaus«, nicht zuletzt durch die Verbindung mit Werner Schretzmeier, der einer der »Theaterhaus«-Leiter ist. Die Platten, mittlerweile sind es über zehn, werden entweder live aufgenommen oder wir gehen nach der Tournee ins Studio, um sie einzuspielen.

»Responsory«
Workshops

Die Erfahrungen, die ich bei Workshops weiterzugeben versuche, sind nicht zuletzt die eines europäischen Solisten. Denn ich denke, es ist wichtig, jungen Jazzmusikern nahezubringen, nicht nur in Richtung Amerika zu sehen, sondern zu erkennen, daß ein europäischer Jazzmusiker auch etwas Eigenes erfinden und entwickeln kann.

Wenn ich an die frühen Jahre nach dem Krieg denke, als der mehr galt, der ein amerikanisches Vorbild kopierte als der, der etwas Eigenes versuchte, so war das vielleicht aus der Zeit heraus verständlich. Heute aber, da der Jazz so weit und offen geworden ist, sollten europäische Musiker ein Selbstverständnis entwickeln, das den Mut zur Originaliät fördert und nicht hemmt. Das ist mit ein Grund, weshalb ich zu Workshops meine eigenen Stücke mitbringe, um sie mit den jungen Musikern einzuüben.

Vielleicht illustriert eine Erfahrung, die ich unlängst machen mußte, was ich meine, wenn ich von der Notwendigkeit eines europäischen Selbstverständnisses spreche. Ich hatte das Angebot, in Schweinfurt einen Workshop durchzuführen. Die Verhandlungen zwischen meiner Agentur und dem Leiter der dortigen Musikschule waren eigentlich schon abgeschlossen, das Geld, der Termin, die Länge des Workshops, alles war klar. Ein paar Tage später rief mich Claus Schreiner, mein Manager, auf Anfrage der Musikschule an, die noch wissen wollten, ob ich denn den Workshop nach der Aebersold-Methode* machen würde. Ich habe natürlich gesagt, daß ich das nicht nach der Aebersold-Methode mache, sondern nach meiner eigenen Methode. Ich brauche doch nicht die Methoden anderer Leute. Daraufhin wurde der Workshop abgesagt. Ich muß dazu sagen, daß mir das zum ersten Mal passiert ist.

---

* Jamey Aebersold (amerikanischer Jazzpädagoge). Seine sogenannten »Playalong«-Platten mit Begleitheft, das die Harmonien und Skalen der auf Platte aufgezeichneten Stücke enthält, dienen dem Erlernen der Jazzimprovisation.

Was das musikalische Niveau anbelangt, bin ich immer wieder erstaunt, wieviele gute junge Jazzmusiker es heutzutage gibt. Es sind wirklich sehr viele, für die es kaum noch eine Schwierigkeit ist, auch die kompliziertesten Synkopierungen zu spielen. Vor dreißig Jahren hätte man an zwei Händen abzählen können, wer das hierzulande bewältigen kann. Ich führe das unter anderem darauf zurück, daß die heutige Jugend durch die Hörgewohnheiten etwas anders geprägt ist als die Jugend in den 50er Jahren, als Schnulzenmusik die populäre Musik war. Die heutige Musik swingt doch mehr, und das haben die jungen Jazzmusiker einfach drin, ähnlich wie man sagt, daß die Schwarzen den Gospel drin haben und deshalb gute Jazzmusiker sind. Es kommt hinzu, daß sich die Ausbildungsmöglichkeiten erheblich verbessert haben. Mittlerweile gibt es an vielen Musikhochschulen Jazzklassen, die oft auch von sehr guten Lehrern betreut werden, zum Beispiel in Köln, Berlin, Hannover oder Hamburg. Oder in Graz. Wenn ich dort einen Workshop mache, erarbeite ich mit der Studentenbigband an einem einzigen Tag alles, was ich mitgebracht habe, und das sind zum Teil schwere Stücke. Dieses hohe Niveau ist natürlich nicht überall zu finden. Ich denke, daß auch die gezielte Förderung junger Talente, wie man das in Frankfurt und anderen Städten angefangen hat, ein wichtiger Beitrag ist, das Niveau weiter anzuheben.

Nun mache ich auch Workshops, bei denen man den musikalischen und technischen Standard einer Musikhochschule nicht erwarten kann. So habe ich mal in Niederbrechen, einem kleinen Ort in der Nähe von Limburg, einen zweitägigen Workshop mit jungen Leuten gemacht, die fast ausschließlich Amateure waren und zum großen Teil aus der Feuerwehrkapelle des Ortes kamen. Natürlich war nicht jeder ein Solist, muß ja auch nicht sein in einer Bigband. Wenn vier, fünf Solisten dabei sind, dann reicht das allemal. Wichtig ist, daß die anderen in der Lage sind, das was notiert ist, stilistisch richtig zu spielen. Und das konnten die. Auch da habe ich ausschließlich meine eigenen Stücke eingeübt, wohl nicht die allerschwersten, dafür waren ja auch nur zwei Tage Zeit zum Proben. Zum Abschluß haben wir sogar ein Konzert gegeben. Wenn eine ganze Woche Zeit gewesen wäre, hätten wir auch meine schweren Stücke gespielt. Übrigens hat sich aus diesem Workshop eine Bigband formiert. Das freut einen natürlich. Zwei Jahre später bin ich mit ihnen als Solist aufgetreten, bei ein paar Stücken auch im Satz. Es war wirklich beachtlich, was die jungen Leute geleistet haben.

Natürlich wird man bei Workshops immer wieder gefragt, ob und wie man Improvisieren lernen kann. Ich habe selbst mal eine Anleitung zur Improvisation für Posaune geschrieben, im Rahmen einer Reihe, die Carlo Bohländer 1964 startete. Er hatte eine festgefügte Konzeption geliefert, in die die unterschiedlichen Instrumentalisten ihre Ideen einbringen konnten. Das Büchlein ist übrigens noch heute im Handel. Nach meinen jetzigen Erfahrungen würde ich eine Improvisationsanleitung allerdings anders angehen. Während eines Workshops in Banff (Kanada) habe ich mal etwas erlebt, das mich in meinen Vorstellungen bestätigt hat. Ein junger Mann, er war vielleicht 16, kam zu mir und sagte, er hätte sich den Zugang zu dem Workshop nicht so ganz sauber verschafft, indem er auf das Band, das er einschicken mußte, eine niedergeschriebene Improvisation gespielt hätte. Er könne gar nicht improvisieren. Ob ich nicht eine Möglichkeit sähe, ihm in den nächsten vierzehn Tagen ein bißchen was beizubringen, denn es würde ja von Tag zu Tag immer mehr von ihm verlangt. In den Tonleitern war er ganz firm, auch technisch war er nicht schlecht. Ich habe mich also jeden Morgen mit ihm getroffen und ihm am Klavier Akkorde, jeweils acht Takte, hingelegt, über die er improvisieren sollte. Mit D-moll 7 beginnend, habe ich ihn, immer um einen halben Ton versetzt, durch alle Tonarten geführt. Es war wirklich so, daß der Junge innerhalb von zehn Tagen zumindest in den dorischen Skalen improvisieren konnte, und nicht mal schlecht. Für mich war das ein Beleg, daß sich die dorischen Skalen für den, der mit dem Improvisieren anfängt, besonders eignen, weil sie sehr einfach sind und nicht so starr, als wenn man sie als Dur-Tonleiter auffaßt. Eine Anleitung für das mehrstimmige Spielen habe ich schon seit vielen Jahren im Kopf, bin aber aus Zeitgründen noch nicht dazu gekommen. Die Schule nach der Bohländer-Konzeption konnte ich auch nur deshalb machen, weil ich damals nach meiner Typhuserkrankung in der Klinik lag und genug Zeit hatte, mich damit zu beschäftigen.

Eine regelmäßige Workshop-Tätigkeit habe ich mit dem Deutsch-Französischen Jazzensemble, das ich seit 1982 leite. Das ist keine feste Gruppe, vielmehr wechseln die Mitglieder relativ häufig, damit möglichst viele junge Musiker Erfahrungen in der Ensemblearbeit machen können. Die Arbeitsphasen, jeweils eine Woche, finden wechselweise in Frankreich und Deutschland statt. Während ich bei den üblichen Workshops, die von Städten oder irgendwelchen Initiativen veranstaltet werden, keinen Einfluß auf die Auswahl der Teilnehmer habe, ist es in diesem Fall so, daß ich die Musiker aussuchen kann. Das hat natürlich den Vorteil, daß das Ensemble ein ausgeglicheneres Niveau hat.

Aus diesem Ensemble sind immer wieder tolle Jazzmusiker hervorgegangen. Nicht, daß ich die unbedingt entdeckt hätte, die wären auch ohne mich ihren Weg gegangen, aber möglicherweise hat es geholfen, daß sie mit mir gearbeitet haben, zum Beispiel Claus Stötter, Wolfgang Haffner, Mathias Schubert und noch einige mehr, auf französischer Seite Yves Robert, ein Posaunist, der heute in Frankreich einen guten Namen hat oder der Baßklarinettist Jean-Jacques Rullmann und andere. Natürlich freue ich mich, daß ich die Gelegenheit habe, diesen Leuten ein bißchen helfen zu können. Ich wünschte, ich könnte da mehr tun.

Wolfgang Dauner Ich habe oft Angebote bekommen, Workshops zu machen, es aber in den meisten Fällen abgelehnt, weil mir der Aufwand zu groß ist. Selbst wenn man es öfter gemacht hat und auf ein Programm zurückgreifen kann, bleibt dennoch ein ganz schöner Kraftaufwand, denn die jungen Leute saugen dich aus, was selbstverständlich ihr Recht ist. Der Albert hat mir erzählt, er hätte sich schon versteckt, um einfach mal zur Ruhe zu kommen. Für die jungen Musiker ist das natürlich eine sehr weiterbringende Sache, besonders wenn sie einem begegnen, der mit seiner Offenheit die Dinge angeht. Ich kann mich erinnern, als wir zusammen mit dem Deutsch-Französischen Jazzensemble geprobt haben und ich zum ersten Mal Wolfgang Haffner hörte, der damals noch ziemlich am Anfang stand. Daß er sich so schnell entwickelt hat, liegt nicht zuletzt daran, daß er mit Leuten wie Albert gespielt hat. Albert ist immer sehr wachen Ohres dabei, um Talente zu erkennen.

H. Werner Wunderlich Man kann gar nicht hoch genug einschätzen, daß sich dieser gestandene Musiker so freudig und intensiv um junge Leute kümmert und denen die *message* gibt. Ich habe das besonders deutlich gesehen in dem Deutsch-Französischen Jazzensemble, wo junge Leute wie Mathias Schubert und Wolfgang Haffner bestimmt ganz gewaltig profitiert haben von Albert und seiner Kunst und auch von seinen Möglichkeiten, das weiterzugeben. Und wer mit ihm zusammengearbeitet hat, der geht bestimmt seinen Weg, denn mit Albert Mangelsdorff zu spielen, das ist immerhin schon was. Ein bißchen profitiert Albert ja auch von seinen »Lehrer«-Aktivitäten. Schubert und Haffner zum Beispiel tragen jetzt zur Qualität seines gegenwärtigen Quintetts bei. ■

Gegen eine feste Lehrtätigkeit, wie sie mir schon Anfang der 70er Jahre von der Musikhochschule Graz angetragen wurde, hatte ich insofern Einwände, als das meine Konzerttätigkeit sehr eingeschränkt hätte. Auch Angebote von anderer Seite, die immer mal wieder auf mich zukamen, habe ich aus diesem Grund abgelehnt. Wenn ich bedenke, daß Eje Thelin, der jahrelang in Graz lehrte, dadurch kaum öffentlich in Erscheinung getreten ist, ein Mann, den ich für einen der allerwichtigsten Posaunisten halte, so bestätigt das im Nachhinein meine Entscheidung. Ich habe das nie bereut. Würde man mir das heute antragen, wären die Voraussetzungen natürlich ganz andere.

Fritz Rau Wenn an der Frankfurter Musikhochschule eine Jazzabteilung aufgebaut würde und man fragte Albert Mangelsdorff nicht, ob er Interesse daran hat, als Professor die Abteilung zu leiten, wäre das ein Versäumnis von schildbürgerlicher Dimension. Es wäre eine der vielen Frankfurter Dummheiten. Deswegen kann man diese Stadt nur lieben oder man macht einen großen Bogen um sie. Ich mache ab und zu einen Bogen, komme aber immer wieder zurück, denn München ist halb so schön wie sein Ruf und Frankfurt, bei allem Ärger, den man empfinden kann, halb so schlecht. Albert nicht zu fragen, wäre eine Kulturschande, aber leider nicht die einzige in Frankfurt. ■

»Open Space«

Wege zum Publikum

Schon wirtschaftlich gesehen war die große Asien-Tournee, die wir 1964 mit dem Quintett machten, ein Lichtblick. Ich konnte mir endlich eine anständige Wohnung leisten. Bis dahin hatte ich mit meiner Familie in einer Souterrain-Wohnung gelebt, die dazu noch feucht war. Ich hatte auch kaum eine Möglichkeit gesehen, so bald da herauszukommen. Viele Gigs gab es ja nicht, und die, die es gab, waren nicht gerade gut bezahlt. Jetzt hatte ich zum ersten Mal ein ordentliches Geld in der Hand. Damals waren noch Baukostenzuschüsse üblich, das heißt, man mußte für eine Wohnung gleich mal ein paar tausend Mark hinlegen.

Wir waren natürlich sehr froh, daß man uns für diese Tournee ausgewählt hatte. Allerdings waren wir auch, das kann man ruhig sagen, eine ziemlich gute Band. Nicht zuletzt hatten wir durch die »Tension«-Platte auf uns aufmerksam gemacht, auch in Amerika, wo wir sehr gute Kritiken bekamen, unter anderem im »Down Beat«. Die Entscheidung fiel im Salle Pleyel in Paris, wo das Goethe-Institut mit uns und noch ein paar Solisten den ersten Versuch unternahm, den Jazz in ihr Kulturprogramm einzubeziehen.

Ralf Hübner Das Goethe-Institut veranstaltete das Konzert in Paris, wozu man alle deutschen Jazzgrößen eingeladen hatte, um überhaupt mal zu sehen, wie deutscher Jazz im Ausland ankommt. Der Jazz hatte ja damals noch keinen festen Platz im Goethe-Institut. Es war eine Art Versuchsballon, den man startete. Insgesamt spielten fünf oder sechs Bands, die aber alle eine einzige Rhythmusgruppe hatten, nämlich Günter Lenz und mich. Wir haben aber nicht, wie man annehmen könnte, die entsprechende Gage bekommen, sondern das gleiche Geld wie jeder andere auch, also man ist, und nicht nur in diesem Fall, manchmal ganz schön beschissen worden. ■

Initiator der Tournee war Joachim Ernst Berendt, der im Jahr zuvor Asien bereist und mit Jazzleuten Interviews gemacht hatte, um Verbin-

Mit Elvin Jones in Complain-la-Tour, 1965

dungen herzustellen. Er war es auch, der das Goethe-Institut eingestimmt hat, mal eine Jazztournee ins Auge zu fassen. Von seiner Reise hatte er Musikstücke aus den verschiedensten Ländern Asiens mitgebracht, meist Volksstücke. Er bat uns, einige auszuwählen und ins Repertoire aufzunehmen, um dem dortigen Publikum einen besseren Zugang zu verschaffen.

Volle acht Wochen waren wir, zusammen mit Joachim Ernst Berendt als Moderator, unterwegs, was natürlich ein tolles und neues Erlebnis war, denn solche weiten Reisen hatten wir vorher noch nie gemacht, zudem der Erfolg überaus groß war, obwohl wir vor einem Publikum spielten, das bis dato kaum mit Jazz in Berührung gekommen war. Der größte Teil unseres Programms waren Stücke der »Tension«-Platte, neben den ausgewählten Volksstücken, die wir speziell bearbeitet hatten.

Mit den »German All Stars« auf Tournee, 1968

Da ich der verantwortliche Mann für die Band war, hatte ich eine Menge Arbeit am Hals. Kamen wir vormittags an, mußte ich sofort in den Konzertsaal, um mich darum zu kümmern, daß wir am Abend einen einigermaßen akzeptablen Sound hatten, denn was die technischen Dinge anbelangt, war sowohl die Asien- wie auch später die Südamerikatournee ziemlich schlecht organisiert. Meistens war das, was man brauchte, nur zum Teil vorhanden, man mußte halt aus dem was da war, das Beste machen, was in der Regel den ganzen Tag kostete.

Ich weiß nicht mehr, auf welchen Wegen es zustandekam, ich nehme an über die deutsche Botschaft, jedenfalls hatte der König von Thailand, der ein großer Jazzfan ist, den Wunsch, mit uns zu spielen. Seitens der Botschaft stimmte man uns auf die Begegnung mit dem König ein, daß wir auch immer »Your Majesty« zu ihm sagen und ihn nicht mit »you« ansprechen oder ihn gar beim Namen nennen, was natürlich

Albert Mangelsdorff Quintett mit J. E. Berendt in Asien, 1964

nachher meistens vergessen wurde, dem König aber offenbar nichts ausgemacht hat. Wir spielten auf der Bühne eines kleinen, netten Saals vor einem ausgewählten Publikum. In den ersten Reihen saßen die Familienmitglieder des Königs, unter anderen auch seine Kinder, dahinter Leute seines Hofs. Eigenartig war, daß zwischendrin, wenn der König was trinken wollte, einer auf den Knien angerutscht kam, um ihm auf dem Tablett einen Drink zu reichen. Also eine richtige »Jamatmosphäre«. Wir spielten ein paar Standards, zu denen er gefällige, ordentliche Chorusse auf dem Soprano spielte. Man geht ja nicht hin und denkt, der spielt jetzt wie Coltrane. Jedenfalls, für einen König hat er ziemlich gut gespielt.

Sehr schmerzlich war, daß ich nach der Tournee Typhus hatte und drei Monate im Krankenhaus lag, wobei die Krankheit selbst nach vier Wochen ausgeheilt war, ich danach aber noch in Quarantäne bleiben

Ankündigung der German All Stars am Flughafen in Singapur, 1971

mußte. Ich nehme an, daß ich in allerletzter Sekunde gerettet worden bin, denn ich hatte schon zwei Wochen zuhause gelegen und war von meiner Hausärztin auf Grippe behandelt worden. Ich hatte konstant 40 Grad Fieber und war schon gar nicht mehr bei Sinnen, als meine Frau sagte, das geht nicht so weiter, und einen weiteren Arzt hinzuzog. Der hob die Bettdecke, warf einen Blick auf meinen Bauch und ging ans Telefon, um einen Rettungswagen zu rufen. Bei Typhus hat man rote Flekken auf dem Bauch, sogenannte Roseolen.

Ralf Hübner Wir haben mit der Band eine Menge großer und kleiner Tourneen gemacht, die oft sehr anstrengend waren, ein paar durch die USA, eine durch Südamerika, durch europäische Länder; wir waren in Montreal, San Francisco, Los Angeles, ich weiß gar nicht mehr wo sonst noch überall, aber das härteste war die Asien-Tournee, 1964. Sehr viele Konzerte in einem relativ engen Zeitraum, sehr wenig freie

Zeit, dazu noch die klimatisch ungewohnten Bedingungen, die einen zusätzlich physisch belasteten. Nicht einmal die Zeit hatten wir, unseren Smoking reinigen zu lassen. Mein Smoking war manchmal ganz weiß von dem Salz, das ich ausgeschwitzt hatte. Vor dem Konzert mußte ich ihn mit Bürste und warmem Wasser dunkel machen. Die Tour hat dann ausgelöst, daß wir so eine Art Aushängeschild des deutschen Jazz waren, aber, und das muß auch mal gesagt werden, man hat uns auch oft als Versuchskaninchen benutzt, um Dinge auszuprobieren. ■

Für die große Südamerika-Tournee, deren Leitung man mir übertragen hatte, stellte ich ein Ensemble aus elf Instrumentalisten und dem Bebopsänger Willi Johanns zusammen. Außer Günter Kronberg waren alle Mitglieder des Quintetts dabei, dazu Wolfgang Dauner, Ack van Rooyen, Manfred Schoof, Gerd Dudek, Rolf Kühn, mein Bruder und der Posaunist Rudi Fuesers. Diese Tournee läßt sich schon insofern nicht mit der Asien-Tournee vergleichen, als uns hier ein Publikum erwartete, dem der Jazz nichts Fremdes war, zum Beispiel waren zu gleicher Zeit Duke Ellington und andere amerikanische Bands unterwegs. Wir hatten ein ganz tolles Programm, das wir im Anschluß im »Domicile« in München auf Platte aufnahmen. Dazu fällt mir eine Story ein, die in Berlin passiert ist: Ich hatte einen Auftritt und war nachts gegen ein, zwei Uhr auf dem Weg zu meinem Hotel in der Knesebeckstraße. Es war relativ still. Von weitem hörte ich plötzlich eine tolle Rhythmusgruppe. Aus der Entfernung hört man ja Schlagzeug und Baß immer etwas lauter als die anderen Instrumente. Wie ich um die Ecke kam, stellte ich zu meiner Überraschung fest, daß es »Live At Domicile« war. Der Portier meines Hotels hatte sie laufen, ziemlich laut für diese Uhrzeit.

Was Jazzfestivals anbelangt, so ist im Prinzip jedes für einen Musiker wichtig, weil man Kollegen trifft, die Kollegen einen hören und man selber die Kollegen zu hören kriegt, was ja viel weitreichender ist, als wenn man sich nur von Schallplatten kennt. Ganz wichtig waren natürlich die Einladungen zum Newport Jazz Festival. Auch Berlin war immer ein sehr wichtiges Festival, mal ganz abgesehen vom Frankfurter Jazzfestival, das ja wohl das allerwichtigste war. In Frankfurt bin ich eigentlich jedes Mal aufgetreten, wenn man von 1963 und 1987 absieht, als ich krankheitshalber verhindert war.

Ich kann sie gar nicht alle nennen, die vielen Festivals, auf denen ich gespielt habe, Monterey, Memphis, Chicago, Los Angeles, von Japan über Skandinavien bis runter nach Spanien und Italien. Besonders in Italien, wo seit Anfang der 70er Jahre in vielen Städten Festivals stattfinden, bin ich sehr oft und in den verschiedensten Besetzungen aufgetreten, wenn nicht gerade mit eigenen Gruppen oder als Solist, dann mit italienischen Kollegen.
Ein Festival sollte ich jedoch hervorheben, das Joe Napoli in einem kleinen belgischen Dorf ins Leben gerufen hatte. Napoli, ein Amerikaner, der in Complain-la-Tour während des Krieges verwundet worden war und von den Dorfbewohnern, die ihn fanden, gesundgepflegt wurde, hatte die Verbindung mit ihnen nie abreißen lassen und dort 1959 das erste Festival veranstaltet, zu dem jedes Jahr namhafte Leute wie Miles Davis und John Coltrane eingeladen waren.

Wir kannten uns schon seit 1954, als er noch der Manager von Chet Baker war. Irgendwie hatte er musikalisch einen Narren an mir gefressen und mich, wann immer es ging, eingesetzt, bei Veranstaltungen mit Chet Baker, in denen ich in verschiedenen Besetzungen den ersten Teil des Konzerts bestritt. Später, etwa 1957, als der Westcoast-Stil aktuell war, holte er Bob Cooper und Bud Shank und ist mit denen und mir, dazu noch Attila Zoller, Karl Sanner und dem Bassisten Harry Schell, im Sextett auf Tournee gegangen. In Complain-la-Tour war ich mit dem Quintett so gut wie jedes Jahr, so lange, wie es das Festival gab. Elvin Jones, der zu jener Zeit im Coltrane-Quartett spielte, traf ich dort immer.

Neben den vielen Festivals sind es, was nach wie vor das wichtigste Standbein für einen konzertierenden Musiker ist, die Clubs, die meist durch Privatinitiative entstanden sind und zum Teil auch durch öffentliche Unterstützung aufrechterhalten werden.

Es gab immer wieder Beispiele, besonders in den 50er und 60er Jahren, daß eine Jazzszene in einer Gemeinde eigentlich nur so lange existiert hat, wie es Leute gab, die sich intensiv darum gekümmert haben. Heute hat sich das insofern ein wenig geändert, als es in vielen Stadtverwaltungen Leute gibt, die von vorneherein auch den Jazz in das kulturelle Angebot einbeziehen. Dennoch gibt es noch viele Orte, in denen

Jam Session-Besetzung (mit Archie Shepp, George Adams u. a.), Antibes Festival, 1977

die Lebendigkeit der Jazzszene allein von Leuten abhängig ist, die den Idealismus aufbringen, Konzertveranstaltungen zu organisieren, möglicherweise von der Kommune unterstützt, häufig aber auch nicht. Nehmen wir Nürnberg als Beispiel für viele. Wir sind mit dem Joki-Freund-Quintett, ich glaube 1955 oder 1956, zum ersten Male im Nürnberger »Jazzstudio« aufgetreten. Die Gründer des Clubs waren ein paar Leute, die ohne jede Unterstützung, aber mit sehr großem Enthusiasmus einen Bunker gemietet und ausgebaut hatten, um Jazzkonzerte zu veranstalten. Die maßgeblichen Leute von damals sind noch heute für den Jazz tätig. Sie betreiben noch immer, um nur Walter Schätzlein zu nennen, diesen Club, wenn sie auch manches mittlerweile delegiert haben. Sie haben Anfang der 60er Jahre sogar das Kulturamt der Stadt Nürnberg dazu gebracht, ein Festival einzurichten, das sich sehr schnell etabliert hatte und noch heute existiert, das Nürnberger Ost-West-Festival. Der Jazz hat all diesen Leuten sehr viel zu verdanken.

Mit Jaco Pastorius (am Klavier), Berliner Jazzfest, 1976

Wie sehr die Jazzszene einer Stadt von ein paar Leuten abhängig sein kann, zeigt sich auch daran, und da gibt es eine Menge Beispiele, daß eine Stadt jazzmäßig plötzlich verödete, wenn die Initiatoren, aus welchen Gründen auch immer, beruflich oder familiär bedingt oder auch, weil sie irgendwann frustriert waren, ihre Aktivitäten einstellten.

In viele Clubs komme ich schon seit Jahrzehnten jedes Jahr hin. Ob das in einer Großstadt ist oder einer kleinen Gemeinde, ist mir egal. Der Jazz ist mein Beruf, und wenn Leute kommen und sich dafür interessieren, wird gespielt. Und ganz sicher ohne Unterschied in der Qualität. Ich spiele immer gern.

Daneben gab und gibt es ganz anders geartete Veranstaltungen. Es gab die Zusammenarbeit mit dem tschechichen Pantomimen Milan Sladek, den ich improvisatorisch begleitet habe, es gibt auch immer mal wieder Anfragen von Tänzern, die mit mir zusammenarbeiten möchten, was ich auch schon öfter gemacht habe. Es gab in den 50er Jahren Bühnenmusiken am Frankfurter Schauspiel, die wir in der Gruppe gespielt haben, ausgehend von der Komponistin Adelaid Montain, die auch mal ein Posaunenkonzert geschrieben hatte, das wir zusammen mit einem Orchester in einer Kirche in Bad Homburg aufgeführt haben; es gibt da Veranstaltungen der unterschiedlichsten Ausrichtung, die ich wahrgenommen habe und weiter wahrnehmen werde. Aber nicht wegen des Geldes, manchmal sind sie auch gar nicht so lukrativ, sondern ganz einfach, weil es mich reizt. Ich habe mich immer einer gewissen Herausforderung gestellt: Wie weit kannst du an ein Publikum, das mit deiner Musik nicht familiär ist, herankommen? Oder: Bin ich fähig, auch ein ganz anderes Publikum zu interessieren, und das noch mit einer so herben Angelegenheit wie dem Solospielen? Ich kann nicht sagen, daß das immer gelungen ist, aber der Versuch reizt mich immer wieder.

Eigentlich bedauere ich, daß es mir als Instrumentalist nicht möglich ist, politische Inhalte zu transportieren. Andererseits denke ich, daß die Haltung, die man als Künstler, der in der Öffentlichkeit steht, bestimmten Strömungen gegenüber einnimmt, auch etwas bewirkt.

Den Jazz als eine linke Musik zu bezeichnen, habe ich Bedenken. Zum Beispiel die Nazis, sie wollten den Jazz nicht dulden, auf jeden Fall war er ihnen suspekt, und dennoch haben sie, wie wir heute wissen, Gebrauch davon gemacht, wenn auch nur zu Propagandazwecken. Oder nehmen wir Spanien. Unter dem Franco-Regime war Jazz nie verpönt oder gar verboten, im Gegenteil, es gab dort sehr viele Jazzfestivals. Aber genau dadurch war der Jazz praktisch entpolitisiert. Oder wenn wir an die DDR denken. Zuerst war der Jazz verpönt, dann aber, in den späteren Jahren, hat man diese Haltung aufgegeben und die Jazzmusiker gewähren lassen, sie sogar mit Dauervisum ausgestattet, womit sie den Jazz letztlich neutralisiert haben. Man könnte sagen, daß sie den Jazz fast eingespannt haben für ihre Zwecke. Ich meine, es hängt immer davon ab, wie sich die Obrigkeit verhält, ob der Jazz eine politische Wirkung hat.

Dennoch, auch wenn sich der Jazz nicht in ein politisches Raster einordnen läßt, spricht immer ein gewisser Protest aus ihm, eine Haltung zum Leben, die anders ist als die, die von einer Obrigkeit, ganz gleich welcher Art, gefördert wird. Wenn er allerdings in totalitären Systemen toleriert wird, besteht die Gefahr seiner Neutralisierung. Andererseits läßt es sich nicht leugnen, daß der Jazz auch unter den Nazis politisch gewesen ist, denn Jazz spielen oder sich dafür interessieren, bedeutete Bekenntnis für eine unkonventionelle und nicht geduldete Musik, und auch ein Bekenntnis oder ein Flirten mit Amerika, das ja offiziell Feindnation war. Das trifft ähnlich auf die frühe DDR und auf die Sowjetunion zu, als der Jazz noch als westlich-dekadent geschmäht wurde.

Ich weiß aus jenen Jahren im Nazi-Deutschland, daß die Musiker, die sich mit Jazz beschäftigt haben, Antinazis waren. Ich weiß aber auch von Leuten, wohl keine Musiker, die sich für Jazz interessierten, und dennoch nicht gegen die Nazis waren. Man wußte sogar von strammen Nazis, die ein Faible für Jazz hatten. »Jazz und Politik« ist also eine heikle Angelegenheit.

Das Gros der Jazzmusiker hat sicher eine linke Einstellung, nur, ich kenne auch genug, die überhaupt keine Einstellung haben, die politisch vollkommen indifferent sind, sich über Politik weder Gedanken machen noch machen wollen. Auch kann ich mich an einen bekannten amerikanischen Jazzmusiker erinnern, der ein strammer Militarist war und sehr gerne von seiner tollen Militärzeit erzählt hat. Also, es gibt da alle Schattierungen, wenn auch die meisten, jedenfalls hierzulande, wohl links stehen.

Unsere Familie ist von Hause aus immer links gewesen. Mein Vater war Sozialdemokrat, und wir haben nie anders gedacht und agiert als im sozialdemokratischen Sinne. Wohl war die Haltung gegenüber der Sozialdemokratie immer sehr kritisch, doch sie war immer pro. Wenn man also schon immer diese Position eingenommen hat, hat man auch keine Schwierigkeiten, sich öffentlich dafür einzusetzen, was ich für andere Parteien bestimmt nicht machen würde, außer vielleicht für die »Grünen«. Das erste Mal war Anfang der 70er Jahre, als es um Willy Brandt ging. Nun hatte ich Willy Brandt sowieso verehrt, also wollte ich mich auch dafür einsetzen.

Trotzdem muß man sich, bei allem Engagement für die Sache, immer fragen: Wie wirksam bist du da eigentlich? Nehmen wir mal eine Veran-

Mit Shelly Manne (dr), Olympic Jazzfestival Los Angeles, 1986

staltung auf dem Land. In den Städten läuft das ja meist ein bißchen anders ab, aber auch da kann es passieren, daß man ein Konzert gibt, das die SPD veranstaltet hat, und der Saal ist nur spärlich besetzt. Das kann eine ganz schön traurige Veranstaltung werden, bei der man letztlich nichts bewirken kann.

Ich habe auch öfter die Erfahrung gemacht, daß es sehr undankbar sein kann, auf einer gut besuchten Wahlveranstaltung zu spielen, wenn es sich dabei um eine gemischte Veranstaltung handelt, auf der Reden gehalten werden, ein Schriftsteller seine Texte liest, eine Blaskapelle spielt und dergleichen mehr. Spielt man in diesem Kontext, kann es sein, daß das Publikum überhaupt kein Interesse an dem hat, was man vorträgt, daß sich die Leute viel lieber miteinander unterhalten als einem zuzuhören. Was kann ich aber bewirken, wenn mir niemand zuhört?! Aus diesen Erfahrungen, die sich im Lauf der Jahre angesammelt haben, zieht man natürlich Konsequenzen. Ich sage nicht mehr zu jeder Einladung bedingungslos »ja«.

»Never Let It End«
Gedanken über die Zukunft des Jazz

Den Ausspruch »Der Jazz ist tot« habe ich solange gehört, wie ich Musik mache, immer wieder, und er hat nie gestimmt, auch wenn der Jazz, abgesehen von der Swingzeit und der Zeit des Oldtime-Revivals nach dem Krieg, nie wirklich populär gewesen ist. Das wird er wahrscheinlich auch nie werden. Was seine Zukunft anbelangt, so wird es weitergehen, wie es immer weitergegangen ist.

Ob allerdings Leute wie Coltrane oder Parker, die eine bestimmte Stilrichtung etablierten, denen viele folgten, noch einmal auftauchen werden, möchte ich in Zweifel ziehen. Oder Miles Davis, der ja eine richtige Welle ausgelöst hat, und das mehrmals.

Andererseits, und da widerspreche ich mir in gewisser Weise, zeigt die Jazzerfahrung, daß man immer mal wieder an einem Punkt angelangt war, wo man dachte, daß es nicht mehr weiterginge. Und plötzlich tauchten Musiker auf, die Dinge machten, die keiner absehen konnte. Nehmen wir nur mal die Posaune. Sie galt immer als ein beschränktes Instrument. Heute gibt es Spieler, die die Möglichkeiten der Posaune in einem früher unvorstellbaren Maß erweitert haben.

Man sollte also mit Prognosen sehr vorsichtig sein. Wenn ich dennoch zu bezweifeln wage, daß es in Zukunft eine von vielen verfolgte Stilrichtung geben wird, dann nicht, weil ich glauben würde, es gäbe in Zukunft keine originellen Musiker mehr oder der Jazz sei ausgereizt. Im Gegenteil, ich sehe, daß der Jazz sehr viel vielschichtiger geworden ist und von daher ein immens breites Spektrum an Möglichkeiten bietet, individuelle Ausdrucksweisen zu entwickeln. Nie zuvor hat es diese Vielfalt gegeben.

Stilistisch war der Jazz früher doch ziemlich eng. Zwar gab es mehrere Stile nebeneinander, Oldtime, Swing, Bebop, Hardbop, aber innerhalb der einzelnen Stilrichtungen lief doch vieles recht gleichförmig ab. Das hat sich meines Erachtens sehr geändert. Zwischen Free Jazz und Rockjazz liegt heute ein breites Feld, auf dem junge Musiker die unterschiedlichsten Wege gehen können. Jeder hat die Chance, einen ganz persönlichen Ausdruck zu finden, auch wenn nicht etwas total Neues dabei entsteht. Ich vermeide es, in diesem Zusammenhang von »revolutionär« oder »etwas revolutionieren« zu sprechen. Das sind Begriffe, die oft leichtsinnig gebraucht werden. Nehmen wir Ornette Coleman. Er hat bestimmte traditionelle Momente über Bord geworfen, 8-taktige Perioden zu spielen oder sich akkurat nach *changes* zu richten. Ich konnte das aber nie als »revolutionär« empfinden, vor allen Dingen schon deshalb nicht, weil die Linien, die Coleman gespielt hat, alles andere als revolutionär waren. Eigentlich waren das sehr eingängige, einfache Linien. Coltranes Weg kann man noch besser verfolgen, von Anfang an, als er auf der Szene aufgetaucht ist und wie er dann bei Miles Davis gespielt hat und später in seiner eigenen Gruppe. Auch da kann man nicht von »revolutionär« sprechen, es sei denn, man hört ihn von einem bestimmten Punkt an, kurz vor seinem Tod, und nimmt nicht zur Kenntnis was er vorher gemacht hat. Im Ganzen gesehen aber ist es eine logische, nachvollziehbare Entwicklung.

Was noch dazu beiträgt, daß der Jazz um vieles stärker geworden ist und sich weiterentwickeln kann, ist, daß es vergleichsweise sehr viel mehr Jazzmusiker gibt als früher, nicht nur in Amerika, sondern auch in Europa und anderswo. Natürlich klingen die jungen Musiker, wenn sie gerade aus dem Studium kommen, wo sie mehr oder weniger das gleiche gelernt haben, auch mehr oder weniger ähnlich. Man darf aber nicht vergessen, daß das Leute um die 20 sind, die alles noch vor sich haben. Ich denke, daß aus diesem riesigen Angebot immer wieder welche durch individuelle Interpretation und Kreativität aus der Gleichförmigkeit ausbrechen werden.

Daß die vielen Musiker in einem starken Konkurrenzverhältnis zueinander stehen und manch einer, schon aus ökonomischen Gründen, dem Publikumsgeschmack zu entsprechen versucht, wird nicht ausbleiben. Das war aber früher, als es viel weniger Jazzmusiker gab, nicht anders, nur daß es heute auch mehr Publikum gibt. Also es wird wohl immer so sein, daß es Leute gibt, die nach dem Publikum schielen und deshalb nicht ganz wahrhaftige Musik spielen. Ich will ja nicht sagen, daß innerhalb des Jazz alles astrein ist; das ist nie der Fall gewesen. Manche gibt es auch, die es gar nicht besser wissen.

Ich bin sogar der Meinung, daß sich durch das stärkere Konkurrenzverhältnis immer bessere Musiker herausschälen werden, Musiker, die eine ganz eigene Ausdrucksweise suchen und auch finden werden. Andererseits ist durch die guten Ausbildungsmöglichkeiten, die heute gegeben sind, ein größeres Potential für Jazz-verwandte Musik da. Denn nicht jeder, der Jazz gelernt hat, wird Jazzmusiker bleiben, sondern zum Beispiel in Bigbands arbeiten, wo die Fähigkeit des Improvisierens nicht so sehr verlangt wird. Andere werden in den Rockbereich gehen, was letztlich dazu beiträgt, den allgemeinen Standard dieser Musik zu heben. Sagen wir mal so: Was aus den vielen Möglichkeiten, die es heute gibt, gemacht wird, kann keiner absehen.

Im Jazz habe ich die Erfahrung gemacht, daß man eigentlich nichts ausschließen soll. Ich habe erlebt, daß man bei einer freien Improvisation eine gewisse Erfahrung macht und sich sagt, eventuell auch mit den Kollegen darüber spricht: Das ist etwas ganz Greifbares, das war so gut, das müssen wir wieder machen. Man versucht es am nächsten Abend, aber es geht nicht. Weil die Umstände andere sind, weil das persönliche Befinden anders ist, was auch immer. Umgekehrt habe ich es genauso erlebt, daß man sagte: Das dürfen wir nicht mehr machen. Am nächsten Abend aber passiert genau das gleiche, und es ist gut. Das Beispiel illustriert den kleinen Fall, im Großen kann es ganz genauso sein. Also man soll im Jazz nie »niemals« sagen.

Was in der Betrachtung des Jazz, wie er sich heute darstellt, nicht unerwähnt bleiben sollte, ist die Rockmusik. Als der Rock'n'Roll in den 50er Jahren aufkam, hat er mich überhaupt nicht interessiert, auch Leute wie Elvis Presley nicht. Da gibt es einen guten Ausspruch von Kenny Wheeler: *I wish Elvis Presley was alive and his music was dead.* Wo Rock'n'Roll herkommt, also Rhythm'n'Blues und der Blues überhaupt, das hat mich beeindruckt, nicht aber der Rock'n'Roll, von dem man allerdings sagen muß, daß er eine Entwicklung genommen hat von einer ziemlich primitiven Musik in den 50er Jahren über die 60er Jahre in die

Im Gespräch

70er hinein zu einer Musik, die immer komplexer wurde. Nehmen wir nur mal die Beatles, die nun wirklich, das muß man anerkennen, sehr schöne Stücke erfunden haben, wenn auch vieles instrumental nicht besonders gut beherrscht war, oder schwarze Rockmusiker, die noch mehr dem Rhythm'n'Blues verhaftet sind, B. B. King zum Beispiel, die wesentlich dazu beigetragen haben, daß sich die populäre Musik von der seichten Schlagermusik der 50er Jahre wegbewegt hat, auch mit dem Erfolg, daß die heutige populäre Musik, die ja wohl zum größten Teil aus dem Rocklager kommt, rhythmisch sehr viel intensiver ist, sagen wir ruhig: Sie ist zum großen Teil auch swingend.

Während anfangs Jazz und Rock parallel nebeneinander herliefen, gab es mit der Zeit Berührungspunkte. Das begann, jedenfalls für mich hörbar, gegen Ende der 60er Jahre, als Jazzmusiker, auch wenn sie weiterhin Jazz gespielt haben, plötzlich vom Rhythmus her Rockelemente aufnahmen. Auch gab es immer mehr nach dem Rock hin tendierende Rhythmusgruppen, wodurch das entstand, was man Rockjazz oder Jazzrock nennt. Umgekehrt fingen Rockmusiker zu improvisieren an. Nehmen wir mal eine ganz extreme Figur, Frank Zappa, der eine sehr anspruchsvolle Rockmusik gemacht hat, zumindest zum Teil, ich kenne auch anderes von ihm. Ich glaube es war 1969, daß ihn auf dem Jazzfestival in Newport gehört habe. Da spielte er eine Musik, die schon in die zeitgenössische E-Musik reinragte, eine wirklich sehr komplexe Musik. Der Rock hat, um es allgemein zu sagen, ähnlich wie der Jazz, eine Entwicklung zum immer Anspruchsvolleren hin durchgemacht.

Was die Präsentation beider Musiken anbelangt, gibt es allerdings einen eklatanten Unterschied, insofern, als im Rockbereich die Show eine ganz entscheidende Rolle spielt. Es ist ja nicht so, daß die Rockmusiker nur auf der Bühne stehen und spielen, wie das im Jazz der Fall ist. Das läuft bei denen nach einer mehr oder weniger fest einstudierten Choreographie ab, während es im Jazz eigentlich immer so ist, daß eine Show, wenn es sie überhaupt gibt, nie um der Show willen gemacht wird. Wenn ein Cannonball Adderley bei seiner Ansage witzige Bemerkungen machte oder die Art, wie sich zum Beispiel Louis Armstrong auf der Bühne bewegte, war das ja nie aufgesetzt, das war einfach Ausdruck der Gelöstheit, wogegen im Rock, und das ist wohl auch ein Teil seines Erfolgs, die Showelemente wesentlicher Bestandteil sind. Ohne Show ist diese Musik kaum vorstellbar. Früher, als wir in den amerikanischen Clubs gespielt haben, hieß es oft genug seitens der Veranstalter, wir sollten eine Show machen, was immer die darunter verstanden haben. Wir haben das nie gemacht. Wir konnten das gar nicht. Wir haben halt unsere Musik gemacht. Dizzy oder auch Cannonball Adderley, die sind solche Persönlichkeiten, die das können. Das kann aber nicht jeder. Deswegen ist man kein schlechterer Musiker. Ich gebe aber gerne zu, daß die Jazzmusik wahrscheinlich für viele attraktiver wäre, wenn so ein bißchen was an Showeffekt dabei wäre, besser gesagt: wenn Jazzmusiker sich manchmal etwas gelöster geben könnten. Ich habe selber die Erfahrung gemacht, daß es die Atmosphäre eines Konzerts positiv beeinflussen kann, wenn ich bei meinen Soloauftritten die eine oder andere Story erzähle, wie es zu diesem oder jenem Stück gekommen ist. Das ist eine Erfahrung, die ich sehr spät gemacht habe. Früher hätte ich das auch gar nicht gekonnt. Damals war ich viel zu introvertiert, um mich da vorne hinzustellen und zwischen den Stücken eine Story zu erzählen. Dazu mußte ich so alt werden. Eigentlich hat sich das erst durch das Solospielen ergeben, und sei es, daß es manchmal nur darum geht, nach einem anstrengenden Stück wieder zu Atem zu kommen. Wenn man in einer Band spielt, auch wenn man vielleicht der Leader ist, ist das eine ganz andere Sache. Da möchte man sich doch nicht so hervorheben. Jedenfalls, auch was diese eher außermusikalischen Dinge angeht, lernt man nie aus. Es macht allerdings nur Sinn, wenn man wirklich gelöst ist. Wenn es eine verkrampfte Angelegenheit ist, erzielt es nie den Effekt, den es haben sollte, nämlich einen besseren Kontakt zwischen dem Ausführenden und den Zuhörenden herzustellen.

»Blues Of A Cellar Lark«

Der Tag danach

Daß das viele Reisen, also von der Familie getrennt zu sein, immer ein gewisses Problem für mich war, will ich gar nicht verhehlen. Andererseits war mir natürlich klar, daß meine Tätigkeit nur einen Sinn hat, wenn ich zu den Leuten hinfahre, denn die kommen ja nicht zu mir. Ich kann meiner Frau sehr dankbar sein, daß trotz dieser oft langen Trennungen bei uns alles gut gelaufen ist. Oft genug hört man ja, gerade aus Musikerkreisen, daß die Ehen diesen Belastungen nicht standhalten.

Ein bürgerliches Ambiente habe ich immer für sehr wichtig gehalten, weil es einem die Kraft gibt, seine Sache intensiv machen zu können. Wenn ich mir vorstelle, als Junggeselle gelebt zu haben, also ohne die Verantwortung gegenüber der Familie – ich glaube nicht, daß ich die Energie gehabt hätte, so zu arbeiten, wie ich gearbeitet habe. Nun kann man nicht sagen, daß wir in den jüngeren Jahren sehr bürgerlich gelebt hätten, es sei denn man bezeichnete es als bürgerlich, wenn man über viele Jahre fast jede Nacht im Jazzkeller zubringt. Aber letztlich hatten wir immer ein Zuhause und eine ganz gut funktionierende Familie.

Mit der Einschränkung, nur ungern von der Familie getrennt gewesen zu sein, war ich eigentlich gerne unterwegs, in den letzten Jahren weniger gerne, was aber wohl normal ist, wenn man älter wird und dadurch auch manches strapaziöser wird, nicht zuletzt durch Probleme, die mit meiner Krankheit zu tun haben.

Früher kam es mir nicht sonderlich darauf an, ob ich das Zimmer mit einem Kollegen teilen mußte, man hat auch mal auf dem Teppich geschlafen, wenn die Umstände es nicht anders zuließen. Je länger man aber dieser Tätigkeit nachgeht, umso empfindlicher wird man, auch seelisch empfindlicher. Man braucht einen gewissen Komfort, ohne den es nicht mehr geht. Und wenn es nur eine Nacht ist, das Hotel ist für diese Zeit

meine Wohnung, und ich erwarte, daß ich annähernd die Bequemlichkeit vorfinde, die ich zuhause habe. Wenn ich heute irgendwo hinkomme und das Hotel, das man mir anbietet, entspricht nicht meinen Ansprüchen, dann lehne ich es ab und suche mir ein anderes.

Man kriegt halt hin und wieder mal, wie man so sagt, einen Schuß vor den Bug, gerade wenn einen eine Krankheit umwirft. In dem Fall fängt man natürlich an darüber nachzudenken, wie es weitergehen könnte. Vor drei Jahren, als ich einen Rheumaanfall bekam, konnte ich kaum das Instrument halten oder gar den Arm bewegen, geschweige denn spielen, damals dachte ich, daß ich vielleicht aufhören müßte. Mittlerweile habe ich gelernt, damit zu leben, und bin auch durch eine Therapie glücklicherweise von schlimmeren Anfällen verschont geblieben.

Bis zu meiner Krankheit habe ich über das Altern eigentlich nie nachgedacht. Schon weil ich immer fleißig war und am Horn gearbeitet habe, konnte ich nie feststellen, daß etwas nachlassen könnte. Wenn es Handicaps gab, waren sie durch Krankheit bedingt, und Rheuma hat nicht unbedingt mit Alter zu tun. Ich kann nur froh sein, daß ich nicht schon in jungen Jahren davon betroffen war.

Wenn wirklich mal die Kraft nachläßt, das Horn zu spielen, habe ich immer noch die Möglichkeit, meine Aktivitäten auf einen anderen Sektor zu verlagern, zum Beispiel aufs Schreiben, auch für größere Formationen. Diesbezüglich habe ich in den letzten Jahren doch einiges gemacht und auch gesehen, daß ich das kann und daß es da sicher noch einiges zu lernen gibt. Nicht, daß ich Lehrbücher wälzen würde, das war nie meine Art, sondern durch *learning by doing* die Kreativität ausschöpfen, um neue Dinge zu explorieren.

Jedenfalls ist mir die Vorstellung, nicht mehr zu spielen, durchaus erträglich. Ich kann auch nicht behaupten, daß ich das Übenmüssen unheimlich gern täte. Vielleicht ist es auch mal schön, gar nichts zu tun, was ich mir nie leisten, konnte. Ich stand immer unter dem Zwang, täglich üben zu müssen, also nicht nur jetzt, sondern mein ganzes Musikerleben lang. Ich war immer davon abhängig.

Nun war ich nie in der Situation, über einen längeren Zeitraum nicht spielen zu können, krankheitsbedingt waren das immer nur ein paar Monate, als daß ich mit Gewißheit voraussagen könnte, ob mir das Horn oder auch dieses bestimmte Gefühl, auf der Bühne zu stehen, sehr fehlte. Ich vermute aber, daß ich es ganz gut könnte, das Nichtstun, vielleicht auch deshalb, weil ich doch viele Dinge vernachlässigen mußte, die ich immer gerne getan hätte. Ich würde sicher mehr lesen, als ich es zur Zeit kann und mich auch intensiver mit Ornithologie beschäftigen, wozu ich nie genug Muße hatte. Auch Reisen um des Reisens willen. Gereist bin ich immer nur zum Spielen. Mal zum Vergnügen reisen, in Museen gehen, Sehenswürdigkeiten bestimmter Teile der Welt zu sehen und zu verarbeiten, ist mir nie gelungen. Wenn man auf Tournee ist, speziell in heißen Ländern, sieht man eigentlich nur den Flughafen, das Hotel und die Bühne. Mir etwas anzuschauen hatte ich praktisch nie Zeit, von ein paar Ausnahmen abgesehen. Natürlich gibt es auch einen Nachholbedarf, was gemeinsame Unternehmungen mit meiner Frau anbelangt, denn das ganze Musikerleben lang hat die Ehe eigentlich darunter leiden müssen, daß ich sehr viel unterwegs war und sie meist nicht mit konnte.

Es war immer mein Vorsatz, dann aufzuhören, wenn ich noch richtig gut spielen kann. Was so viele Amerikaner machen, die noch mit weit über siebzig auf der Bühne stehen und irgendwie ein trauriges Bild abgeben, das wollte ich nie. Die meisten von ihnen, vermute ich mal, tun es in erster Linie wegen der sozialen Verhältnisse, in denen sie sich befinden oder die in ihrem Lande herrschen. Sie können es sich oft gar nicht leisten aufzuhören. Das ist natürlich eine arge Situation, in der ich mich glücklicherweise nicht befinde. Es gibt allerdings auch einige, von denen ich denke, daß sie nichts mit sich anzufangen wissen, wenn sie nicht mehr auf der Bühne stehen. Vielleicht ist ihnen das Auf-der Bühne-Stehen auch zu einer Art Sucht geworden. Allerdings kann ich mir auch vorstellen, daß ein älterer Musiker, der alleine lebt, vielleicht lieber herumreist und auf der Bühne steht, als ganz alleine leben zu müssen.

Diskographie

1. Albert Mangelsdorffs Schallplatten unter eigenem Namen

Die ersten Plattenaufnahmen, soweit ich mich erinnere, habe ich mit Hans Koller gemacht, drei Schellackplatten, die unter »Hans Koller's New Jazz Stars« liefen. Ich weiß nicht mal, ob wir Geld dafür bekommen haben. Damals war es so, daß unsereiner froh war, wenn er überhaupt eine Platte machen konnte, um für eine größere Öffentlichkeit hörbar zu werden.

Mit Attila hatte ich im Jazzkeller schon über Jahre immer wieder im Duo gespielt. Er war neben Dave Amram einer der wenigen Partner, die sich damals auf Duos eingelassen haben. Übrigens wundere ich mich noch heute, wie es passieren konnte, daß Emil als Duo-Partner von Attila auf dem Cover genannt wird, obwohl ich mit der Posaune abgebildet bin.

Metronome MEP 1136

Jazztone J1246

Duo Emil Mangelsdorf – Attila Zoller

Metronome MEP 1136 (EP)

Attila Zoller (g), A. Mangelsdorff (tb); Jazz Salon Dortmund, 15. März 1957

EARLY PIECE / TO GIVE / I WALK / BALLADE

Rhein-Main-Jump

Jazztone J1246

Albert Mangelsdorff und seine Frankfurt All Stars feat. Hans Koller: Emil Mangelsdorff (as), Hans Koller (ts), Joki Freund (ts), Karl Blume (bs), Pepsi Auer (p), Peter Trunk (b), Rudi Seh-

ring (dr), Albert Mangelsdorff (tb); Frankfurt a. M., 1. und 2. Juni 1958

DAVE'S IDEA / DUSKO'S ABSENCE / SWING IT, SAM / SOUND FOR JAZZTUNE / BEARD'S BEARD / GOLABSIK / YOU'RE ON, HANS / RHEIN-MAIN JUMP / ALMOST DAWN / OLD HAT WITH A NEW RIM / ADLON 1925 / ENDING AT LIB

Das war die erste Platte, die unter meinem Namen gemacht wurde, obwohl man, wenn ich mich recht erinnere, erst im Nachhinein meinen Namen davorgesetzt hat. Die Stücke waren, zumindest zum größten Teil, von einem Mitarbeiter des Labels geschrieben und wirklich nicht besonders gut. Trotzdem waren wir froh, überhaupt eine Platte machen zu können. Joki Freund und ich schrieben die Arrangements und haben das eine oder andere aus der eigenen Feder beigesteuert, aber besonders glücklich waren wir mit dieser Platte nicht. Wir haben sie an einem Nachmittag in einem Frankfurter Studio runtergerissen, wenn man so sagen will. Es waren relativ kurze Stücke von drei bis vier Minuten, was mich sowieso bei unseren frühen Platten sehr stört. Denn wenn man gerade mal einen Durchgang improvisiert, kann eigentlich nie richtige Spannung entstehen.

A Ball With Al

Philips 760001PV

Albert Mangelsdorff Jazztett: Dusko Gojkovich (tp), Emil Mangelsdorff (as), Joki Freund (ts), Pepsi Auer (p), Peter Trunk (b), Rudi Sehring (dr), Albert Mangelsdorff (tb); Frankfurt a. M., 14. Dezember 1958

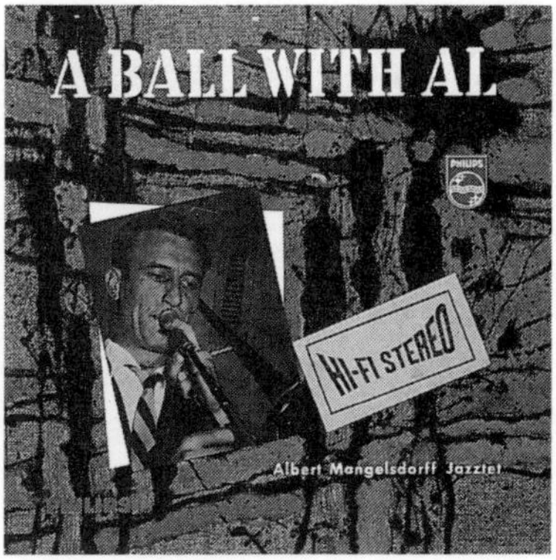

Philips 760001PV

BALL FOR DUSKO / C.T.A. / SHORT AND SWIFT / FOR SAHIB

Mit dem Titel ist »to have a ball« gemeint, eine gute Zeit haben. Mit Al bin ich gemeint. Sie stammt aus der Anfangszeit des Jazzensembles des Hessischen Rundfunks. Da ich der Leiter des Jazzensembles war und der Rundfunk uns außerhalb offizieller Rundfunkkonzerte nicht unter »Jazzensemble« spielen ließ, lief die Platte unter »Albert Mangelsdorff Jazztett«.

Die Opa Hirchleitner Story

Brunswick EPB10815 (EP)

Albert Mangelsdorff und das Jazzensemble des Hessischen Rundfunks: Dusko Gojkovich (tp), Emil Mangelsdorff (as), Joki Freund (ts), Pepsi Auer (p), Peter Trunk (b), Rudi Sehring (dr), Albert Mangelsdorff (tb, g); Frankfurt a. M., 20. Dezember 1958

Brunswick EPB10815

KANTOR SCHILCHEN'S CHORAL / HIRCHIE AT MAHOGANY HALL / CEILING BREAKDOWN / BOLLHAUSEN BLUES

Es gab zu der Zeit ein von der Schlagzeugfirma »Sonor« herausgegebenes Jazzmagazin, das monatlich erschien. Werner Wunderlich schrieb darin eine Fortsetzungsstory über einen gewissen Hirchleitner, einen Deutschen, der von Bollhausen in die USA ausgewandert war und sich dort große Meriten als Jazzmusiker erworben hatte. Die Platte haben wir mit dieser Story in Verbindung gebracht. Alle Titel beziehen sich auf Hirchleitners Lebensweg, gewissermaßen eine Hommage an diese fiktive Gestalt, stilistisch mit »A Ball With Al« vergleichbar.

Modern Jazz

Neckermann 944/13 (EP)

Albert Mangelsdorff Jazztett (Besetzung wie »Die Opa Hirchleitner Story«); 1958

Neckermann 944/13

TOWER BLUES / DIN A BOP

Die Kaufhäuser produzierten damals hin und wieder auch selbst Platten, die sie verkauften. So ist das Frankfurter Versandhaus Neckermann an uns herangetreten, ob wir nicht eine EP-Platte unter dem Titel »Modern Jazz« machen wollten. Die EP-Platten, die damals aufkamen, waren größer als die Singles und enthielten pro Seite nur ein Stück, das heißt, man konnte sich besser ausspielen als auf den Singles.

Albert Mangelsdorff Septett

Opera 4341 (EP)

Bent Jædig (ts), Emil Mangelsdorff (as), Joki Freund (ts), Günther Kronberg (bs), Al King (b), Hartwig Bartz (dr), Albert Mangelsdorff (tb); Deutscher Jazz Salon Berlin, 22. Mai 1961

TICKLETOE

Opera 4341

Diese Platte hatte einen ziemlich unglücklichen Verlauf. Wir waren wohl gut miteinander eingespielt, durch die gemeinsamen Aufnahmen als Jazzensemble des HR, und hatten die Stücke auch gut geprobt, aber leider war Peter Trunk kurz vor dem Auftritt ausgestiegen. Für ihn kam Joop Christopher, der ein paar Tage mit der Band probte, dann aber aus irgendwelchen Gründen verhindert war.
Nun stieg Al King ein, unser Bassist aus den 50er Jahren. Wir hatten nicht eine einzige gemeinsame Probe und Al war dazu noch krank. Natürlich hat die Aufnahme ein bißchen darunter gelitten. Der Bassist hat ja eine wichtige Funktion in einer Band.

Animal Dance

Atlantic SD1402
CD: Atlantic AMCY 1100

(siehe Kapitel »Set 'Em Up«)

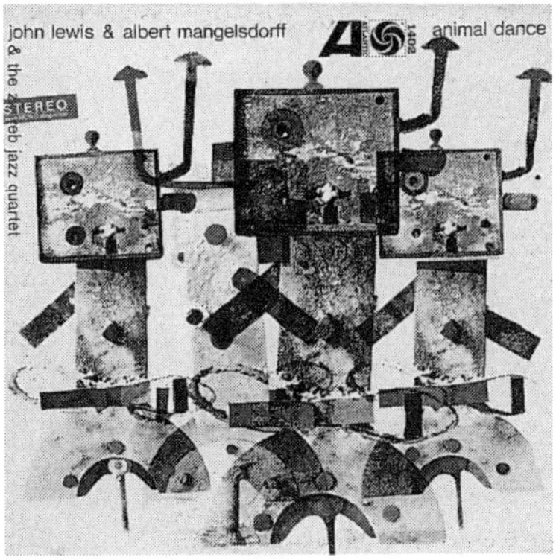

Atlantic SD1402

Albert Mangelsdorff (tb), John Lewis (p), Karl-Theodor Geier (b), Silvije Glojnaric (dr) Baden-Baden, 30. Juli 1962

THE SHERIFF / MONDAY IN MILAN / ANIMAL DANCE / WHY ARE YOU BLUE? / SET 'EM UP / AUTUMN LEAVES

Tension

CBS 62336, L+R LR41001
CD: CDLR 71002

Günther Kronberg (as, bas), Heinz Sauer (ts), Günter Lenz (b), Ralf Hübner (dr), Albert Mangelsdorff (tb); Frankfurt a. M., 8. bis 11. Juli 1963

CLUB TROIS / BLUES DU DOMICILE / SET 'EM UP / VARIÉ / TENSION / BALLADE FÜR JESSICA ROSE

CBS 62336, L+R LR41001

»Tension« ist eine gewisse Zäsur in meiner Entwicklung. Auch wenn in den vorausgegangenen Besetzungen, im Jazzensemble des HR oder auch im Joki-Freund-Quintett, qualitativ gute Dinge entstanden sind, so war das doch eine Zeit, über die ich heute sagen würde: Das steckte noch so ein bißchen in den »Kinderschuhen«. Mit »Animal Dance«, aber noch weiterführender mit »Tension«, begann eigentlich eine neue Phase. Für mich war es der Beginn dessen, von dem ich sagen könnte: Ab hier gilt's.
Die Stücke hatten wir schon einige Zeit auswendig drauf, und die Abläufe waren geklärt, auch wenn unsere Musik sehr offen war: Wenn einer lange Soli spielen wollte, hat er eben lange Soli gespielt.
Die Session selber lief relativ schnell ab. Meistens haben wir den ersten Take genommen. Heute ist das überhaupt nicht mehr denkbar, daß man ins Studio geht und in ein paar Stunden eine LP aufnimmt. Nicht, daß das mit einer gut eingespielten Band nicht möglich wäre, Titel nach Titel einzuspielen, musikalisch schon, nicht aber aufnahmetechnisch. Die Kriterien, die die heutige hochkomplizierte Technik aufstellt, sind nur mit einem großen Zeitaufwand zu erfüllen.
»Tension« hat auch in den USA ziemliches Aufsehen erregt. In der »Down Beat«-Kritik stand, unser Ensemblespiel sei besser und perfekter als das amerikanischer Gruppen. Dem möchte ich aber überhaupt nicht zustimmen. Nicht, daß wir nicht tatsächlich exakt gespielt hätten, aber es gab natürlich amerikanische Gruppen, die genauso perfekt gespielt haben, zum Beispiel das »Modern Jazz Quartet« oder die »Jazz Messengers«.
Auch gab es europäische Gruppen, die eine sehr gute Ensembleleistung brachten. Ich halte diesen Vergleich nicht für schlüssig. Das eigentlich Spezifische dieser Platte ist, wie ich das sehe, daß hier eine europäische Gruppe eine ziemlich originelle Musik gemacht hat und durchweg eigene Kompositionen spielte. Das war etwas, das man aus Europa weniger gehört hatte. Denn damals wurden ja von den meisten Gruppen fast nur Standards gespielt. (siehe auch Kapitel »Set 'Em Up«)

Now Jazz Ramwong

CD: CDLR 71001
CBS 62398, L+R LR41007

Günther Kronberg (as, bas), Heinz Sauer (ts, ss), Günter Lenz (b), Ralf Hübner (dr), Albert Mangelsdorff (tb); Frankfurt a. M., 6. und 7. Juni 1964

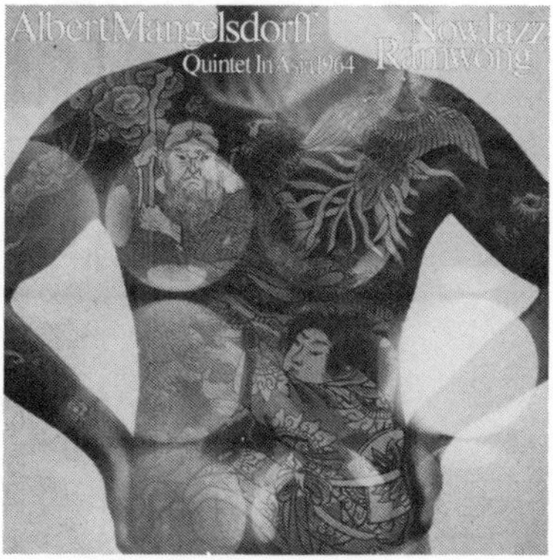

CD: CDLR 71001
CBS 62398, L+R LR41007

NOW JAZZ RAMWONG / SAKURA WALTZ / BLUE FANFARE / THREE JAZZ MOODS / BURUNGKAKA / RAKNASH / THEME FROM VIETNAM / ES SUNGEN DREI ENGEL

Die Platte entstand nach der Asientournee, die wir für das Goethe-Institut gemacht haben, und nicht davor, wie irrtümlicherweise oft geschrieben wurde.
Es war unsere erste große Tournee. Zuvor hatte Joachim Ernst Berendt eine vorbereitende Reise unternommen, um den dortigen Goethe-Instituten eine Tournee schmackhaft zu machen und um Kontakte zu an Jazz interessierten Leuten herzustellen. Seine Idee, Volksmusiken und populäre Stücke, die er aus verschiedenen Ländern mitgebracht hatte, zu bearbeiten und als Geste dem dortigen Publikum darzubieten, hat sich im Nachhinein als sehr nützlich erwiesen. Die vertrauten Stücke bauten dem Publikum eine Brücke zum Jazz, der in manchen Ländern, die wir bereisten, noch eine ziemlich unbekannte Sache war. Wir leisteten, wenn man so will, auf dieser Tournee Pionierarbeit.
Ich wählte die Stücke aus, die mir geeignet erschienen, schrieb sie vom Tonband ab und arrangierte sie. Dazu noch »Es sungen drei Engel«, ein religiöses Lied aus dem 13. Jahrhundert, das schon Paul Hindemith in »Mathis der Maler« verwendet hat. Auch das ein Vorschlag von Berendt.
Ein paar Wochen nach der Tournee haben wir speziell diese Stücke aufgenommen. Der Plattentitel leitet sich aus einem thailändischen Volksstück ab, das eigentlich »Nao Jai Ramwong« heißt. »Ramwong« ist ein Volkstanz. Wir haben daraus das phonetisch ähnlich klingende »Now Jazz Ramwong« gemacht.

Folk Mond & Flower Dream

CBS 63162

Günther Kronberg (as), Heinz Sauer (ts), Günter Lenz (b), Ralf Hübner (dr),

CBS 63162

Albert Mangelsdorff (tb); Frankfurt a. M., 6. und 7. September 1967

PLAKATE / FLOWER DREAM / FOLK MOND / MOBILE / THEMA MAL 3 / RIB-DEGI-BIB-DE-GIBOSSA

Für mich unverständlicherweise ist diese Platte nie so populär geworden wie »Tension« und »Now Jazz Ramwong«, obwohl die Stücke ziemlich originell und auch wirklich gut gespielt sind. Abgesehen davon, daß auf dieser Platte deutlich erkennbar ist, daß sich die Band in der Zwischenzeit weiterentwickelt hatte, vor allen Dingen, was das Solistische der einzelnen Mitspieler anbelangt.

Albert Mangelsdorff And His Friends

MPS 15210, 68068

Duos mit:

Don Cherry (co); Baden-Baden, 18. Dezember 1967
I DIG IT – YOU DIG IT

Lee Konitz (as); Villingen, 14. März 1968
AL-LEE

Elvin Jones (dr); Berlin, 12. November 1968
MY KIND OF TIME

Karl Berger (vib); Baden-Baden, 12. Dezember 1968
WAY BEYOND CAVE

MPS 15210, 68068

Wolfgang Dauner (p); Stuttgart, 16. Januar 1969
MY KIND OF BEAUTY

Attila Zoller (g); Frankfurt a. M., 6. Mai 1969
OUTOX

Joachim Ernst Berendt, der wohl von meinem Duospielen sehr angetan war, hatte den Vorschlag gemacht, eine Platte mit verschiedenen Partnern zu produzieren.
Natürlich habe ich mit Berendt darüber gesprochen, wer in Frage kommen könnte, und sicherlich hatten wir zusätzlich noch andere Leute im Sinne, als die, mit denen es letztlich zustandekam. Es war halt auch davon abhängig, ob sich eine Gelegenheit ergab. So wurde zum Beispiel das Duo mit Don Cherry im Südwestfunk in Baden-Baden aufgenommen, als wir beide an dem »New Jazz Meeting« teilnahmen. Ich weiß nicht mehr, ob Berendt sagte: Mach doch mal ein Duo mit Don Cherry, oder ob Don Cherry die Idee hatte, wie auch

immer. Hinterher meinte Berendt: Das sollten wir auf die Platte bringen. Die Duos mit Wolfgang und Karl Berger wurden ein Jahr später auch auf dem »New Jazz Meeting« aufgenommen, mit Berger eine freie Improvisation und mit Wolfgang eine Ballade von mir. Ich hatte die Ballade gerade geschrieben, aber noch keine Klavierstimme gesetzt. Mit Wolfgang ist das aber kein Problem. Er spielte nach Gehör dazu. Das Stück mit Attila, könnte man für eine ausgeschriebene Komposition halten, ist aber ganz spontan entstanden. Das Duo mit Lee, ebenfalls ein frei improvisiertes Stück, war bei der ZoKoMa-Session aufgenommen worden, ist aber auf der ZoKoMa-Platte nicht enthalten. Das Duo mit Elvin entstand in Berlin. Elvin war wie ich auf dem Jazzfestival. Es hieß: Morgen früh ist für euch ein Studio gemietet. Ich bin in jener Nacht, nach meinem Auftritt in der Band von Don Cherry, mit Arild Andersen, dem norwegischen Bassisten, zu all den Plätzen gezogen, an denen noch gespielt wurde, auch ins »Quartier Latin«, wo eine riesige Free-Session lief. Wir spielten eine zeitlang mit und zogen weiter ins »Quasimodo«, wo wir ein, zwei Stunden mitspielten, um dann noch in »Duck's Nightclub« in eine Session mit Don Byas einzusteigen. Von da bin ich gegen acht, neun Uhr direkt ins Studio, um mit Elvin die Aufnahme zu machen, was man wahrscheinlich auch ein bißchen hört, denn ich war ziemlich fertig. Ich war halt damals unheimlich verrückt aufs Spielen; ich hätte es nicht fertiggebracht, mich nach dem Don Cherry-Auftritt ins Bett zu legen, in Anbetracht dessen, daß überall noch Sessions liefen.

MPS 015170

ZoKoMa

MPS 015170

Attila Zoller / Lee Konitz Quartet feat. Albert Mangelsdorff: Lee Konitz (as, multi-vider), Attila Zoller (g), Barre Phillips (b), Stu Martin (dr), Albert Mangelsdorff (tb); Villingen, 13. und 14. März 1968

ZORES MORES / FEELING-IN AND FILLING-IN IN VILLINGEN / ACH, TAVIA!–SKERTZO – ALICIA'S LULLABY / AT TWIGHLITE / STRUWWELPETER / ALAT'S MOOD / FREELINE FRÄULEIN / DANKE FOR THE MEMORY / RUMPELSTILZCHEN

MPS hatte Attila das Angebot gemacht, eine Platte aufzunehmen. Ich nehme an, daß er schon von Anfang an wollte, daß Lee Konitz und ich dabei sind, auch Barre Phillips, den er von New York her kannte, und Stu Martin, mit dem er oft spielte, wenn er nach Europa kam.
Attila und ich hatten ein paar Stücke dabei, die wir aufnahmen, der Rest

sind ad hoc improvisierte Stücke, wie mein Duo mit Lee, das Solo von Lee und verschiedene andere Duos, die frei entstanden sind, ohne vorherige Absprache oder Vorlage eines Themas. Wir hätten natürlich auch die Möglichkeit gehabt, nur Quintett-Stücke zu spielen, dachten aber, daß Stücke in kleinerer Besetzung die Platte auflockern. Die Idee für diese Konzeption hatte wohl Joachim Ernst Berendt, der der Produzent war. Nun ist Attila aber auch einer, der unheimlich schnell auffassen kann, was man so von sich gibt. Er hat das absolute Gehör und die Fähigkeit, ein paar Töne, die er hört, sofort in Harmonien zu fassen. Noch heute bin ich sehr zufrieden mit dieser Platte, ich denke, daß alle Stücke äußerst inspiriert gespielt sind. Meine Improvisation zu »Zores Mores« halte ich für eine meiner besten Improvisationen überhaupt.

The German All Stars – Live At The Domicile Munich

CBS S66217

Albert Mangelsdorff (leader, tb), Ack van Rooyen (tp), Manfred Schoof (tp), Rudi Fuesers (tb), Rolf Kühn (cl), Emil Mangelsdorff (as, fl), Gerd Dudek (ts), Heinz Sauer (ts), Willi Johanns (voc), Wolfgang Dauner (p), Günter Lenz (b), Ralf Hübner (dr); München, 1968

O. T. / INVENTION FOR FIVE / NA SO WAS / DIE GROSSE REISE / HORNSALUT / WHEN LIGHTS ARE HIGH / HOW LONG / SKETCH UP AND DOWNER / IMPRESSIONEN SPANISCHER IMPRESSIONEN / THEMA MAL DREI

CBS S66217

Das Goethe-Institut war an mich herangetreten, für eine Südamerika-Tournee eine größere Besetzung zusammenzustellen. Nachdem ich die Band zusammen hatte – zuvor waren schon ein paar Leute seitens des Goethe-Instituts kontaktiert worden, was aber ganz in meinem Sinne war –, haben wir ein paar Tage lang geprobt, um uns dann nach zwei Wochen zur Abreise zu treffen.

Nach der Tournee spielten wir zwei Tage hintereinander im »Domicile« in München und nahmen dabei live auf. Wir waren natürlich toll eingespielt durch die lange Tournee, dazu noch diese live-Atmosphäre eines relativ intimen Clubs, das hat so richtig gekocht.

MPS 15229

Wild Goose

MPS 15229

Albert Mangelsdorff mit dem Jazzensemble des Hessischen Rundfunks: Emil Mangelsdorff (as,fl), Heinz Sauer (ts,as), Joki Freund (ts,ss,arr), Günter Kronberg (as,bas), Günter Lenz (b), Ralf Hübner (dr, darbouka, tamb), Albert Mangelsdorff (tb), Colin Wilkie (vcl,g), Shirley Hart (vcl); Walldorf bei Frankfurt a. M., 19. Februar 1969

ICY ACRES / FOURTH FLIGHT / SNOWY SUNDAY / WILLOW AND RUE / LAMENT / ICH ARMES MAIDLEIN KLAG MICH SEHR / SWEET PRIMROSES

Die Idee dazu hatte Uli Olshausen, der die beiden Sänger kannte und meinte, man sollte doch mal Folk Music mit Jazz zusammenbringen. Es war eine Art Fusion, wenn man so will, denn die beiden waren im eigentlichen Sinn keine Jazz-, sondern Folksänger. Joki Freund, der damals im Jazzensemble der Hauptarrangeur war, arrangierte die Stücke. Ein Titel ist dabei, den ich ausgesucht hatte, »Ich armes Maidlein...«, ein altes deutsches Volkslied, das allerdings als *instrumental* gespielt wurde. Ich hatte das Stück noch aus der Zeit, als Lippmann und Rau eine Platte mit deutschen Volksliedern machen wollten.

Albert Mangelsdorff
John Surman
Room 1220

Konnex KCD 5037

Niels-Henning Ørsted Pedersen (b), Daniel Humair (dr), Eddie Louiss (org), John Surman (bs), Albert Mangelsdorff (tb); Tokio, Oktober 1970

ROOM 1220 / TRIPLET CIRCLE / MY KIND OF BEAUTY

In Tokio kam die Idee auf, nachdem wir anläßlich der Weltausstellung in Osaka mit den »European Down Beat

Konnex KCD 5037

Winners« einige Konzerte gespielt hatten, in einer kleineren Besetzung eine Platte zu machen. Man mietete ein Theater, das uns über Nacht zur Verfügung stand. Nachdem wir die Stücke, die wir aufnehmen wollten, eingespielt hatten, war ungefähr eine Plattenseite voll. Nun war es so, daß Eddie Louiss nicht mehr spielen konnte oder wollte, er war, glaube ich, krank. Wir hätten wohl ohne ihn weiterspielen können, aber es war schon sehr spät und die anderen meinten, ob man die Aufnahmen nicht auf den nächsten Tag verlegen könnte, was aber nicht gegangen wäre, da das Theater nur für die eine Nacht gemietet war. Hinzu kam, daß wir die Hotelkosten, die nach dem Konzert in Tokio angefallen waren, selber tragen mußten, und uns eine weitere Nacht zusätzlich Geld gekostet hätte. Um Kosten zu sparen, hatten John Surman und ich sowieso schon ein Doppelzimmer genommen. Es hatte die Nummer 1220.
Es war also unmöglich, die Session zu verlegen. Da John und ich die Verantwortung für das Zustandekommen der Platte hatten, beschlossen wir, die zweite Plattenseite im Duo zu machen. So haben wir spontan ein Duo über die gesamte Länge einer Seite gespielt.

Never Let It End

MPS ST15274

Albert Mangelsdorff Quartett: Heinz Sauer (ts, as), Günter Lenz (b), Ralf Hübner (dr), Albert Mangelsdorff (tb); Frankfurt a. M., 23. März 1970

MPS ST15274

WIDE OPEN / NEVER LET IT END / CERTAIN BEAUTY / 13TH COLOR / OPEN MIND / ROITZ AND SPRING / NACHWORT

Auch über diese Platte würde ich sagen, daß sie ein Markstein, eine Zäsur ist. Damals hatte Günter Kronberg das Quintett verlassen, was bedingte, daß wir eine ganz neue Konzeption brauchten.
Nachdem wir eine Zeitlang im Quartett gespielt hatten und gut beieinander waren, haben wir diese Platte in einer Nacht eingespielt, meistens erster *take*. Am Abend zuvor hatten wir auf dem Frankfurter Jazzfestival gespielt, waren also sozusagen frisch von der Bühne ins Studio gekommen. Ich finde, daß es eine besonders geglückte Aufnahme ist, mit wunderbaren Soli. Der Heinz spielt da ein paar Sachen, diesen Eindruck vergesse ich nie. Gerade auf dem Alto, das er damals nicht sehr oft gespielt hat, legt er eine einzigartige Nummer hin. Auch das Zusammenspiel – viele Parts sind kollektiv improvisiert, was wir wohl immer machten –, ist hier aber

ganz besonders geglückt. Sie gehört gewiß zu den Platten, die in der europäischen Szene herausragend sind, gerade durch die Verbindung zwischen moderner, freier Improvisation und einem gewissen Haften in der Tradition. Auch diese Platte hätte eigentlich ein bißchen mehr Anerkennung verdient, als sie bekommen hat. Leider hat MPS nicht allzuviel dafür getan.

Three Blind Mice TBM5

Diggin'
Albert Mangelsdorff Quartet
Live at DUG, Tokyo

Three Blind Mice TBM5

Albert-Mangelsdorff-Quartett: Heinz Sauer (ts), Günter Lenz (b), Ralf Hübner (dr), Albert Mangelsdorff (tb); Tokio, 15. Februar 1971

SING & SWING / OPEN SPACE / MAHÜSALE / TRIPLE TRIP

Wir waren zu dem Zeitpunkt mit den German All Stars, denen auch Heinz Sauer, Günter Lenz und Ralf Hübner angehörten, auf einer Asientournee, als mich in Tokio Horst Weber von Enja ansprach, ob ich Lust hätte, mit meinem Quartett eine Plattenaufnahme für die japanische Firma »Three Blind Mice« zu machen. Da wir in Tokio einige Tage frei hatten, ließ sich das gut realisieren. Sie wurde in dem Jazzclub »Dug's« aufgenommen. Sehr vieles ist frei improvisiert, zwischendrin sind aber auch ein paar kleine Themen eingestreut. Ich würde sagen, die Musik ist eine Weiterführung von »Never Let It End«. Kurz danach erschien sie in Japan, später noch auf Enja [Enja 2006] und dem DDR-Label AMIGA.

The German All Stars
Live At The Domicile

MPS 3321279-3

Michel Pilz (as) ersetzt Rolf Kühn (cl), ansonsten gleiche Besetzung wie

MPS 3321279-3

»The German Allstars – Live At Domicile«); München, 1971

OUT OF REACH / FIGURES / GEBÄUDE / HAMMERKOPP / EPILOG / NUGGIS / SWEET LAMENT / HORNSALUT / WHEN LIGHTS ARE HIGH

Auch nach dieser Tournee haben wir, allerdings erst ein paar Monate später, da ich und auch andere Kollegen krank zurückgekommen waren, noch mal eine Doppelplatte gemacht, ebenfalls im »Domicile«. Zum Teil sind es die gleichen Titel wie auf dem Südamerika-Album, klingen aber doch sehr anders.

Trombone Workshop

MPS 2120915-6

Jiggs Whigham (tb), Ake Persson (tb), Slide Hampton (tb), Albert Mangelsdorff (tb), George Gruntz (p), Isla Eckinger (b), Tony Inzalaco (dr); Zürich, September 1971

MPS 2120915-6

TROMBONE SUIT / MOTHER SOMEPLACE / ULI'S DANCE / ICE-NINE / A CERTAIN BEAUTY

Die Besetzung kam durch Initiative von Georg Brunner-Schwer und Willi Fruth zustande. Bevor wir ins Studio gingen, hatten wir einen Auftritt auf dem Züricher Jazzfestival, wo wir die gleichen Stücke spielten. Ich hatte zwei Kompositionen beigesteuert, »A Certain Beauty«, eine Ballade, und »Uli's Dance«, ein rockig angehauchtes Stück, das man von der harmonischen Ausführung her dennoch als ziemlich experimentell bezeichnen kann. Übrigens haben wir in dieser Besetzung im Anschluß daran noch recht oft gespielt, auf Festivals und auch in Einzelkonzerten.

Spontaneous

Enja 2064

Albert Mangelsdorff Meets Masahiko Sato: Masahiko Sato (p), Peter Warren (b), Allan Blairman (dr), Albert Mangelsdorff (tb); Berlin, 8. November 1971

VOICES, NOISES, LUNGS 'N' TONGUES, STRINGS AND THINGS / ROOTS TO MOODS / LUDWIG VAN WATCHES / COSMOPOLITANS

Sie entstand in der Zeit des Berliner Jazzfestivals, auf Anregung der Enja-Leute Weber und Winckelmann. Alle vier Stücke sind tatsächlich »spontaneous« gespielt und *first take.* Daß zu jedem einzelnen Titel jeweils einer der Mitspieler als Komponist genannt wird, obwohl jedes Stück eine Ensem-

Intercord 28511-4, Enja 2064

J. G. Records

bleleistung ist, hat den einfachen Grund, die Abrechnung der Tantiemen zu erleichtern.

2. Internationales New Jazz Meeting auf Burg Altena

J. G. Records

Albert Mangelsdorff Quartett & The Trio: Heinz Sauer (ts), Günter Lenz (b), Ralf Hübner (dr), Albert Mangelsdorff (tb) John Surman (bs), Barre Phillips (b), Stu Martin (dr); Burg Altena, 1971

TIMELIFE REVISITING

Wenn ich mit meiner Gruppe im gleichen Konzert spielte wie »The Trio«, dann sind wir nicht als einzelne Bands nacheinander aufgetreten sondern haben beide Bands von Anfang an zusammengeworfen. Auch bei dieser Veranstaltung waren wir als zwei Gruppen engagiert, haben aber als eine Band gespielt. Als Komponist ist John Surman genannt, es war aber so, daß Teile unseres Repertoires in das Stück eingeflossen sind.
Meines Wissens nach ist die Platte nicht kommerziell vertrieben worden, sie war eher als eine Dokumentation des Altenaer Jazzfestivals gedacht, deshalb sind noch andere Gruppen auf der Platte.

Trombirds

BASF 21.21654-3

Albert Mangelsdorff (tb, voc); Frankfurt a. M., September/Dezember 1972

INTRODUCING MARC SUETTERLYN / ESPONTANEO / SWING A SIMPLE SONG FOR CHANCE / BLUES OF A CELLAR LARK / TROMBIRDS / YELLOW HAMMER

Diese Platte zu machen lag mir besonders am Herzen. Denn nachdem ich mich einige Zeit mit der mehrstimmi-

BASF 21.21654-3

gen Spielerei befaßt hatte, dachte ich, ich müßte das jetzt dokumentieren. Das fiel gerade in die Zeit, da ich endlich einen Exklusivertrag von MPS bekam, der mir jährlich eine Plattenaufnahme garantierte.

Zum Teil sind es frei improvisierte Stücke, der größere Teil aber ist mehr oder weniger konzipiert. »Introducing Marc Suetterlyn« ist eines der freien Stücke, das als ein kleines Experiment angelegt ist: Ich habe eine improvisierte Posaunenlinie aufgenommen, eine zweite dazugespielt und dann noch eine dritte, zu der ich mir aber die beiden vorhergegangenen mit dem halben Tempo habe vorspielen lassen. Als die dritte Linie aufgenommen war, wurde das ganze wieder auf das alte Tempo gebracht, mit dem Effekt, daß die dritte Stimme im doppelten Tempo läuft und entsprechend eine Oktave höher klingt. Dadurch entsteht ein Klang, der der Trompete ähnlich ist. Viele Leute dachten, es sei tatsächlich eine Trompete. Selbst im Journal der »International Trombone Association« schrieb ein Kritiker, bei diesem Stück würde ein Trompeter namens Marc Suetterlyn mitspielen.

In dem Titel »Blues Of A Cellar Lark« verbindet sich mein tägliches Üben im Jazzkeller mit meinem Interesse für die Vogelwelt. Die Lerche macht ja ihre Musik, ihren Gesang, wenn sie hochsteigt in die Luft. Dabei singt sie unablässig, das kann über zehn Minuten dauern. Als Gegensatz dazu der Jazzmusiker, der zum Spielen nach unten steigt, in den Keller.

Die Platte hat eine ganze Welle sehr guter Kritiken ausgelöst. Fast könnte man von Anpreisungen sprechen, die überraschenderweise oft wortgleich waren. Das ging nicht zuletzt auf Reginald Rudorf zurück, einen damals sehr einflußreichen Journalisten mit Verbindungen zu wichtigen Zeitungen. Später hat sich Rudorf vom Jazz abgewandt und sich mit ganz anderen Themen beschäftigt.

Birds Of Underground

BASF 21.21746-9

Albert Mangelsdorff Quintett: Heinz Sauer (as, ts), Gerd Dudek (ts, ss, fl), Buschi Niebergall (b), Peter Giger (dr), Albert Mangelsdorff (tb); Frankfurt a. M., September/Dezember 1972

WOBBLING NOTES AND FLUTED CRACKLE/ GRIVE MUSICIENNE / BIRDS OF UNDERGROUND / XENOBIOS

Wir hatten zu der Zeit einen ständigen Wechsel in der Besetzung, von Gig zu Gig ein anderer Schlagzeuger, auch die Bassisten wechselten häufig,

BASF 21.21746-9

MPS 68071

mal Peter Kowald, dann Eberhard Weber, der sehr oft dabei war, bis Buschi Niebergall und Peter Giger fest in der Band waren. Da ich wieder ein Quintett mit drei Bläsern haben wollte, holte ich Gerd Dudek dazu. Das hat aber auf die Dauer nicht ganz hingehauen, denn Gerd hatte viele andere Engagements und konnte deshalb Konzerte, die wir abgeschlossen hatten, oft nicht mitmachen. Bei dem Titelstück spiele ich eine mehrstimmige Ostinatfigur. Es ist der erste Versuch, die Mehrstimmigkeit in der Gruppe einzusetzen, was mir bis dato nie richtig gelungen war. Zuvor hatte ich sie höchstens angewandt, wenn mal totale Ruhe um mich herum war.

The Wide Point

MPS 68071

Palle Danielsson (b), Elvin Jones (dr), Albert Mangelsdorff (tb); Walldorf bei Frankfurt a. M., 1. und 2. Mai 1975

THE UP AND DOWN MAN / MAYDAY HYMN / OH HORN! / I MO' TAKE YOU TO MY HOSPITAL AND CUT YOUR LIVER OUT/ MOOD INDIGO / THE WIDE POINT / FOR PETER

Zum ersten Mal konnte sich mein Wunsch realisieren lassen, nicht zuletzt durch die Initiative von Joachim Ernst Berendt, mit Elvin Jones eine Platte aufzunehmen. Bis dahin lag nur das gemeinsame Duo auf »Albert And His Friends« vor. Als Bassisten holte ich Palle Danielsson. Ihn hatte ich in den 60er Jahren in Stockholm kennengelernt, anläßlich eines von der »European Broadcasting Union« veranstalteten Konzerts. Wir spielten damals im Duo ein Stück, das ich gerade geschrieben hatte, später nannte ich es »Zores Mores«. Es hatte einen sehr schweren Basspart, den Palle aber fast aus dem Stand abspielte und dazu noch eine tolle Improvisation lieferte.
Die Plattensitzung lief völlig problemlos ab. Nachdem einmal die technische Einstellung gemacht war, haben

wir ziemlich zügig aufgenommen, nur das eine oder andere Stück mehrfach, um aussuchen zu können. Ich kann mich noch erinnern, daß Elvin fast zu Tränen gerührt war, als wir im Aufnahmeraum »Mood Indigo« abhörten.

Anmerkung: Die LPs »The Wide Point«, »Trilogue« und »Albert Live in Montreux« wurden 1993 als 2-CD-Cassette wiederveröffentlicht (MPS CD 519 213-2)

MPS 68067 / DC 22629-8

Solo Now

MPS 68067 / DC 22629-8

Gunter Hampel (vib), Joachim Kühn (p), Pierre Favre (dr), Albert Mangelsdorff (tb); Villingen, 9. und 10. Februar 1976

ANT STEPS ON AN ELEPHANT'S TOE / TAKE YOUR HIT KIT / SUPERCONDUCTIVITY / RINGELVIER

J.E. Berendt hatte die Idee, für eine Tournee in Südamerika ein Paket mit Solospielern zusammenzustellen, unter dem Titel »Solo Now«. Das Solospielen war in jenen Jahren wohl noch etwas relativ Seltenes, aber doch schon populär.
Vor der Tournee haben wir diese Platte gemacht, wobei von jedem zwei Solostücke aufgenommen wurden, zusätzlich ein paar Duos und ein Quartettstück. Die Konzerte waren ähnlich gegliedert. Nach zwei Solo-Sets folgte ein Duo-Set der beiden Solospieler, nach der Pause kamen die beiden anderen dran. Abschluß des Konzerts war ein Quartett-Set. Zwei Jahre später machten wir in gleicher Besetzung und mit der gleichen Konzeption eine Tournee in Asien.

Tromboneliness

MPS 68129

Albert Mangelsdorff (tb); Frankfurt a.M., Januar/März 1976

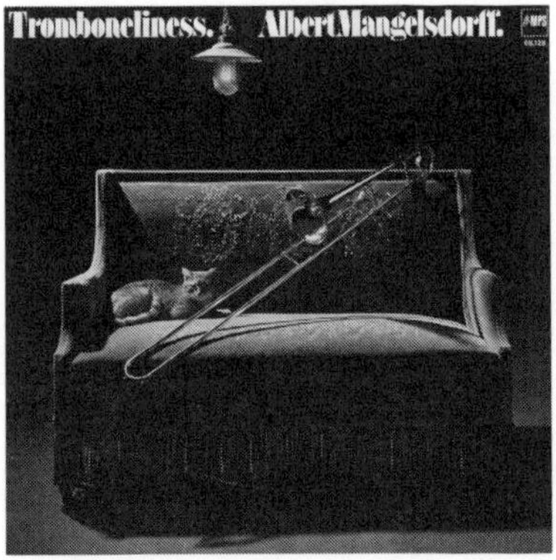

MPS 68129

DO YOUR OWN THING / TROMBONELINESS / CREOLE LOVE CALL / BONN / MARC SUETTERLYN'S BOOGIE / FÜR PETER / BRIEF INVENTIONS

Es war wieder an der Zeit, eine Soloplatte aufzunehmen, denn die Mehrstimmigkeit hatte sich inzwischen weiterentwickelt, und Stücke gab es auch genug.

Bei einem Stück griff ich wieder auf den bewährten Marc Suetterlyn zurück, diesmal allerdings nicht ganz frei improvisiert. Ich hatte mir ein Ostinato ausgedacht, eine Boogie-Woogie-ähnliche Figur, die ich als erste aufnahm, um dann in der gleichen Weise wie auf »Trombirds« darüber zu improvisieren, mit dem Effekt, daß wieder eine Trompete mit einer Posaune zusammenspielt. Ein sehr ansprechendes Stück, wie ich finde.

Natürlich war mir der Name Suetterlyn in Verbindung mit der Suetterlyn-Schrift bekannt. Damit eine Verknüpfung herzustellen, war aber nicht meine Absicht. Eigentlich hatte ich nur nach einem Namen gesucht, der einen gewissen Wiedererkennungswert hat und gleichzeitig in der Weise irritiert, daß die Leute denken, da spielt einer Trompete. Für viele Leute, die kein Englisch sprechen, führte auch »Tromboneliness«, das als Verknüpfung von »Trombone« und »Loneliness« gemeint ist, zu Mißverständnissen.

Die übrigen Stücke sind zum Teil frei improvisiert, zum größeren Teil aber konzipiert. Das Stück »Für Peter« ist Peter Trunk gewidmet, der zu der Zeit bei einem Autounfall in New York zu Tode gekommen war.

MPS 15424, 68175

Trilogue – Live!

MPS 15424, 68175

Jaco Pastorius (e-b), Alphonse Mouzon (dr), Albert Mangelsdorff (tb); Jazz Festival Berlin, 6. Nov. 1976

TRILOGUE / ZORES MORES / FOREIGN FUN/ ACCIDENTAL MEETING / ANT STEPS ON AN ELEPHANT'S TOE

Daß Alphonse Mouzon dabei sein sollte, war klar. Mit ihm hatte ich schon öfter im Duo gespielt. Für einen bestimmten Bassisten hatte ich mich noch nicht entschlossen, als mich Joachim Ernst Berendt fragte, ob ich denn Vorbehalte hätte, mit E-Baß zu spielen. Die hatte ich eigentlich nicht. Es hängt immer davon ab, wie einer spielt, und nicht, was es für ein Instrument ist. Der Name Jaco Pastorius war mir bis dahin unbekannt. Zwar hatte er schon bei »Weather Report« gespielt, andererseits hatte ich zu »Weather Report« kaum Berüh-

rungspunkte. Nachdem ich ihn auf einer Platte, die mir Berendt zukommen ließ, gehört hatte, sagte ich natürlich: Klar, den nehmen wir.
Unser Proben war nicht ganz so dramatisch, wie Berendt es in den *liner notes* schildert. Wenn ich mich recht erinnere, haben wir einen langen Nachmittag geprobt und kamen dann noch mal am Tag des Konzertes zu einer Verständigungsprobe zusammen. Wahrscheinlich sah es von außen so aus, als hätten wir furchtbar viel geprobt, tatsächlich aber haben wir die meiste Zeit zusammengesessen und über alles mögliche geklönt. Wenn auch die Stücke, die ich mitgebracht hatte, nicht alle leicht waren, so waren sie doch recht schnell einstudiert, selbst »Zores Mores«, das ja ein ziemlich schwieriges Thema ist.
Das Konzert wurde zu einem meiner größten Erfolge, die ich je erlebt habe. Nachdem wir unseren Set hinter uns hatten, und obwohl wir die Zeit überzogen hatten, wollten die Leute unbedingt noch Zugaben haben. Leider mußte für die Platte sehr viel rausgenommen werden.

Anmerkung: Die LPs »The Wide Point«, »Trilogue« und »Albert Live in Montreux« wurden 1993 als 2-CD-Cassette wiederveröffentlicht (MPS CD 519 213-2)

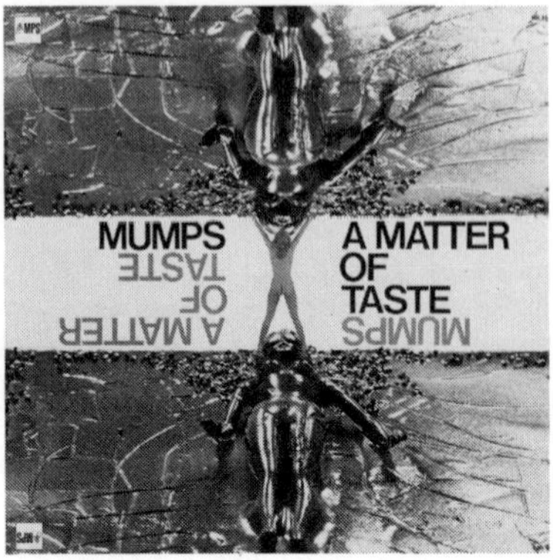

MPS 064D.60202

Mumps
A Matter Of Taste

MPS 064D.60202

MUMPS: John Surman (bs, ss, p, synt, bugle), Barre Phillips (b, voc), Stu Martin (dr, perc, synth), Albert Mangelsdorff (tb, g, voc); Stuttgart, 13. bis 19. März 1977

A MATTER OF TASTE / OLD LOVE NEVER RUSTS / AMBER / ELECTRIC WALTZ / SPARROW KNOWS / THE STRANGE TALE OF MR. MISSTER / BUT THE ACCORDION STAYS

Zu dem Zeitpunkt, als vertragsgemäß wieder mal eine MPS-Platte fällig war, war ich sozusagen offiziell in »The Trio« eingestiegen. Anfangs war an den Gruppennamen »Ambush« gedacht, was soviel wie Überfall heißt. Das erschien mir aber ein bißchen zu gewalttätig, zu militärisch. Schließlich bildeten wir aus dem Anfangsbuchstaben unserer Zunamen den Namen »MUMPS«, also »M(artin) U(nd) M(angelsdorff) P(hillips) S(urman)«.
Wohl stehen wir alle als Komponisten auf der Platte, aber eigentlich hatte ich kompositorisch noch keinen Beitrag geleistet. Fast alles stammte aus der Feder von John Surman. Die Synthesizerklänge, die bei nahezu allen

Stücken ins Spiel kommen, wurden von John Surman und Stu Martin präpariert.
Im Wesentlichen ist es die Musik, die wir auch in Konzerten gemacht haben, eine zwar sehr freie Musik, aber immer mal wieder mit Computer-Background und rhythmischen Figuren vom Synthesizer unterlegt.

A Jazz Tune I Hope

MPS 15528, 68212

Wolfgang Dauner (p), Eddie Gomez (b), Elvin Jones (dr), Albert Mangelsdorff (tb); Stuttgart, 25. bis 29. August 1978

WART G'SCHWIND / ONCE WE'RE HERE / A JAZZ TUNE I HOPE / KOMMENTAR ZU »HAMBURGER IDYLLE« / LAPWING / GOMA / STREET OF LONELINESS / THREE CARD MOLLY

Auf irgendeinem Festival war ich wieder mal Elvin begegnet. Das erste, was er mich nach der Begrüßung fragte, war: Wann machen wir wieder eine Platte miteinander? Ich sagte: Meine nächste, wenn du willst. Nun ging es nur noch darum, welcher Bassist dabei sein sollte. Etwas später hörte ich auf einem Festival Eddie Gomez, der mit Bill Evans unterwegs war. Spontan dachte ich: Das wäre ein toller Bassist. Ich ging zu ihm und fragte ihn, ob er Lust dazu hätte. Als er hörte, daß Elvin dabei ist, hat er sofort zugesagt. Mich selber, glaube ich, kannte er gar nicht so besonders gut. Daß Wolfgang dabei sein sollte, war klar, denn ich

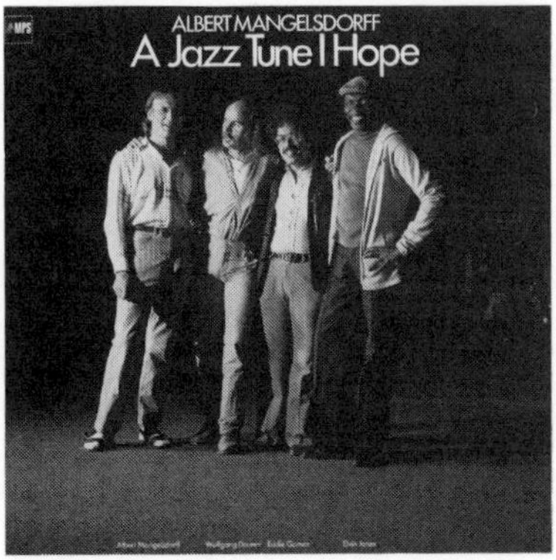

MPS 15528, 68212

wollte längst mal wieder was mit ihm machen.
In der Zwischenzeit hatte ich die mehrstimmige Spielweise so weit entwickelt, daß es mir jetzt keinerlei Schwierigkeiten machte, sie auch in einer Quartettbesetzung mit Piano sehr gut zu integrieren.

Trombone Summit

MPS 6827-2

Kai Winding (tb), Bill Watrous (tb), Jiggs Whigham (tb), Albert Mangelsdorff (tb), Horace Parlan (p), Mads Vinding (b), Allan Ganley (dr); Villingen, 1. und 2. Mai 1980

ME 'N JANGLES / RIP OFF / THE INFERNAL TRIANGLE / IDES / SLOW GRIND / MARCH OF THE JAZZ EXPERTS / BLUE AND SENTIMENTAL / MISSISSIPPI MUD / BLUES SUITE: EXTENSION BLUES / DANISH BLUES / NOW'S THE TIME / BUZZY / JUMPIN' WITH SYMPHONY SID / ONE O'CLOCK JUMP

MPS 6827-2

Irgendwie hatte Brunner-Schwer ein Faible für die Posaune. Wenn wir uns begegneten, fragte er mich immer mal, ob man nicht wieder was mit vier Posaunen machen sollte. Für diese Session stellte er über Mike Hennessey, einen englischen Kritiker und Musiker, die Kontakte her. Im Gespräch war auch Carl Fontana, der aber aus irgendeinem Grund nicht konnte. Für ihn war wieder Jiggs Whigham dabei, er ist ja ein toller Posaunist. Bill Watrous hatte ich einige Jahre zuvor beim »Nashville Trombone Workshop« kennengelernt, wo auch er als Dozent tätig war. Sehr gefreut hat es mich, daß Kai Winding dabei war, der ja schon ein namhafter Spieler war, als ich gerade anfing, Posaune zu lernen. Es ist sicher interessant, seine Stücke zu hören, die stark in der Swing-Tradition verhaftet sind, zum Teil Basie-artig, im Gegensatz vielleicht zu meinen Stücken, die doch ganz anders aufgefaßt sind. Es war leider eine seiner letzten Platten.

MPS 15572, 68261

Albert Live In Montreux

MPS 15572, 68261

Jean-François Jenny-Clark (b), Ronald Shannon Jackson (dr), Albert Mangelsdorff (tb); Montreux, 16.7.1980

DEAR MR. PALMER / MOOD AZUR / STAY OFF THE CARPET / RIP OFF

Ronald hörte ich das erste Mal auf einem Festival, das Berendt veranstaltet hatte. Er spielte mit Cecil Taylor. Ich war sehr beeindruckt von ihm. Als meine nächste MPS-Platte anstand, habe ich ihn vorgeschlagen. Mit J.-F. Jenny Clark hatte ich in jenen Jahren oft in Frankreich gespielt, speziell in Besetzungen um Michel Portal. Ich bin öfter mal gefragt worden, was es mit meiner Vorliebe für die Trio-Besetzung auf sich hat. Ich denke, daß sich gerade in dieser Besetzung eine besonders komprimierte Musik machen läßt. Wir sind in Montreux einen Tag vor dem Konzert zum Proben zusam-

mengekommen, um dann in einem tollen Konzert diese Platte aufzunehmen. Es war eine wahnsinnige Atmosphäre. Shannon Jackson ging unheimlich los, ein sehr swingender und sehr, sehr inspirierender Spieler.
Der Titel »Dear Mr. Palmer« hat einen besonderen Hintergrund. Palmer ist ein amerikanischer Kritiker, der in der »New York Times« die Jazzkritiken schreibt. Über mich schrieb er mal eine Kritik, anläßlich eines Solo-Konzerts in dem New Yorker Club »The Kitchen«, die im Tenor sehr gut war. Er war sehr angetan von meiner mehrstimmigen Spielweise, nur, es war ein Satz drin, in dem es hieß, meine Phrasierungen kämen von J. J. Johnson. Das hat mich ziemlich gewurmt. Ich hatte mir auch überlegt, ob ich ihm nicht mal einen Brief schreibe. Aber wie das so ist, man denkt darüber nach, was man schreiben will und wie man es schreibt, macht es aber dann doch nicht. Diesen Brief habe ich dann sozusagen auf diese Platte geschrieben. Das Stück ist übrigens identisch mit dem später aufgenommenen Stück »Des'sch Too Much«, nur ganz anders gespielt, im Tempo und auch von den *changes* her freier aufgefaßt.

Albert Mangelsdorff Solo

MPS 15556, 68287

Albert Mangelsdorff (tb); Oberursel, 14. bis 23. Februar 1982

SIT AND THINK / RESPONSORY / FÜR G.K./ FÖHNHAMMER / NEXUS / DREIVIERTEL / DER ALTE / LOST AND FOUND / ROOTY

MPS 15556, 68287

TOOT / BRIEF IMPRESSION OF BRIGHTON / WHAT DID THE BIRD SAY? / BONE BLUE / J. C. WAS HERE / GIVE ME SOME SKIN

Verglichen mit »Trombirds« und »Tromboneliness« ist hier ein weiterer großer Fortschritt erkennbar. Es kommen neue Klänge dazu, auch die Spielweise ist noch besser beherrscht.
Es gab Anläufe, einen für das Solospielen akustisch besonders günstigen Raum zu finden. Ich versuchte es in einer Kirche in Villingen, wo ja MPS zuhause war, aber seltsamerweise hat das nicht geklappt. Es klang jedenfalls nicht so, wie ich mir das vorgestellt hatte, so daß ich mich wieder für das Studio entschied.

Triple Entente

MPS 68293

Leon Francioli (b), Pierre Favre (dr), Albert Mangelsdorff (tb); Villingen, 29. und 30. März 1982

MPS 68293

HÜPF THEMA / DES'SCH TOO MUCH / OTHERWISE / LOOSE MOOSE; BLUES / GIVE ME SOME SKIN

Mit Pierre Favre und Leon Francioli hatte ich schon seit Anfang der 70er Jahre im Trio gespielt, meist freie Musik. Wir hatten Tourneen gemacht, viele Festivals und Konzerte gespielt, unter anderem auch auf dem Frankfurter Jazzfestival und im Palmengarten. Insofern waren wir natürlich ziemlich gut eingespielt. Pierre war in diesen Jahren sowieso einer meiner favorisierten Schlagzeuger, ein sehr diffizil spielender Musiker mit einem guten Swingfeeling.

Dauner – Mangelsdorff
Two Is Company

MOOD Records 28 634

Wolfgang Dauner (p), Albert Mangelsdorff (tb); live in Tübingen, 16. und 17. Dezember 1982

MOOD Records 28 634

TWO IS COMPANY / WHEAT SONG / TRANS TANZ / RIP OFF

In der Vorbereitung mußte ich bei MPS die Erlaubnis einholen, diese Platte bei Mood Records machen zu dürfen. Bei der Einspielung selbst gab es natürlich überhaupt keine Probleme. Wolfgang und ich waren durch die vielen Duo-Konzerte optimal eingespielt. Auf dieser Platte ist übrigens kein Titel gekürzt, jedes Stück ist so drauf, wie wir es eingespielt haben.

Albert Mangelsdorff
Lee Konitz
Art Of The Duo

Enja 5059

Lee Konitz (as), Albert Mangelsdorff (tb); Villingen, 8. bis 10. Juni 1983

HOT HUT / SHE'S AS WILD AS SPRINGTIME / INCLINATION / I WONDER WHAT

Enja 5059

SHE'S DOING RIGHT NOW / CREOLE LOVE CALL / ABOUT TIME WE LOOKED AT THIS / A-MINOR BLUES IN F / MATTI'S MATTER / CHER AMI / EN PASSANT / BLOAS

Etwa die Hälfte der Titel steuerte Lee bei, zum Teil unisono angelegt oder auch polyphon, das heißt, die Linien werden gegeneinander gespielt beziehungsweise improvisiert. Meine Stücke beziehen sich meist auf meine Mehrstimmigkeit.
Aufgenommen wurde die Platte 1983, nach einer gemeinsamen Tournee, ganz knapp, bevor MPS verkauft wurde, wovon wir allerdings nichts wußten. Als es an der Zeit war, sie zu veröffentlichen, war MPS bereits verkauft. Da lag sie nun, und Polygram machte keinerlei Anstalten, sie auf den Markt zu bringen. Sehr viel später sprach ich mal mit den Enja-Leuten darüber. Sie erboten sich sofort, sie zu übernehmen und haben das dankenswerterweise auch getan.

EMI 066 1471151

Hot Hut

EMI 066 1471151

Wolfgang Dauner (p), Anders Jormin (b), Elvin Jones (dr), Albert Mangelsdorff (tb); 1985

HOT HUT / E.J. BLUES / STRANGE SOUND / TRANS TANZ / QUADROUPLE

Nachdem mein Vertrag mit MPS ausgelaufen war, erhielt ich von EMI einen Exclusivvertrag. Die erste Platte war »Hot Hut«. Wieder war es Elvin, der mich bei einer Begegnung gefragt hatte: Wann machen wir die nächste Platte? Mit Anders Jormin hatte ich ein Jahr zuvor im Trio mit Rune Carlsson, der 1962 Mitglied meines Quintetts war, eine Tournee durch Schweden gemacht. Ich hatte ihn auch zuvor schon mal zum Frankfurter Jazzfestival geholt. Wir verstanden uns von Anfang an sehr gut. Er war sehr einfühlsam auf meine Spielweise eingegangen.

Ich erinnere mich noch sehr gut an die Aufnahme von Wolfgangs »Trans Tanz«, wie Elvin, nachdem wir das Thema gespielt hatten, plötzlich die Rhythmik total umdrehte. Ich hatte gerade einen Soloeinstieg von zwei Takten gespielt. Zwar stimmte die Rhythmik im Tempo und auch in der Einteilung, aber vom Konzept her war sie etwas ganz Neues. Zunächst einmal war ich natürlich etwas irritiert, bevor ich darauf umsteigen konnte. Ein sehr gelungenes Stück.

Das »Hot Hut«-Thema geht auf *changes* zurück, die ich mal auf der Gitarre gefunden hatte, eigentlich ganz einfache *changes,* fast ein klassischer Blues, der aber in der Fortentwicklung in einen Quartenzirkel übergeht und dadurch 16-taktig wird. Ich hatte diese *changes* mal zu einem Duo mit Lee Konitz mitgebracht. Meine Vorstellung war, daß ich die *changes* spiele und Lee darüber improvisiert. Lee meinte aber, ob ich ihm nicht ein Thema dazu schreiben könnte, was ich denn auch gemacht habe. Später, beim Nachdenken über das Thema, fand ich, daß man eigentlich noch eine zweite Linie dazuschreiben könnte. Mittlerweile gibt es zu »Hot Hut« schon vier Linien, die gleichzeitig ablaufen. Bei dieser Platte sind es nur zwei, das heißt ich spiele die Hauptlinie und Wolfgang in Blockakkorden die zweite Linie.

EMI 066 14 7281 1

Moon At Noon

EMI 066 14 7281 1

Albert Mangelsdorff and Wolfgang Dauner & Family Of Percussion: Albert Mangelsdorff (tb), Wolfgang Dauner (p), Peter Giger (dr), Thomas Nicolas (perc), Michael Küttner (perc), Trilok Gurtu (perc); Ludwigsburg, April 1987

MOON AT NOON / TRANS TANZ / RAVING RAVEN / MARACAS FOR NINA / FÜR E. W.

Es gab ziemlich viele Berührungspunkte zu Peter Gigers »Family of Percussion«; ich war mehrmals eingeladen, mit ihnen zu spielen und bin auch auf zwei Platten von Peter jeweils mit einem Titel dabei. Als wieder mal das Frankfurter Jazzfestival anstand, fragte ich Peter Giger, ob er Lust hätte, mit dem Duo Dauner-Mangelsdorff zu spielen.

Der Auftritt wurde, wenn ich das mal messen will, zu einem meiner größten Erfolge auf der Bühne. Fast zwangsläufig führte das zu dem Wunsch, gemeinsam eine Platte zu machen.

Die Besetzung ist schon ein bißchen ungewöhnlich, denn man könnte den Baß vermissen. Tun wir aber nicht. In dieser Besetzung haben wir danach noch ziemlich oft gespielt und auch eine gemeinsame Tournee gemacht. Leider ist es sehr schwer, für sechs Mann genügend Gigs zu bekommen.

Art Of The Duo

TUTU CD 888 110

John Scofield (g), Albert Mangelsdorff (tb); Int. Jazzfestival Münster, 17. Juni 1988

THE ETERNAL TURN-ON / GREY AND VISCERAL / ALFIE'S THEME

Wir trafen uns einen Tag vor dem Konzert, um unsere Stücke einzustudieren. Leider sind nur drei Stücke aufgezeichnet. Da die anderen Titel aufnahmetechnisch nicht brauchbar waren, wurde die Platte mit Stücken anderer Gruppen, die an dem Festival teilnahmen, aufgefüllt.

TUTU CD 888 110

Die Absicht, mal zusammen etwas zu machen, hatten wir schon lange. John Scofield ist mir einer der liebsten Gitarristen. Ich stehe sehr auf seine Musik.

Listen And Lay Back

DINO Music LP 1971

Albert Mangelsdorff & Members Of Klaus Lage Band: Bernd Krämer (g),

DINO Music LP 1971

Danny Deutschmark (keyb), Martin Engelien (basses), Wolf Simon (dr); Mühlheim/Ruhr, September bis Oktober 1988

INTRODUCTION / PETER GUNN / ANGIE / TIME AFTER TIME / REACH OUT, I'LL BE THERE / NOW THAT YOU'RE GONE / HEY JOE / HELLO / ALBERT'S TUNE / ICH HAB' DICH LIEB/ODE TO BILLY JOE/MICHELLE/OUTRO
(siehe Kapitel »Ganz schön heiß, man«)

MOOD Records 28668

Purity

MOOD Records 28668

Albert Mangelsdorff (tb); Frankfurt a. M., 1990

MISSISSIPPI LEHM AM SCHUH / THE HORN IS A LADY / THE VERY HUMAN FACTOR / MORBIDIA / HERR ADABEI / DAS PINKE DING / SHAME (MIT UNBEKANNTEN WALEN) / MOON AT NOON / FÜR E.W. / AUS DEM HUT / HALLO VOLKER / SONNTAGSGRAU / PANTALONI / NA, NUN, NANU

Es war mir wichtig, alle die Solostücke, die sich in der Zwischenzeit angesammelt hatten, aufzunehmen, deswegen sind auch so viele Titel auf der Platte. Es ging mir darum, das alles mal zu dokumentieren, weshalb ich bei einigen sogar auf Improvisationen verzichtet habe. Natürlich sollte auch die Weiterentwicklung der Mehrstimmigkeit aufgezeigt werden.
Daß es noch zu einer weiteren Soloplatte kommen wird, kann ich mir schlecht vorstellen, es sei denn, eine Live-Platte. Ich kann mir aber vorstellen, daß jemand kommen könnte, der das, was ich angefangen habe, weiterentwickelt. Da ist noch viel drin. Inwieweit ich selbst dazu noch beitragen kann – ich weiß es nicht, denn ich bin dadurch, daß ich lange krank gewesen bin, ein bißchen aus dem Tritt gekommen. Ich mußte zuviel daran arbeiten, Elementares zurückzugewinnen, sodaß die Weiterentwicklung der Mehrstimmigkeit ein bißchen vernachlässigt werden mußte. Es gibt zum Beispiel Intervallkombinationen, die relativ selten bei mir vorkommen oder überhaupt nicht, weil ich sie noch nicht perfekt beherrsche. Andere könnten das irgendwann hinkriegen.

Rooty Toot

DINO Music LP 2551

Albert Mangelsdorff & Members Of Klaus Lage Band: Martin Engelien (b),

DINO Music LP 2551

Danny Deutschmark (keyb), Bernd Krämer (g), Michael Küttner (d, perc); Mühlheim/Ruhr, März bis April 1990

HIT THE ROAD, JACK! / THE VERY HUMAN FACTOR / EINE WELT / 1001 NACHT / WONDERFUL TONIGHT / ROOTY TOOT / SERAPHITA / YELLOW HAMMER / RUSH! / TWIST IN MY SOBRIETY
(siehe Kapitel »Ganz schön heiß, man«.)

Movin' On

ELITE CDJ 76357

Bruno Spoerri (ss, as, synthophone, synth, apple macintosh computer), Ernst Reijseger (cellos), Reto Weber (d, perc, k&k hot gloves), Albert Mangelsdorff (tb); Neuchatel und Kreuzlingen, 1990

CONTROLLED RISK / UND IN DER ECKE MECKERT EIN BÜRLI / LOVE POWER – FOR PAPA / ROOTY TOOT / MARTIN'S NEW TRICK / GRÜSSE AUS MALANS / PONTIUS / TIMES

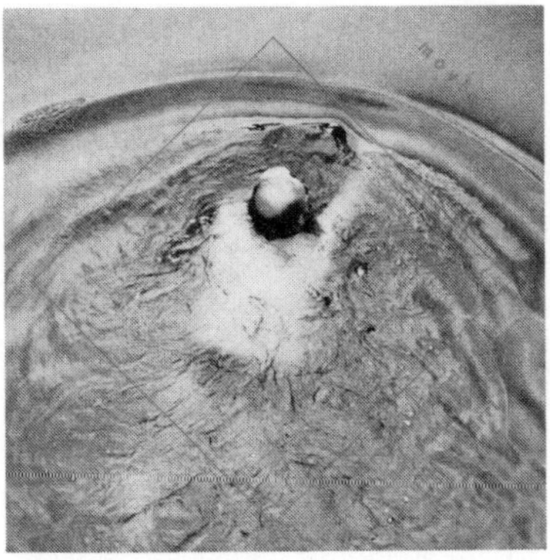

ELITE CDJ 76357

Früher war ich nicht sonderlich davon angetan, aber die Art, wie Bruno Spoerri den Computer einsetzt, ist schon sehr geschickt. Gerade da, wo er an Schlaginstrumente angeschlossen ist, ergeben sich sehr schöne und unterschiedliche Dinge, zum Beispiel wenn Reto Weber mit Handschuhen spielt, wobei an jedem Finger ein elektrischer Anschluß ist, der je nach Intensität bestimmte Klänge über den Computer erzeugt. Hinzu kommt, daß Reto sich mit afrikanischer Musik und afrikanischen Instrumenten beschäftigt, was das Klangspektrum der Gruppe sehr erweitert.
Auch die Art, wie Spoerri das Saxophon über den Computer als Perkussionsinstrument benutzt, ist sehr interessant. Nicht zu vergessen Ernst Reijseger, der ein außergewöhnlicher Musiker ist. Auf dem Cello hört man ja nicht allzu viele Jazzmusiker, und so gute schon gar nicht.
Seit einigen Jahren spielen wir ziemlich oft miteinander. Daneben trete ich mit Reto im Duo auf.

Komisch Wetter

MOOD Records CD 6392

Konstantin Wecker, Stephan Wald, Gisela May, Ute Lemper, Klaus Lage (all voc), Dieter Dehm (lyrics), Wolfgang Dauner (p), Dieter Ilg (b), Wolfgang Haffner (dr), Albert Mangelsdorff (tb); Frankfurt a. M., 1992

PARTYPHILOSOPH / DER FACHMANN / WARSCHAU / KOMISCH WETTER / UNGESCHÜTZT / SEINE FRAU / DER FETTE KOM-

MOOD Records CD 6392

Black Saint CD 120108-2

PONIST / LOB DES RENTABLEN / HÖLDERLIN / SCHANDE / WEHRLOS? ALSO DRUFF

Dieter Dehm, der Plattenproduzent ist, vor allem aber Textdichter, hat mir immer mal wieder, seit über zehn Jahren, Texte gegeben, um sie zu vertonen. Das war natürlich ein völlig neues Metier für mich; ich hatte früher nie etwas Ähnliches gemacht. Andererseits bin ich der Meinung, daß diese Stücke ohne Text durchaus Jazzstücke sein können. Letztes Jahr kam er mit dem Vorschlag, das mit verschiedenen Sängern als Benefizplatte aufzunehmen. Hauptthema ist die Umwelt. Die Erträge kommen der Organisation »Künstler in Aktion« zugute.
Die Idee für das Stück »Wehrlos? Also druff« geht auf das Stück »Shame« auf der »Purity«-Platte zurück, auf der ich zum ersten Mal über Walgesänge improvisiere. Während aber »Shame« ein kurzes Stück ist, läuft die Improvisation hier über 16 Minuten.

Dodging Bullets

Black Saint CD 120108-2

Eric Watson (p), John Lindberg (b), Albert Mangelsdorff (tb); Hessischer Rundfunk, Frankfurt a.M., 8. und 9. Juni 1992

THE HORN IS A LADY / DODGING BULLETS / FOUR FATHERS / STICKS AND BONES / SHUFFLE UP / CEILINGS (trio version) / HARDWARE / FERSENGELD / CEILINGS (piano solo version)

Eric Watson und John Lindberg, den ich schon sehr lange kenne, waren immer mal wieder im Jazzensemble des HR zu Gast. Irgendwann äußerten sie den Wunsch, gemeinsam etwas im Trio zu machen. Man kann mit beiden, die ja seit langem im Duo miteinander arbeiten, gerade bei frei improvisierten Stücken sehr gut zusammenspielen und ganz spontan schöne Dinge erfinden. Zwei tolle Musiker.
Die Besonderheit dieser Musik ist, daß wir total akustisch spielen.

2. Albert Mangelsdorff als Sideman bzw. Co-Leader

Im folgenden werden in chronologischer Reihenfolge die Titel und Labelnummern sowie das Aufnahmejahr der Platten aufgeführt, bei denen Albert Mangelsdorff als Gastmusiker bzw. Co-Leader mitwirkt
Aus Platzgründen mußte auf die Nennung der eingespielten Stücke verzichtet werden. Wer sich für diese interessiert, kann beim Verlag die erweiterte Fassung dieser Diskographie anfordern, bei der die Stücke genannt werden.

1953

Hans Koller's New Jazz Stars
(Vogue LD 144)

Hans Koller Quintet
(Brunswick 82769/82777/82778
[3 Schellack-Platten])

1954

Hans Koller's New Jazz Stars: Hans Kollers New Jazz Stars '54
(Mood Records BMLP 06013)

1956

Joki Freund Quintet: Joki's Sparkle
(Jazztone J-721 [EP])

1957

Freund-Mangelsdorff-Sextet
(Brunswick 10804 EPB [EP])

1958

Bruno Walldorf Blues Combo: Wailin' the Blues
(Brunswick 10810 EPB [EP])
Anmerkung: Mangelsdorff spielt Gitarre

International Youth Band: Newport 1958 (Columbia CL 1246)

Louis Armstrong: Rare Performance of the 50s's and the 60's
(CBS 88669)
(Newport International Jazz Band)

Hans Koller's New Jazz Stars: The New Hans Koller New Jazz Stars feat. Albert Mangelsdorff
(Brunswick 10811 EPB [EP])

1961

European All Stars: The European All Stars 1961
(Telefunken BLE 14206-P)

1964

Jazz Workshop Concert im Jungen Forum '64 der Ruhrfestspiele Recklinghausen (Philips 840475 PY/P 48095 L)
(mit Workshop-Gruppe)

Klaus Doldinger: Doldinger Jubilee (Atlantic ATL 60073) (mit NDR-Jazz Workshop-Big Band)

1966

Klaus Doldinger: Doldinger Jubilee (Atlantic ATL 60073) (mit NDR-Jazz Workshop-Combo)

1968

Don Cherry's Eternal Rhythm: Eternal Rhythm (MPS 15204)

1969

Baden-Baden Free Jazz Orchestra: Gittin' to Know Y'All (MPS 15269)

1970

Down Beat Poll Winners in Europe: Open Space (MPS 15259)

1971

Rolf Kühn Jazz Group: Devil in Paradise (MPS 2021078-2)

Brötzmann / van Hove / Bennink plus Albert Mangelsdorff: Elements (FMP 0030)

Brötzmann / van Hove / Bennink plus Albert Mangelsdorff: Couscouss de la Mauresque (FMP 0040)

Brötzmann / van Hove / Bennink plus Albert Mangelsdorff: The End (FMP 0050)
Anmerkung: Die drei letztgenannten FMP-LPs wurden unter dem Titel »Live in Berlin – Brötzmann/van Hove/Bennink plus Albert Mangelsdorff« als 2-CD-Cassette wiederveröffentlicht, mit einem zusätzlichen Titel (FMP CD 34/35)

Don Cherry & The Eternal Rhythm Orchestra: Penderecki/Don Cherry: Actions (Philips 6305153)

1972

Volker Kriegel Group: Inside Missing Link (MPS 88030-2)

1974

Brötzmann / van Hove / Bennink plus Albert Mangelsdorff: Outspan Nr.1 (FMP 0180)

Globe Unity Orchestra: Der alte Mann bricht...sein Schweigen (FMP S 4 [Single])

1975

Globe Unity Special: Evidence (FMP 0220)

Globe Unity Special: Into the Valley (FMP 0270)
Anmerkung: Die beiden »Globe Unity Special«-LPs wurden unter dem Titel »Rumbling« als CD wiederveröffentlicht (FMP CD 40)

Globe Unity Orchestra and Guests: Pearls (FMP 0380)

Rolf Kühn Group: Total Space (MPS 2022625-5)

Volker Kriegel Group: Topical Harvest (MPS 68037)

Globe Unity Orchestra: Bavarian Calypso/Good Bye (FMP S 6 [Single])

1976

Peter Herbolzheimer Jazz Gala Big Band Orchestra: Jazz Gala Concert (Atlantic ATL 50277)

1977

Peter Herbolzheimer All Star Big Band: Jazz Gala '77 (Telefunken 6.28438 DP)

John Tchicai: John Tchicai solo plus Albert Mangelsdorff (FMP SAJ-12)

United Jazz+Rock Ensemble: Live im Schützenhaus (Mood 22666)

Globe Unity Orchestra: Improvisations (Japo 60021)

Peter Giger: Illigitimate Music [sic] (Nagara MIX 1014-N)
Anmerkung: Das Aufnahmejahr dieser LP konnte nicht mit letzter Sicherheit ermittelt werden

1978

Lerryn: Goya malt Karl IV.
(EMI-Columbia 1 C 066-32699)

United Jazz+Rock Ensemble:
Teamwork (Mood 22999)

1979

Interjazz IV: Good Old Circus
(FMP SAJ-33)

United Jazz+Rock Ensemble: The Break Even Point (Mood 23600)

Globe Unity Orchestra: Compositions (Japo 60027)

Hans Koller & The International Brass Company: The Horses (L+R 40008)

1980

Hans Koller & The International Brass Company: Live at the Jazz Festival Frankfurt (L+R 40014)

1981

United Jazz+Rock Ensemble:
Live in Berlin (Mood 28628)

Deutsch-Französisches Jazz Ensemble:
Patchwork Dinard
(Deutsch-Französisches Jugendwerk 58434)

1982

Brötzmann/Mangelsdorff/Sommer:
Pica-Pica (FMP 0105)

Globe Unity Orchestra:
Intergalactic Blow (Japo 60039)

1983

Michael Sagmeister Group: Waiting for Better Days (Mood 28640)

Manfred Schoof Orchester:
Reflections (Mood 28641)

Gunter Hampel All Stars: Jubilation (Birth Records 38/Birth Records CD 0038)

1984

Free Dig Big Band: Dig Dirt
(Free Dig CS 0506-2)

United Jazz+Rock Ensemble: Live Opus 6 (Mood 28642)

1985

John Hiseman: »Ganz schön heiss, man« (VeraBra 14)

1986

Globe Unity Orchestra: 20th Anniversary (FMP CD 45)

1987

United Jazz+Rock Ensemble:
Round Seven (Mood 28656/33606)

1988

Paolo Damiani: Unisoni (CLAC Records ZL 74212)

1992

United Jazz+Rock Ensemble:
Na endlich! (Mood 6382)

3. Sampler mit Beiträgen Albert Mangelsdorffs

Genannt ist jeweils das Aufnahmejahr

1953

Women in Jazz (Stash ST 8001) (mit Hans Koller's New Jazz Stars)

1954

The Cats and Jammer Kids (Angel ANG 6007) (mit der Hans Koller Combo)

Deutsches Jazz Festival 1954 (Brunswick 86030/31 LPB) (mit Hans Koller's New Jazz Stars) (reissue auf: Deutsches Jazz Festival 1954/55 [Bear Family BCD 15430])

Aufnahmen vom Deutschen Jazz Festival 1954 (Brunswick 10014 EPB [EP]) (mit Hans Koller's New Jazz Stars)

1955

3. Deutsches Jazz Festival (Brunswick 10022 EPB [EP]) (reissue auf: Deutsches Jazz Festival 1954/55 (Bear Family BCD 15430), darauf zudem zwei Titel Mangelsdorffs mit dem Jutta Hipp Quintet)

1956

Jazz Wien-Berlin (Jazztone J-1038) (mit Hans Koller's New Jazz Stars)

Vier Temperamente (Brunswick 10059 EPB/[EP] (mit den Frankfurt All Stars)

1957

Festival Jazzowy Sopot 1957 (Muza L0160) (mit dem Joki Freund Quintet)

Jazz by the Sea (Muza L0159) (mit dem Emil Mangelsdorff Swingtet; Albert Mangelsdorff spielt Gitarre)

Dixieland (Brunswick 87901 LPB) (mit den Two Beat Stompers)

Hello Baden-Baden (Jazzline JL 20828 [CD: Delta 11095]) (Aufnahmen von den SWF-Jazz Sessions)

Radio Tapes (Jazzline 11300 [3 CD]) (mit dem Bud Shank-Bob Cooper-Sextett)

1958

Jazz Made in Germany (Bertelsmann 36734 [EP]) (mit Hans Koller's New Jazz Stars)

Jazztime Baden-Baden (Bertelsmann 66015 [EP]) (mit Hans Koller's New Jazz Stars)

1961

Deutscher Jazz-Salon Berlin 1961 (Opera 4363) (mit dem Emil Mangelsdorff Swingtett; Albert Mangelsdorff spielt Gitarre)

1963

Die Deutschen All-Stars (Columbia 83418) (mit dem Albert Mangelsdorff-Hans Koller Septet, den Deutschen All Stars und dem Helmut Brandt Sextet)

1967

Jazz At The Opera (SHZE 802 BL)

1970

Internationales New Jazz Meeting auf Burg Altena (ohne Label und Nummer) (mit dem A.-M.-Quartett)

Born Free: The 12th German Jazz Festival (Scout SCS 11) (mit der Festival-Big Band und dem A.-M.-Quartet)

1971

Jazz Festival Zürich 1971 (MPS 3321277 SM) (mit dem All Star Trombone Workshop)

From Europe with Jazz (MPS 2121437-0) (mit den Zurich International Festival All Stars)

1975

City Jazz – Frankfurt-Main Streams (Telefunken 6.28341 DP) (mit dem Frankfurt Jazz Ensemble und dem Albert-Mangelsdorff-Quartet)

BP Convention Big Band: Blue Sunset (LSY 63041)

1976

We'll Remember Zbiggy (Mood 24500) (mit Zbigniew Seifert)

1978

Nr. 1 Soloist: For Example/Workshop Freie Musik 1969–1978 (FMP R1)

1978

Horns (FMP 0660) (mit Günter Christmann, Gerd Dudek, Kenny Wheeler, Manfred Schoof, Paul Rutherford)

1979

I Grandi Del Jazz: Albert Mangelsdorff (GdJ 102)

1981

Bratislava Jazz Days 1981 (Opus 91151305/06) (mit Wolfgang Dauner)

Das Deutsch-Französische Jazzensemble: Patchwork Dinard (Copyright: Deutsch-Französiches Jazzensemble)

1983

Gunter Hampel All Stars: Jubilation (Birth-Records CD 0038)

Anhang

Biographische Notiz

5. September 1928
Albert Mangelsdorff wird in Frankfurt am Main geboren.

1943
Geigenunterricht bei Konzertmeister August Mangelsdorff in Pforzheim.

1944
Autodidaktisches Erlernen der Gitarre.

1947
Mangelsdorff wird Berufsmusiker.

1948
Posaunenunterricht bei Fritz Stähr (Soloposaunist an der Oper Frankfurt am Main).

1950
Einstieg als Posaunist in die Joe-Klimm-Combo.

1953
Mitglied von Hans Kollers »New Jazz Stars«.

1955
»Musiker des Jahres« (Jazz Podium).

1955–57
Mitglied der Big Band des Hessischen Rundfunks

1957
Mit den »Frankfurt All Stars« zum 2. Polnischen Jazzfestival (Zoppot) mit anschließender Tournee.

1958
Einladung zum Newport Jazzfestival, International Youth Band.
Leiter des Jazzensembles des Hessischen Rundfunks.

1960
Albert-Mangelsdoff-Quintett mit Peter Trunk, Hartwig Bartz, Bent Jædig und Pierre Francino

1961
Albert-Mangelsdorff-Quintett mit Peter Trunk, Hartwig Bartz, Bent Jædig und Günter Kronberg.

1963
Albert-Mangelsdorff-Quintett mit Günter Lenz, Ralf Hübner, Heinz Sauer und Günter Kronberg.

1964
Asien-Tournee und DDR-Tournee des Albert-Mangelsdorff-Quintetts.

1965
Newport Jazzfestival

1966
Anleitung zur Improvisation für Posaune, Schott-Verlag.
Mitwirkung bei Gunter Schullers Oper »The Visitation« in Hamburg.

1967
Tourneen des Albert-Mangelsdorff-Quintetts in USA (u. a. New Orleans Jazzfestival), Italien und England.

Mitwirkung bei Gunter Schullers Oper »The Visitation« in New York. Newport Jazzfestival.

1968
Leiter der Deutschen All Stars, Südamerika-Tournee.

1969
Newport Jazzfestival, USA-Tournee. Jazz Podium Poll: »Nr. 1 in der Welt«, »bestes Ensemble« (Albert-Mangelsdorff-Quintett), »Musiker des Jahres«, »Platte des Jahres« (ZoKoMa mit Attila Zoller und Lee Konitz).

1970
Mitglied der »European Down Beat Poll Winners«, Konzerte in Osaka und Tokio.

1971
Leiter der Deutschen All Stars, Asien Tournee

1972
Beginn des Solospiels, Konzert beim olympischen Jazzfestival in München.

1972/73
Albert-Mangelsdorff-Quintett mit Bob Degen, Heinz Sauer, Peter Kowald/ Eberhard Weber/Roman Dylag, Ralf Hübner/ Marc Hellmann

1973
1. Vorsitzender der Union Deutscher Jazzmusiker (bis 1983).
Albert-Mangelsdorff-Quintett mit Gerd Dudek, Heinz Sauer, Buschi Niebergall, Peter Giger

1974
Albert-Mangelsdorff-Quartett mit Heinz Sauer, Buschi Niebergall, Peter Giger

1976
Deutscher Schallplattenpreis (»The Wide Point«), »Künstler des Jahres«, Mitglied im United Jazz+Rock Ensemble.

1977
Melody Maker Poll: »Nr. 1 in der Welt«.
Die Gruppe MUMPS (mit Surman, Martin, Phillips).

1978
Jazz Forum Poll: »Europa-Musiker des Jahres«, »Europa-Posaunist des Jahres«, »Bester Posaunist des Jahres«.
Deutscher Schallplattenpreis (»Künstler des Jahres«). Down Beat Critic's Poll: 2. Platz. Kanada-Tournee.

1980
Down Beat Critic's Poll: 1. Platz.
Beginn der Duo-Konzerte mit Wolfgang Dauner.

1982
»Musiker des Jahres« der italienischen Jazzkritiker.
Bundesverdienstkreuz Erster Klasse.
Leitung des Deutsch-Französischen Jazzensembles.

1983
USA-Tournee mit dem Globe Unity Orchestra.
Europa-Tournee mit Lee Konitz (Duo).

1984
Jazzfestival Los Angeles.
Hessischer Kulturpreis.

1985
North Sea Festival.
Tournee mit Peter Brötzmann.

1986
Frankfurter Musikpreis.
Duo-Tournee mit John Surman.
Tournee mit Wolfgang Dauner und der »Family of Percussion« (ebenso 1987 und 1988).
»Bird Trophy« (wichtigster europäischer Musiker, North Sea Festival, Holland).

1987
Ehrennadel der Deutschen Phonoakademie.

1988
Solo-Tournee in den USA.

1990
Chicago Jazz Festival (Quartett).
Ehrung für »künstlerisch hervorragende Filmmusik« im Rahmen des Hessischen Filmpreises für den Film »Die Potemkinsche Stadt«.

1991
Goethe-Plakette der Stadt Frankfurt am Main.

Kurzbiographien der Gesprächspartner

Carlo Bohländer
Trompeter, Jazztheoretiker, gründete 1952 den Frankfurter Jazzkeller (ältestes Jazzlokal Deutschlands), Autor des Buchs »Die Anatomie des swing«, 1986.

Wolfgang Dauner
Pianist, seit 1969 Leiter der Radio Jazz Group Stuttgart, gründete 1975 mit Musikerkollegen des United Jazz+Rock Ensemble und das Label MOOD Records, Piano-Solo-Auftritte im In- und Ausland, zahlreiche Einspielungen unter eigenem Namen, vielfältige kompositorische Aktivitäten, u.a. die Oper »Der Urschrei« (1976), Teilnehmer der Donaueschinger Musiktage, Filmmusiken.

Joki Freund
Begann 1945 als Pianist, ab 1949/1950 als Saxophonist tätig, besuchte mit seinem Quintett als erste westdeutsche Gruppe 1955 Jugoslawien. Zusammenarbeit und zahlreiche Einspielungen mit namhaften europäischen und amerikanischen Musikern. Als Komponist, Arrangeur und Instrumentalist u.a. für das Jazzensemble des Hessischen Rundfunks und die Erwin Lehn Bigband tätig.

Dieter Glawischnig
Von 1971 bis 1975 Leiter der Abteilung Jazz an der Musikhochschule Graz, seit 1980 Chefdirigent der NDR-Bigband, seit 1982 Professur für Jazz an der Hochschule für Musik und Theater in Hamburg. Kompositionen und Spielkonzepte für Jazzensembles, zahlreiche Platteneinspielungen u.a. mit seiner Gruppe »Neighbours«.

Martin Göss
Professor an der Musikhochschule Würzburg, zuvor Soloposaunist im

Sinfonieorchester des Hessischen Rundfunks. 20 Jahre Teilnahme an den Bayreuther Festspielen.

Ralf Hübner
Studierte Schlagwerk an der Musikhochschule Berlin, seit 1962 Mitglied des Jazzensembles des Hessischen Rundfunks, von 1962 bis 1972/73 Mitglied des Albert-Mangelsdorff-Quintetts. Mehrmals Platz 1 als Schlagzeuger in europäischen Polls. Internationale Tourneen, Einspielungen unter eigenem Namen, zahlreiche Kompositionen, auch für Sinfonieorchester mit Jazzband.

Lee Konitz
Altsaxophonist, neben Lennie Tristano der bedeutendste Vertreter des Cool Jazz, prägte ab Ende der 40er Jahre nachhaltig die europäische Jazzszene. 1949/50 Mitglied der Miles Davis Capitol Band, seitdem Einspielungen mit namhaften Musikern.

Günter Lenz
Spielte ab 1954 als Gitarrist in amerikanischen Clubs, wechselte 1959 zum Baß, 1961 Mitglied des Albert-Mangelsdorff-Quintetts und des Jazzensembles des Hessischen Rundfunks. Gründete 1977 seine Gruppe »Springtime«, zahlreiche Kompositionen und Arrangements u.a. für das Jazzensemble des Hessischen Rundfunks und die NDR-Bigband.

Horst Lippmann
1941 Mitbegründer des Hot Club Frankfurt und Herausgeber der Reihe »Mitteilung für Freunde moderner Tanzmusik«, 1943/44 Schlagzeuger des Hot Club-Sextetts Frankfurt und ab 1951 der Two Beat Stompers, seit 1945 freier Jazzmitarbeiter beim Hessischen Rundfunk, 1949/50 Konzertveranstalter, 1952 Gründer des Frankfurter Jazzfestivals, seit 1953 Schallplattenproduzent, 1958 Initiator des Jazzensembles des Hessischen Rundfunks, 1965 Gründung des Konzertbüros Lippmann+Rau, 1979 Gründung des Labels L+R, 1992 Verleihung der »Johanna-Kirchner-Medaille« durch die Stadt Frankfurt für antinazistische Tätigkeit.

Emil Mangelsdorff
Studierte 1942/43 Klarinette an der Musikhochschule Frankfurt. Seit 1951 als Altsaxophonist und Flötist tätig, tritt seit 1954 in eigenen Gruppen auf. Mehrmals Sieger in deutschen Polls, Mitglied des Jazzensembles des Hessischen Rundfunks, Zusammenarbeit mit namhaften europäischen und amerikanischen Solisten. Seit den 60er Jahren herausragender Vertreter von Lyrik & Jazz, zahlreiche Einspielungen unter eigenem Namen und als Gast.

Ulrich Olshausen
Jazzredakteur des Hessischen Rundfunks, schreibt u.a. für die Frankfurter Allgemeine Zeitung, produziert seit 1967 das Jazzensemble des Hessischen Rundfunks. 1993 Verleihung der Steuben-Schurz-Medaille für seine Verdienste als Jazzredakteur um die deutsch-amerikanische Verständigung.

Fritz Rau
veranstaltete 1955 sein erstes Konzert (Frankfurt All Stars mit Albert Mangelsdorff), 1956 Aufbau des »Konzertreferat Inland« der »Deutschen Jazz Föderation«, Tourneeleiter

u. a. »Jazz At The Philharmonic«, 1965 Gründung des Konzertbüros Lippmann+Rau, 1988 Fusion Lippmann+Rau mit Mama Concerts, seit 1990 Marcel Avram Mama Concerts & Rau, 1985 Kathrin Brigl/Siegfried Schmidt-Joos: »Fritz Rau – Buchhalter der Träume«, Quadriga Verlag.

Heinz Sauer
Tenorsaxophonist, von 1960 bis 1978 Mitglied des Albert-Mangelsdorff-Quintetts/Quartetts. Seit 1960 Mitglied des Jazzensembles des Hessischen Rundfunks. Zahlreiche Kompositionen und Einspielungen unter eigenem Namen. 1991 Verleihung des 1. Hessischen Jazzpreises des Ministeriums für Wissenschaft und Kunst »sowohl für seine musikalischen Verdienste als international hoch angesehener Saxophonist als auch wegen seines vorbildhaften Wirkens«.

Manfred Schoof
Studierte von 1955 bis 1963 Trompete, Klavier, Kontrapunkt und Harmonielehre. Mitte der 60er Jahre einer der wichtigsten Wegbereiter für den Free Jazz in Deutschland. 1977 Verleihung des Großen Deutschen Schallplattenpreises für sein eigenständiges kompositorisches Werk. Als Trompeter u. a. seit 1966 im Globe Unity Orchestra, von 1968 in der Clarke/Boland Bigband. Zahlreiche Einspielungen unter eigenem Namen.

Heinz Werner Wunderlich
Jazzautor und Jazz-Rundfunkredakteur, 1942 erste Begegnung mit Jazz durch Schallplatten aus den »freien Ländern«, 1957 Initiator der ersten Reise deutscher Jazzmusiker (u. a. Albert Mangelsdorff) nach Polen, 1958–80 Geschäftsführendes Vorstandsmitglied der Deutschen Jazz-Föderation, Gründungs- und Vorstandsmitglied der Internationalen Jazz-Föderation, seit 1959 Produzent der Frankfurter Konzertreihe »Jazz im Palmengarten«.

Attila Zoller
Studierte in Budapest Gitarre, lebte von 1948 bis 1954 in Wien, danach in der Bundesrepublik Deutschland. Emigrierte 1959 in die USA, spielte u.a. mit Chico Hamilton, Stan Getz, Herbie Mann, Don Friedman. 1962 Goldenes Band der Filmfestspiele Berlin für seine Filmmusik für »Das Brot der frühen Jahre« (nach dem Roman von Heinrich Böll). Leitet seit 1981 eine eigene Jazzschule in Vermont. Zahlreiche Platten unter eigenem Namen, u. a. mit Ron Carter und Herbie Hancock.

Literaturverzeichnis

Berendt, Joachim-Ernst: *Jazz für den Fernen Osten. Joachim-Ernst Berendt berichtet über die Asien-Tournee des Albert-Mangelsdorff-Quintetts*. In: Jazz Podium 13, 1964, S. 138–140

Berendt, Joachim-Ernst: *Albert Mangelsdorff interviewed by Joachim-Ernst Berendt*. In: Fono Forum 7, 1973, Nr. 21, S. 41–45

Berendt, Joachim-Ernst: *Albert Mangelsdorff. Big Noise from Frankfurt*. In: Down Beat 44, 1977, Nr. 3, S. 16, 41, 44

Berendt, Joachim-Ernst: *Entdecken, was Jazz in Wirklichkeit ist. Gespräch mit Albert Mangelsdorff*. In: Berendt, Joachim-Ernst: Ein Fenster aus Jazz; Frankfurt am Main: Fischer, 1977, S. 59–72

Berendt, Joachim-Ernst: *Albert Mangelsdorff – zum 50.!* In: Jazz Podium 27, 1978, Nr. 9, S. 4–6

Berendt, Joachim-Ernst: *Der Höhenflug des Albert Mangelsdorff*. In: Fono Forum 1979, Nr. Mai, S. 26–32

Carles, Philippe: *Pièges pour Albert*. In Jazzmagazine 1981, Nr. 298, S. 72–73

Dohl, Wolfgang: *Albert Mangelsdorff*. In: Jazz Podium 10, 1961, S. 101–102

Döpfner, M. O. C.: *Dreistimmig auf der Posaune: Albert Mangelsdorff*. In: Jazz in Frankfurt / Hrsg. von Wolfgang Sandner; Frankfurt am Main: Societäts-Verlag, 1990, S. 68–75

Dunstheimer, Jona: *Albert Mangelsdorff*. In: Jazzphone 1982, Nr. 12, S. 30-32. (Interview)

Endress, Gudrun: *Albert Mangelsdorff über sein Posaunenspiel, seine Projekte, seine Wünsche*. In: Jazz Podium 38, 1989, Nr. 5, S. 3–8

Everett, Tom: *Albert Mangelsdorff. Interview*. In: Cadence 3, 1977/1978, Nr. 4/5, S. 10–11, 16

Glawischnig, Dieter: *Motivische Arbeit im Jazz*. In: Jazzforschung/Jazz Research 1, 1970, S. 133–139 (Analyse eines Solos von Albert Mangelsdorff)

Horn, Reinhard: *Albert Mangelsdorff*. In: Plärrer 14, 1992, Nr. 1, S. 54

Hussog, Hans-Jörg: *Der Nimmermüde*. In: Musik Express 1977, Nr. 12, S. 36–38

Ist es aus Ihrer Sicht ratsam, als Jazzsolist seine Existenzgrundlage in einem Rundfunkorchester zu suchen? Antworten von Ack von Rooyen und Albert Mangelsdorff. In: Jazz Podium 25, 1976, Nr. 10, S. 15

Kinsler, Detlef: *Mangelsdorff goes Rock. Klaus Lage inspirierte Jazzer Albert (60) zu neuer LP*. In: Frankfurter Rundschau 1988, Nr. 259, S. 8

Kriegel, Volker: *Albert Mangelsdorff im Gespräch mit Volker Kriegel: Posaune*. In: Tendenzen einer modernen Musik: Jazzrock/Hrsg. von Burghard König. Reinbek b. Hamburg: Rowohlt Taschenbuch Verlag, 1983, S. 164–172

Kumpf, Hans: *Albert, der Posaunenweltmeister. 40 Jahre auf der Bühne.* In: Jazz Podium 36, 1987, Nr. 12, S. 32

Laages, Michael: *Der Mann mit den zwei Stimmen. A. Mangelsdorff wird 60.* In: Die Welt 5.9.1988, Nr. 207, S. 18

Lanz, Peter: *Jazz: Der beste Bläser seit Jericho.* In: Stern 1989, Nr. 3, S. 140–141

Linde, Malte: *Lehm am Schuh. Albert Mangelsdorff zu Gast beim Landesjugendjazzorchester.* In: Frankfurter Rundschau 26.4.1991, Nr. 97, S. 22

Lindenberger, Herbert: *Der Botschafter. Vorzeigejazzer Albert Mangelsdorff sechzig.* In: Stuttgarter Zeitung 5.9.1988, Nr. 205, S. 12

Linke, Hans-Jürgen: *Ein Interview mit Albert Mangelsdorff.* In: Jazzaz/Hrsg. von Johannes Oehlmann. Giessen: Focus-Verlag, 1982, S. 108–134. (Argumentationen Bd. 53)

Mangelsdorff, Albert: *Jazz in Deutschland. Gestern und heute.* In: Jazz Podium 11, 1962, S. 7–9

Mangelsdorff, Albert: *Jazz für den Fernen Osten. Albert Mangelsdorff berichtet über seine Asien-Tournee.* In: Jazz Podium 13, 1964, S. 158–159

Mangelsdorff, Albert: *Liebe zur Musik. Da streitet sich die Jazz-Kritik.* In: Christ und Welt 18, 1965, Nr. 14, S. 24

Mangelsdorff, Albert: *Anleitung zur Improvisation für Posaune.* Mainz: Schott, 1965 (Edition Schott 5043)

Mangelsdorff, Albert: *Spontan komponieren. Auschnitte aus einem Gespräch.* In: Jazz Podium 21, 1972, Nr. 8, S. 17–18

Mangelsdorff, Albert: *Albert Mangelsdorff by himself.* In: Crescendo International 21, 1983, Nr. 12, S. 6

Mangelsdorff, Albert: *Frankfurt am Main. Jazzmusik und grüne Soß.* Freiburg i. Br.: Eulen Verlag, 1990

Naura, Michael: *Albert Mangelsdorff bekommt das Bundesverdienstkreuz. Sehr geehrter Posaunist.* In: Die Zeit 10.12.1982, Nr. 50, S. 50

Noglik, Bert: *Albert Mangelsdorff. 30 years in Jazz.* Jazz Forum 1981, Nr. 69, S. 32–34

Paulot, Bruno: »... so hat sich eine gewisse Freiheit eingespielt.« In.: Würzburger Blätter, 1987, Nr. 5, S. 30–38

Peuser, Michael: *»...dann kann ich alles spielen.« Brass special Interview: Albert Mangelsdorff.* In: Sound Check 1990, Nr. 4, S. 132–134

Quander, Wolfgang: *Der beste Posaunist seit Jericho. Albert Mangelsdorff auf Deutschland-Tournee.* In: Neue Zeit 7.3.1992, Nr. 57, S. 13

Reinert, Detlev: *Auf neuen Abwegen. Der Jazzposaunist Albert Mangelsdorff mit Mitgliedern der Klaus-Lage-Band auf Deutschland-Tournee.* In: Frankfurter Allgemeine Zeitung 14.2.1991, Nr. 38, S. 33

Rouy, Gérard: *Albert Mangelsdorff. Des voix en coulisse.* In: Jazzmagazine 1983, Nr. 315, S. 38–40. (Interview)

Rygalyk, Rainer: *Albert Mangelsdorff.* In: Jazzlive 5, 1988, Nr. 50, S. 4–7. (Interview)

Sandner, Wolfgang: *Anmerkungen zur Improvisationstechnik von Albert Mangelsdorff*. In: Jazzforschung/Jazz Research 3 – 4, 1971 / 1972, S. 166/171

Sandner, Wolfgang: *Jazz-Porträt. Albert Mangelsdorff*. In: HiFi Stereophonie 16, 1977, Nr. 7, S. 814–818

Sandner, Wolfgang: *Hallo, Albert. Versuch, ein lebendes Denkmal vom Sokkel zu holen*. In: Frankfurter Allgemeine Zeitung 22.9.1979, Nr. 221, Bilder und Zeiten

Sandner, Wolfgang: *Der Asket. Albert Mangelsdorff wird sechzig*. In: Frankfurter Allgemeine Zeitung 1988, Nr. 206, S. 29

Schmidt, Manfred: *Das kleine Jazzporträt. Unübertroffen eigenwillig. Albert Mangelsdorff wird sechzig*. In: Fono Forum 33, 1988, Nr. 9, S. 28

Schreiner, Claus: *10 Fragen an Albert Mangelsdorff*. In: Jazz Podium 17, 1968, S. 190–191

Smith, Bill: *Albert Mangelsdorff*. In: Coda 1979, Nr. 168, S. 4-10. (Interview)

Stiefele, Werner: *Albert, warum? Der Jazzposaunist Mangelsdorff auf Rock-(Neben-)Wegen*. In: Stuttgarter Zeitung 14.4.1989, Nr. 86, S. 22

Tomkins, Les: *A meeting with Mumps. John Surman and Albert Mangelsdorff*. In: Crescendo International 16, 1978, Nr. 6, S. 23–24, 32

Tomkins, Les: *More from Mumps. John Surman and Albert Mangelsdorff*. In: Crescendo International 16, 1978, Nr. 7, S. 14–15

Vanhoefer, Markus: *Die USA sind nicht mehr des Jazz-Mekka. Noch immer eine Galionsfigur der deutschen Jazz-Szene: Albert Mangelsdorff im Gespräch*. In: Münchner Merkur 22.3.1990, Nr. 68, S. Kultur

Vogel, Eric T.: *»Ich habe nicht viel Neues gelernt«. Eric T. Vogel unterhielt sich mit Albert Mangelsdorff*. In: Jazz Podium 7, 1958, S. 160

Alphabetisches Register der LP/CD- (bzw. EP-)Titel

Die Titel von Platten, die *nicht* unter Mangelsdorffs Namen erschienen sind, sind *kursiv* gesetzt

Alphabetisches Register der auf Platte eingespielten Kompositionen

Kompositionen von Albert Mangelsdorff (als Allein- oder Ko-Autor) sind *kursiv* gesetzt

Abkürzungsverzeichnis

arr	Arrangeur	harp	Harfe
as	Altsaxophon	key	Keybords
b	Baß	ob	Oboe
bcl	Baßklarinette	org	Orgel
bs	Baritonsaxophon	p	Piano
cga	Conga	perc	Percussion
cl	Klarinette	sax	Saxophon
co	Kornett	ss	Sopransaxophon
cond	Dirigent	synth	Synthesizer
cor	Horn	tb	Posaune
dr	Schlagzeug	tp	Tenorsaxophon
e-b	elektr. Baß	ts	Trompete
e-g	elektr. Gitarre	v	Violine
e-org	elektr. Orgel	va	Viola
e-perc	elektr. Percussion	vc	Violoncello
fl	Flöte	vib	Vibraphon
g	Gitarre	voc	Gesang
g-synth	Gitarre-Synthesizer	xyl	Xylophon

Bildnachweis

Dany Gignoux 2, 58, 127
Hans Harzheim 67, 72, 89, 104, 118, 171, 191, 207, 225
Frank Lottermann Buchrückseite, 77
Privatsammlung Albert Mangelsdorff 11, 14, 19 (R. Sievers), 25, 28 (P. Fischer), 31, 37, 41, 44 (S. Schapowalow), 47 (H. Haehl), 48 (S. Schapowalow), 51, 54, 57 (K. Okumura), 61 (W. Kahl), 83 (Kindermann), 84 (H. Haehl), 93, 96, 107, 140 (Th. J. Krebs), 145, 153 (Th. J. Krebs), 164, 167, 174 (F. Grindler), 180 (G. Hoch), 183 (R. Urmann), 186 (M. Rinderspacher), 189, 196 (M. Gööck), 199, 208 (W. Jacob), 209, 210, 213 (M. Bernaudon), 214, 217, 221
Valerie Wilmer 101, 113, 117, 135, 159, 177
Josef Werkmeister 1

Leider hat sich bei einigen Fällen die Herkunft von Abbildungen oder die Anschrift etwaiger Rechtsinhaber nicht ermitteln lassen. Insoweit hält sich der Verlag zu nachträglichen Abmachungen bereit.

the wide point
trilogue
albert live in montreux
AlbertMangelsdorff
three originals
2cd set
Albert
Mangelsdorff
Zum 65. Geburtstag von Albert Mangelsdorff erscheinen endlich drei seiner aufregendsten Trio-Einspielungen in einem 2 CD-Set; die legendären Aufnahmesessions mit Palle Danielson und Elvin Jones (The Wide Point / 1975), Jaco Pastorius und Alphonse Mouzon (Trilogue / 1977) sowie Jean François Jenny-Clark und Ronald Shannon Jackson (Live In Montreux / 1980). In den Down Beat Critics Polls wurde der Frankfurter nicht zuletzt aufgrund dieser Alben als bester Posaunist des Jahres 1980 gefeiert.
MPS
polydor

Jeroen de Valk
Chet Baker

224 S., 67 Abb.
Hardcover DM 48,–
ISBN 3-923657-34-X

Rainer Nolden
Count Basie

192 S., 127 Abb.
Paperback DM 36,–
ISBN 3-923657-30-7

Hannes Giese
Art Blakey

224 Seiten, 150 Abb.
Paperback DM 36,–
ISBN 3-923657-13-7

Peter Niklas Wilson
Ornette Coleman

192 Seiten, 93 Abb.
Paperback, DM 36,–
ISBN 3-923657-24-2

Gerd Filtgen
Michael Außerbauer
John Coltrane

224 Seiten, 137 Abb.
Paperback, DM 36,–
ISBN 3-923657-02-1
2. Auflage

John Litweiler
Das Prinzip Freiheit

292 Seiten, 41 Abb.
Paperback, DM 36,–
ISBN 3-923657-22-6

Peter Wießmüller
Miles Davis

224 Seiten, 123 Abb.
Paperback, DM 36,–
ISBN 3-923657-04-8
2. Auflage

Hans Ruland
Duke Ellington

192 Seiten, 112 Abb.
Paperback, DM 36,–
ISBN 3-923657-03-X

Hanns Petrik
Bill Evans

192 Seiten, 133 Abb.
Paperback, DM 36,–
ISBN 3-923657-23-4

Rainer Nolden
Ella Fitzgerald

256 Seiten, 123 Abb.
Paperback, DM 36,–
ISBN 3-923657-15-3

Jürgen Wölfer
Dizzy Gillespie

200 Seiten, 116 Abb.
Paperback, DM 36,–
ISBN 3-923657-16-1

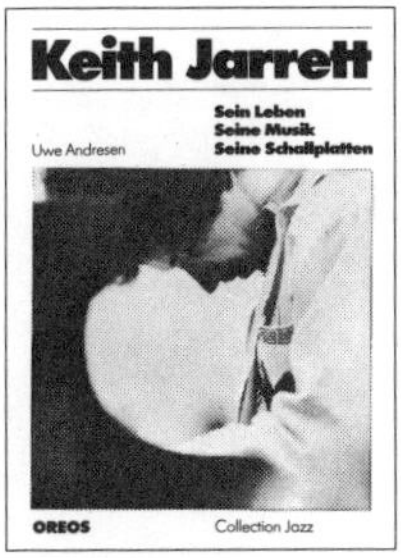

Uwe Andresen
Keith Jarrett

192 Seiten, 118 Abb.
Paperback, DM 36,–
ISBN 3-923657-09-9

Fortsetzung nächste Seite